数字政府

开辟国家治理现代化新境界

王伟玲◎著

人民邮电出版社

北 京

图书在版编目（CIP）数据

数字政府 ：开辟国家治理现代化新境界 / 王伟玲著
. -- 北京 ：人民邮电出版社，2022.9（2024.1重印）
ISBN 978-7-115-58721-3

Ⅰ．①数… Ⅱ．①王… Ⅲ．①电子政务－研究－中国
Ⅳ．①D035-39

中国版本图书馆CIP数据核字(2022)第029622号

内 容 提 要

　　本书从数字政府的概念开始讲解，梳理了我国数字政府的发展脉络，介绍了当前数字政府发展的新形势、新要求，从统筹规划、考核评估、互促发展等角度剖析了数字政府顶层设计思路，从政府职能入手展望了数字政府的丰富场景，从数据治理、开放、共享、运营等方面描述了政府数据价值的释放之路，从技术产业、基础设施和网络载体等方面介绍了技术对数字政府建设的强力支撑。本书期望为数字政府行业从业者、研究者及政策制定者提供有益参考，期望数字政府建设能持续激发数字经济发展活力，促进数字社会发展，推动国家治理体系和治理能力现代化早日实现。

◆ 著　　　　　王伟玲
　　责任编辑　　赵　娟
　　责任印制　　马振武
◆ 人民邮电出版社出版发行　　　北京市丰台区成寿寺路 11 号
　　邮编　100164　　电子邮件　315@ptpress.com.cn
　　网址　https://www.ptpress.com.cn
　　涿州市殷润文化传播有限公司印刷
◆ 开本：720×960　1/16
　　印张：18.75　　　　　　　　2022 年 9 月第 1 版
　　字数：276 千字　　　　　　　2024 年 1 月河北第 7 次印刷

定价：89.90 元

读者服务热线：(010)81055493　　印装质量热线：(010)81055316
反盗版热线：(010)81055315
广告经营许可证：京东市监广登字 20170147 号

推荐序

《中华人民共和国国民经济和社会发展第十四个五年规划和 2035 年远景目标纲要》中，明确提出了提升数字政府建设水平。2022 年 6 月 23 日，国务院印发了《关于数字政府建设的指导意见》（国发〔2022〕14 号），这充分反映了党中央对数字政府发展特征和未来趋向的准确把握，以及数字政府对"数字中国"建设价值的战略认知。

数字政府价值的持续释放，正对经济与社会的发展产生深刻的影响，成为引领数字经济、数字社会、数字生态发展的新引擎。为加快数字政府建设，我们应该加深对数字政府内涵、作用的认识，强化数字政府统筹推动力度，从应用、数据、技术等多个维度建立推动数字政府建设的施力矩阵，多管齐下。一是要树立总体观，统筹协调好各方资源，将系统性、整体性、全局性思维深深植入数字政府建设；二是要树立应用观，摒弃"重基础设施轻应用"的传统数字政府发展观，充分发挥应用的牵引作用；三是要树立数据观，营造"用数据说话、用数据决策、用数据管理、用数据创新"的发展环境；四是要从产业侧、应用侧、渠道侧等不同层面提升数字政府技术实力，为数字政府建设筑牢技术根基。

数字政府是一项复杂的系统工程，涉及政策、理论、技术等多个因素，更涉及公共管理、数据科学、计算机科学等多个学科。本书针对数字政府这一热点问题，从认识、总体、应用、数据、技术等不同视角，深入分析数字政府建设的有效路径，是对数字政府建设的深入总结和思考。

本书作者王伟玲一直跟踪研究数字政府领域，拥有十余年的研究积累，对数字政府、数字经济、数据治理、数据要素市场等领域均有深刻认知和独到见解，她善于思考，乐于钻研，志在为业界推动数字政府建设贡献智慧。

在数字化发展日新月异的当下，唯奋进者胜，唯搏击者强。让我们齐心协力、积极开拓、务实重行、锐意进取，努力推进"数字中国"建设，为国家治理现代化竭诚效力。

中国工程院院士

2022 年于石家庄

前 言

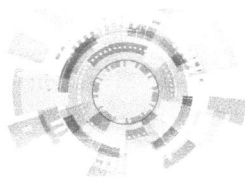

当今时代，新一轮科技革命和产业变革方兴未艾，新冠肺炎疫情全球肆虐，全球治理遭遇冲击，国际局势不稳定性、不确定性日益突出，数字政府成为全球各国提升执政能力、撬动经济增长、重塑国际竞争优势的新杠杆。世界发达国家纷纷启动数字政府建设，构筑数字驱动新生态，打造未来竞争新高地。党中央、国务院高度重视数字政府建设。《中华人民共和国国民经济和社会发展第十四个五年规划和2035年远景目标纲要》《"十四五"国家政务信息化规划》《"十四五"国家信息化规划》等政策文件的重点任务中均提出要加快数字政府建设。

只顾攀登莫问高，勇立潮头破浪行。凝心聚力扬风帆，砥砺奋进谱新篇。在此大背景下，《数字政府：开辟国家治理现代化新境界》一书应运而生。本书基于作者10余年数字政府研究的深厚积累，对数字政府的理念、应用、数据、技术等方面进行了详尽的阐述，以促进数字政府建设为目标，旨在凝聚各方协同构筑数字政府建设生态，为推进数字政府稳妥有序发展建言献策。全书分为认识篇、总体篇、应用篇、数据篇、技术篇，共二十章。

认识篇由第一章到第四章构成。第一章推开数字政府大门，着重介绍了数字政府的概念、内涵、研究主体等，以及如何理解数字政府。第二章描述了数字政府沿革，重点介绍了数字政府的历史发展与演进，阐述了数字政府的历史发展脉络和不同时期的发展重点。第三章介绍了数字政府的发展态势，描绘了数字政府的战略意义、未来远景，论述了数字政府是新时期电子政务发展的新起点、新议题和新征程。第四章描述了新冠肺炎疫情对数字政府发展的影响，重点阐述了疫情防控中数字政府发挥的积极作用，为在疫情防控中积极推动数字政府建设提出推进路径。

总体篇由第五章到第七章构成。第五章阐述了数字政府顶层设计应遵循的理念，介绍了国外数字政府顶层设计的有益经验，对比分析国内数字政府顶层设计的重点、难点、痛点，推动数字政府顶层设计更加规范、科学、合理。第六章围绕考核评估，重点论述了数字政府评估的价值，介绍了我国数字政府评估的发展脉络和不足，推动数字政府评估走向规范化、制度化、标准化。第七章从整理视角，重点论述了数字政府应用、技术、产业、网络、安全良性互动发展的必要性和重要性，并以移动政务系统为例，论证了五者良性互动发展对数字政府发展的积极影响。

应用篇由第八章到第十二章构成。第八章聚焦宏观经济调节，论述了数字技术对宏观经济调节的影响机理，展望了宏观经济调节数字化发展的趋势，剖析了推动宏观经济调节数字化发展的双重境遇，为宏观经济调节数字化发展提供借鉴。第九章聚焦市场监管，重点介绍了市场监管数字化发展的时代意义，剖析市场监管数字化带来的深刻影响和存在的不足，从多个维度提出了加快推动市场监管数字化发展的建议。第十章聚焦社会治理，提出了社会治理数字化的概念内涵，论述了数字化对社会治理的变革作用和发展趋向，介绍了各地社会治理数字技术创新的典型案例和存在的不足，并对加快社会治理数字化发展提出对策。第十一章聚焦公共服务，重点论述了公共服务数字化发展的典型模式、发展特点和影响因素、内在机理，在对公共服务数字化发展现状和不足深入分析的基础上，提出下一步加快公共服务数字化的推进策略。第十二章聚焦生态环保，结合对生态环保数字化的理论解释，重点论述了生态环保数字化的发展现状、趋势和难点，对生态环保数字化发展提出建议。

数据篇由第十三章到第十六章构成。第十三章围绕数据治理，论述了政务数据治理的概念和推进政务数据治理的难点，提出政务数据治理模型和推动政务数据治理的策略选择。第十四章围绕数据开放，俯瞰全球数据开放发展态势，阐述数据开放的战略价值，介绍数据开放现状和不足，提出加快数据开放的有效策略。第十五章围绕数据共享，介绍政务数据共享的发展历程、重要价值和积极进展，总结政务数据共享的制约因素，提出解决之道。第十六章围绕数据授权运营，对数据开放与授权运营的区别做了对比分析，从生态论视角阐述政府数据授权运营的生态价值创造机制、发展困境，提出有序推动政府数据授权运营的有效路径。

技术篇由第十七章到第二十章构成。第十七章从数字政府产业的视角，阐述了数字政府产业特征和发展瓶颈，以指导数字政府产业有序发展。第十八章围绕数字技术，以人工智能为例，介绍了政务智能化发展形势和存在的挑战，描绘了政务智能化未来发展图景。第十九章针对"数字底座"，以政务云为切入点，深入分析了政务云对数字政府建设的变革影响、发展进程，以及其存在的不足，指出政务云是数字政府集约有序发展的奠基石。第二十章面向政务新媒体、政府网站等数字政府建设载体，以政务服务热线为例，介绍了数字政府建设渠道的多元化，为数字政府直达民生提供了更多的选择。

新时代开启新征程，面对势如破竹的数字化发展浪潮，我们要大力贯彻国家关于数字政府建设的战略部署，推动数字政府快速发展。"数创未来，蓄势待发"，让我们日拱一卒，日渐精进，齐心协力地推动数字政府建设，为"数字中国"发展贡献力量！

目 录

认识篇　数字政府：新时代、新主题

总体篇 顶层设计：推动数字政府良性发展

应用篇　"场景驱动"：数字政府应用日趋深化

数字政府：
新时代、新主题

第一章

数字政府概念：
百家争鸣，众说纷纭

本章从数字政府的概念谈起，深入阐述数字政府概念的起源，以及业界对数字政府的不同理解，分析当前研究数字政府的不同机构的特点，从历史脉络视角辨析数字政府发展变化，进而提出新时代、新背景对数字政府的新要求。

1.1 数字政府的相关概念

1.1.1 虚拟政府

虚拟政府（Virtual Government）以网络技术为基础，使政府公职人员可以通过电子设备进行办公、合作与沟通，提高政府部门信息化水平，利用信息技术代替部分人工作业，具有组织边界"零距离"、全天候开放、成本低、远程解决问题等特点。虚拟政府的核心目的是连接政府机构，搭建信息互通渠道，实现部门间的合作。"虚拟政府是指这样一种政府，它的信息传播流动越来越依靠网络而不是其他正式行政渠道……它的政府组织日益存在于组织间网络以及网络化计算系统内，而不是各自独立的行政机构内。一个虚拟政府由许多覆盖在正式行政结构之上的虚拟机构组成。"因此，虚拟政府是政府运作的重要载体。但在现实中由于相关问题解决难度大，相关支持资金不足，虚拟政府建设困难重重，虚拟政府建设运维成本高，不仅体现在建设初期需要耗费大量的资源，而且此后的长期运维也需要大笔支出。同时，环境改变提出的业务流程再造、应用系统开发等建设要求，不可避免地会打破之前个人与集体间的稳定利益关系。解决上述问题需要行政、资金、技术三方的共同支持，缺一不可。对此，政府需要思考切实可行的解决方案，以确保能紧跟社会发展步伐。

数字空间政府也是虚拟政府的具体体现，是我国学者基于深圳市福田区政务服务改革的具体实践总结提炼而来的，与物理空间中的传统的政府不同，数字空间政府更加简洁高效。随着数字技术的深入应用，数字空间在消费侧、生产侧、政府侧不断扩大。同理，数字空间政府与物理空间中的政府不断交融与耦合，颠覆性地改变了工业文明时代的政府形态。"福田模式"敏锐地捕捉到政府向数字空间演进的趋势，以"小政府、大服务，智审批、强监管"为改革理念，重在改变"大政府、小社会，重审批、轻监管"的政务服务现状，探索构建适应数字时代发展的政府新形态。

1.1.2　移动政府

移动通信技术的高速发展以及移动设备性能的不断完备，使移动电话功能快速增加、性能逐渐增强、普及率持续提高，它不再是功能单一的传统通信工具，而成为流行的信息传播媒介和网络服务终端。目前，依托技术进步和用户需求，移动政府（Mobile Government）成为政府建设的重点。政府机构结合移动通信技术，以政务新媒体为媒介，以移动通信网络为载体，以移动终端作为提供政府信息、政务服务和公众参与决策的新途径，旨在实现移动通信、移动服务、电子民主的发展目标，其最大优势是拥有突破时空"数据壁垒"的潜力，同时能够提高公共服务效率，改善政务公开和服务模式，增加政民互动渠道，提升公众参与水平。移动政府既能增强政府及公众的联系，又能促进政府跨部门沟通，因此，移动政府在一定程度上丰富了政务服务形式，扩展了政府信息覆盖范围，推动了政府高质量发展。为进一步支持移动政府建设，政府还需要持续推进电信网、广播电视网、互联网的高层业务融合，引导政务新媒体健康发展，实现网络层开放共享、业务层相互交融，为公众提供更加方便、快捷、高效的办事渠道。

1.1.3 智能政府

智能政府（Intelligent Government）是政府通过数字化的决策支持系统、传输反馈系统、定量评估、数字分析模型等技术手段，将政府所服务对象的数据资源分门别类地转化为知识库，并据此为服务对象提供个性化的信息服务，进而实现政府科学决策和智慧运行。智能政府的主要服务形式包括智能问答、智能搜索、智能审批、智能推送等，在智能政府的引领之下，民生互动在线沟通渠道将更加丰富、完善。智能政府的运营特征是以业务流程再造、政务数据开放共享为突破口，引领政府跨部门协同合作更加密切，可以为公众提供全天候的在线服务，通过预设目标制定备选方案，进而选出最优解来处理政务事项。

1.1.4 智慧政府

智慧政府（Smart Government）是政府利用物联网、互联网、云计算、大数据等新一代信息技术使政府服务与管理实现健康可持续发展。具体来说，智慧政府借助新技术突破部门、地区间的"数据壁垒"，统筹政府数据资源，增进政府、企业、公众等主体间的数据融合互通，加强各个主体之间的沟通交流，提高政府透明度，加强公众监督，完善相关制度，为公众提供更加高效、优质、精准和全面的政府服务。在技术视角下，尚珊珊等学者以大数据为背景进行智慧政府功能建设分析，强调智慧政府建设的主要关键点在于获得硬件、软件和政策机制的全面支持。在理论视角下，胡漠等人从信息协同视角出发，指出信息技术变革的驱动力、全球化竞争的外部压力和政府管理复杂化的内部压力是打破信息协同边界，建设无边界化智慧政府的 3 个推动力，并将智慧政府协同信息边界划分为垂直、水平、内外与地域 4 个维度进行分析，以构造无边界化智慧政府机制模型。

1.2　研究数字政府的相关人员

国家电子政务专家委员会主任王钦敏在中国行政管理学会 2020 年年会上对数字政府和电子政务进行解读，他认为数字政府强调的是信息化政府，而电子政务意为信息化政务管理和服务，目前国际上（包括联合国）在两者之间是画等号的。因此，数字政府研究在一定程度上包括电子政务研究。国内数字政府研究机构主要汇聚在政府组织、大学、科研单位，以及相关信息技术企业中，所进行的研究大多围绕国家电子政务推广而展开。从研究成果来看，相关国家机构和政府组织的成果能对数字政府建设产生重大的影响。除此之外，企业更加关注自身利益，关注其相关产品或技术的推广和应用。科研机构大多借助国外经验分析中国数字政府建设的优势与不足。从某种程度来看，由于研究主体分散，有的侧重理论，有的侧重实践，有的侧重技术，所以数字政府领域的研究各行其是，缺乏全面系统的深入研究。

1.2.1　国内学者及科研单位

中国数字政府建设进程逐步加快，相关研究也越来越多。2004 年，我国首家电子政务专业杂志——《电子政务》创刊，由中国科学院主管，中国科学院文献情报中心主办。2017 年,《中国行政管理》杂志于第 7 期开办"数字政府治理"栏目，重点关注数字政府下的政府治理，聚焦数字政府建设与治理现代化，推进政府治理数字化建设。与此同时，围绕我国政府建设所展开的数字政府研究逐步进入全球视野，研究成果开始在《政府信息季刊》等知名国际期刊上发表。

　　我国关于电子政务研究的文献最早出现在 1999 年，至今已逾 20 年，我国以"电子政务"为主题的发文数量在 2008 年达到顶峰，该年度共发文 3497 篇，总体上呈现从迅速起步到快速发展再到缓慢下降的演变态势。以"电子政务"为主题的发文量如图 1-1 所示。

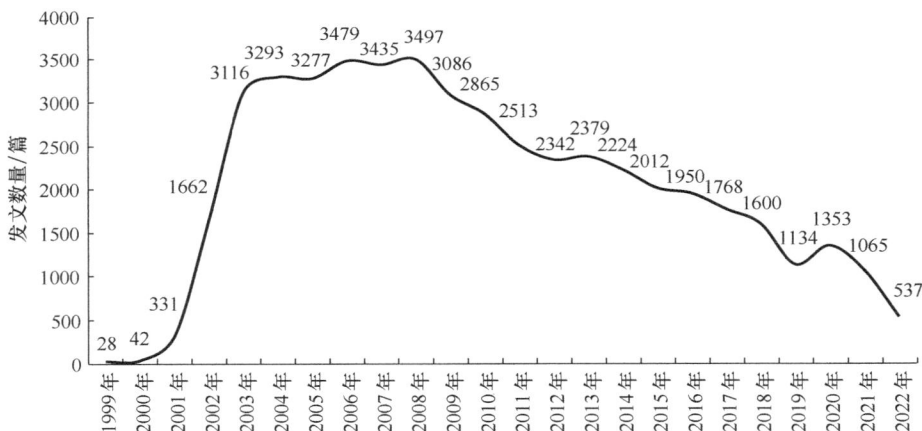

图 1-1　以"电子政务"为主题的发文量

　　曲线趋势大致可以分为两个阶段：第一阶段（1999—2008 年）为快速上升阶段，这个阶段的关键词是"两网一站四库十二金"和国务院信息化工作办公室的成立；第二阶段（2008—2020 年）为缓慢下降阶段，究其原因是随着大数据时代的来临，研究主题逐渐发生转变，各级政府大力推进智慧城市、"互联网＋政务服务"建设，信息共享和业务协同需求日益迫切，促使学界对电子政务本身的关注度有所下滑。

　　与此同时，有关数字政府的国内研究文献最早出现在 2001 年，至今也超过了 20 年，发文趋势总体上是一直上升的，直至 2022 年 11 月底以 852 篇达到顶峰，以"数字政府"为主题的发文量如图 1-2 所示。

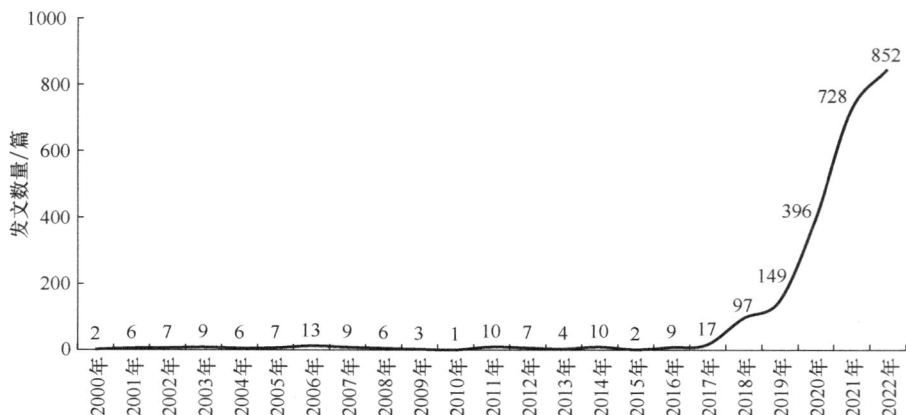

图 1-2　以"数字政府"为主题的发文量

曲线趋势以 2018 年为分界线可以分为两个阶段，2017 年以前增长一直较为缓慢，2018 年以后地方政府陆续开始探索数字政府建设，促使学界对数字政府的研究成果出现大幅增长。

学者们针对数字政府的含义和内容展开研究，对此问题进行深入探讨。有学者指出，数字政府治理可以从人类社会的历史发展角度进行理解。人类社会发展的历史先后经历了 3 种不同的社会形态：农业社会、工业社会和信息社会，分别决定着 3 种不同的治理模式：单向控制、代议互动和数字协商。还有学者提到，信息能力、数据流动和知识应用是理解数字政府概念的关键维度，它们支撑起数字政府的资源系统、目标系统和动力系统。但是如何理解数字政府的概念与内涵，目前还存在较多争议。

针对数字政府的建设情况，多家科研机构进行了量化评估与排名。有的评估政府网站，有的评估政务服务，有的评估政府数据开放……现有的研究大多关注数字政府的服务能力、数据互联互通水平、安全保障指数、应用覆盖率等功能性指标，而缺乏对数字政府经济性和适应力的重视。此外，大多数评估从供给侧针对数字政府供给水平进行客观评估，对用户端使用感受的评测相对不够全面。总的来说，现有的研究为数字政府建设提供了初步的理论基础，但其完整性和全面性还不够。

1.2.2　国家及地方政府组织

近年来，我国十分重视数字政府建设。早在 2016 年，我国在发布的《国家信息化发展战略纲要》中指出，当今世界，信息技术创新日新月异，以数字化、网络化、智能化为特征的信息化浪潮蓬勃兴起。没有信息化就没有现代化。适应和引领经济发展新常态，增强发展新动力，需要将信息化贯穿我国现代化进程始终，加快释放信息化发展的巨大潜能。除了《国民经济和社会发展第十四个五年规划和 2035 年远景目标纲要》，一些规划方案例如《“十四五”国家信息化规划》等也作为指导文件相继刊发，这些文件的出台为我国各级政府数字化转型指明了方向，也为数字政府建设营造了良好的氛围。国务院是我国数字政府治理领域的最高实践主体，其本身具有极高的权威性，在大方向上调控数字政府建设进程，使数字政府统筹推进具有更强的影响力和引导力。

数字政府治理主体也包含我国省、市（区）、县、乡等各级政府。然而，各地区由于存在各种制约因素或经济发展不平衡，数字政府水平也发展不一。近年来，福建省对于“数字政府”建设一直持积极态度，尤其是省会福州和经济较发达的厦门取得明显成效；除福建省外，广东省也加大力度推动“数字政府”建设，其中佛山市在这一领域尤为突出。虽然贵州省的经济水平和地理位置优势并不突出，但是它的数字政府发展水平却高于一些东部沿海省份。各地在党和国家大政方针的指引下，根据自身发展状况，逐渐摸索出各具特色的数字政府发展模式，在未来一段时间内，预计不同特色的数字政府建设模式将进一步涌现，引领我国数字政府持续加速发展。

1.2.3 大型信息技术企业

"十四五"规划中明确指出，将数字技术广泛应用于政府管理服务，推动政府治理流程再造和模式优化，不断提高决策科学性和服务效率，要求加快推进数字政府建设。根据各地数字政府建设生态可以发现，中国电子信息产业集团、中国电子科技集团等大型信息技术企业在数字政府建设中起着重要作用。信息技术企业凭借自身在技术研究、软件应用、平台运营等方面的独特优势，为数字政府建设开发提供了大量的技术支持与帮助，是对接政府服务和公众需求的关键中介。深化政企合作是深层次提高数字政府建设水平的关键路径，只有加强政府与企业的深度合作，才能打造出服务质量过硬、决策水平一流、治理精度高的数字政府。

数字政府普遍采用购买服务、服务外包等方式进行建设和运维，企业是数字政府采购的主要供应商。由于数字政府的研究者大多来自公共管理专业，专注于政府政策研究，而对企业的研究较少，所以虽然企业在数字政府建设中发挥着越来越重要的作用，但是这方面的相关研究成果却很匮乏；虽然政府与社会资本合作方面的研究众多，但是其研究很少从数字政府方面展开。与社会基础设施建设一样，数字政府建设有着成本高昂、建设周期长、技术复杂、政企合作困难等问题。更为要紧的是，数字政府建设意味着政府与企业的深度互嵌，政府更依赖于企业，政府与企业在数字政府建设的过程中如何建立和维持"亲""清"的新型政商关系还有待深入探讨。

1.3　数字政府的介绍

1.3.1　电子政务

电子政务（Electronic Government）源于 20 世纪 90 年代初的美国，其初衷是利用信息技术为公众提供更加高效及时的服务。电子政务是一个新的概念、新的研究领域，更是一种全新的政府管理模式。它的构建过程是信息技术、互联网与政府深度结合的过程，这种深度结合是政府管理变革发生的原因和对现有行政管理理论的挑战，也是政府管理变革必须要面临的挑战。电子政务的主要内容包括政府数据共建互享；搭建政府信息服务平台，实时发布政务信息，提高政务透明度；构建在线服务体系，实现公众参与政务处理；实现"政府采购电子化"；实现政府"无纸化办公"。电子政务与传统行政方式相比，其最大的优势在于行政方式电子化，可以提高政府服务效率，降低运作成本，使政府运作公开透明、政务数据资源得到充分利用。

1.3.2 数字政府

2019 年，党的十九届四中全会通过的《中共中央关于坚持和完善中国特色社会主义制度、推进国家治理体系和治理能力现代化若干重大问题的决定》中，首次在国家层面明确提出"数字政府"（Digital Government）。这一概念始于 1998 年美国时任副总统戈尔演讲中所提到的"数字地球"，之后经过"电子政务""政务信息化""数字化治理"等多个概念的延伸扩展。当下的数字政府更加注重以数字技术应用重塑政府业务流程架构，进而实现公共管理事务、政府决策、政务管理等多领域数字化，推动政府内部变革及外部行政再造，打造公开透明、节俭高效、民主开放的政府新形象。

数字政府作为电子政务在新时代背景下的再升级，两者的应用主体都是政府，服务对象都是政府、企业和公众，但两者的发展目标、技术支撑、功能属性不同。电子政务与数字政府的主要区别见表 1-1。

表 1-1　电子政务与数字政府的主要区别

对比视角	电子政务	数字政府
时代背景	互联网发展	政府全面数字化转型
政策语境	电子型政府、服务型政府	服务型政府、国家治理现代化

对比视角	电子政务	数字政府
技术支撑	办公自动化系统、互联网	新型基础设施
功能属性	工具理性：提升行政效率	兼具工具理性和价值理性：提升办事效率，优化营商环境，实现民主、参与等治理价值
顶层设计	流程驱动	数据驱动
信息流动	自上而下单向流动	双向及多向流动
应用领域	政务服务、政务公开等	政务服务、态势感知、决策支撑、社会治理等
应用案例	一站式办事大厅	一网通办、最多跑一次、一网统管等

从国内来看，数字政府的概念相对较新，学者们通常认为数字政府是"数字中国"的重要组成部分。纵观学界对数字政府的研究，学者们的观点也不尽相同。学界目前对数字政府的定义大概包括以下 3 种视角：一是形态视角，将数字政府视为信息技术革命的产物，认为数字政府是工业时代的传统政府向信息时代演变的一种政府形态；二是工具视角，把数字政府理解为一种依托信息技术使部门间合作更加灵活，推动政府精准决策的实现形式；三是过程视角，将数字政府定义为通过数字技术实现政府透明化、治理现代化、服务高效化的过程。

数字政府不仅是实体政府在虚拟空间的映射，学界现有研究中涌现的技术应用论、技术替代论、数据核心论、发展过程论等都不足以完全概括数字政府的全部内涵。技术应用论强调信息技术在政府中的应用，但是数字政府不是实体政府的技术化加成，而是系统性的全方位变革。技术替代论强调实体政府虚拟化，认为所有政府事务都在虚拟空间运行，忽略了实体政府处理政务活动的必要作用。数据核心论强调数据在数字政府中的重要作用，但是忽略了网络、技术、人才、资金等数字政府运转所必需的要素。发展过程论强调数字政府是一个过程，而实际上数字政府不仅是一个过程，而且是政府信息化发展的新阶段、新目标。从广义上讲，政府信息化是一个不断迭代演进的发展过程，办公自动化、政府上网、电子政务等是政府信息化进程中不同阶段的工作重点，所谓移动政府、虚拟政府、智能政府、智慧政府等都是数字政府在不同技术条件与发展需求下的概念变体。

　　综上所述，数字政府是信息技术革命的产物，是工业时代的传统政府向信息时代演变的一种政府形态，本质上并非要取代传统政府、电子政府，而是在原有政府形态的基础上创新。从内涵来看，**数字政府是政府借助新一代信息通信技术，以实现政府决策科学化、社会治理精准化、公共服务高效化为目标，以数据为驱动要素，通过连接网络社会与现实社会，重构政府组织模式，再造政府治理流程，提升政府履职能力，优化政府服务供给能力，推动政府对施政理念、方式、手段、工具等进行全局性、系统性、根本性变革，促进经济社会运行全面数字化而建立的一种新型政府形态。**

第二章

数字政府沿革：
从单点突破到整体重塑

全球进入"互联网＋"时代，"网络执政"成为彰显国家竞争力的核心要素。电子政务不仅是政府治理现代化的战术工具，更是夯实"网络强国"根基的重要举措。电子政务的概念是广泛且变化的，在电子政务发展的不同历史阶段，其主要内涵也不尽相同。我国电子政务始于20世纪80年代，迄今为止历经40多年的历程。纵观历史，不难发现我国电子政务经历了从无到有、从单一领域基础设施普及到统筹数字政府全面推进的发展之路。

2.1 从萌芽到办公自动化（1981—1992 年）

从20世纪80年代开始，我国从事政府信息化的机构逐步建立，相应的人才队伍逐步形成。1981年，"六五"计划明确提出要在政府管理中使用计算机。1983年，原国家计划委员会成立信息管理办公室，负责国家信息管理系统的规划和建设，以及相关总体方案、法律法规和标准化研究工作。1985年，原国务院电子振兴领导小组成立办公自动化专业组，开始拟定中国办公自动化的发展规划。1986年，国务院批准建设国家经济信息系统并组建国家经济信息中心。

到"七五"时期，我国建设了国家经济信息系统等十余个信息系统，43个国家部门建立了信息中心，中央政府安装的大中型计算机已经达到1300多台、微机（微型计算机）超过3万台，建设数据库约有170个。此阶段"电子政务"的概念还没有被正式提出，政府信息化多以"办公自动化"为表现形式，旨在通过计算机技术辅助政府内部进行相应的政务工作，提升政府机构自身信息分析能力，这些为政府的电子化建设管理奠定了相应的基础。

2.2 从"三金工程"到政府上网（1993—2000年）

1993年，为适应全球建设"信息高速公路"的趋势，我国启动了"三金工程"，即金桥工程、金关工程和金卡工程。"三金工程"的主要内容为信息化基础设施和通信网络的建设。1999年，我国启动"政府上网工程"，争取在2000年实现80%的中国各级政府在163/169网上建有正式站点，并提供信息服务和便民服务。中国互联网络信息中心域名管理处统计数据显示，在"政府上网工程"启动之前，国内登记注册的各级政府域名已有800多个，其中已经投入使用的有200多个。

在"政府上网工程"的推动下，不到两年的时间，全国政府网站建设范围已经延伸到乡镇级政府，这些政府网站开始向社会发布政府部门信息，有的还尝试提供在线服务，极大地推动了公共信息基础设施建设，政府专网、业务系统建设开始逐渐铺开。2000年，我国将"电子政务"列入"十五"计划，正式拉开了我国电子政务发展大幕。

2.3 从单向应用向全面发展（2000—2013年）

自2000年以来，我国政府投入了大量资金进行电子政务方面的建设，政府网站在规划、内容建设、功能性、互动性等方面取得了长足发展，真正开始了政府网上办公的实质性应用。在这期间，电子政务主管部门几经更换，相关制度文件相继出台，业务应用日趋丰富。

2.3.1　政策文件日益完备

国务院信息化工作办公室的成立对推进我国电子政务发展起到了巨大作用，2001—2006 年，国家信息化领导小组陆续召开 5 次会议，《国家信息化领导小组关于我国电子政务建设指导意见》《国家信息化领导小组关于加强信息安全保障工作的意见》《中共中央办公厅　国务院办公厅关于加强数据资源开发利用工作的若干意见》《2006—2020 年国家信息化发展战略》《国家信息化领导小组关于推进国家电子政务网络建设的意见》《国家电子政务总体框架》等若干个重点文件发布，涉及电子政务建设、信息安全、信息资源、信息化战略、电子政务网络和总体框架等。2002—2013 年一系列标志性事件如图 2-1 所示。

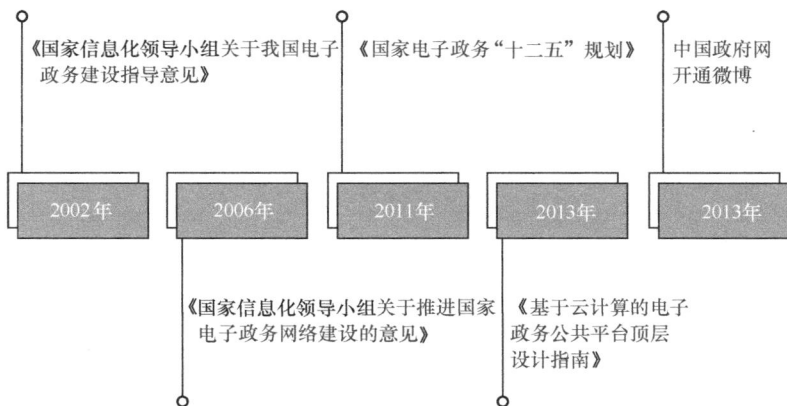

图 2-1　2002—2013 年一系列标志性事件

2014 年以来电子政务相关文件清单见表 2-1。

表 2-1　2014 年以来电子政务相关文件清单

编号	发布时间	文件名称
1	2014 年 3 月	《国务院办公厅关于印发 2014 年政府信息公开工作要点的通知》
2	2014 年 5 月	《关于加强党政机关网站安全管理工作的通知》
3	2014 年 11 月	《国务院办公厅关于促进电子政务协调发展的指导意见》
4	2015 年 1 月	《关于开展国家电子政务工程项目绩效评价工作的意见》
5	2015 年 6 月	《关于加强党政部门云计算服务网络安全管理的意见》
6	2016 年 4 月	《国务院办公厅关于印发 2016 年政务公开工作要点的通知》
7	2016 年 4 月	《国务院办公厅关于转发国家发展改革委等部门推进"互联网＋政务服务"开展信息惠民试点实施方案的通知》
8	2016 年 9 月	《国务院关于印发政务数据资源共享管理暂行办法的通知》
9	2016 年 9 月	《国务院关于加快推进"互联网＋政务服务"工作的指导意见》
10	2017 年 1 月	《国务院办公厅关于印发"互联网＋政务服务"技术体系建设指南的通知》
11	2017 年 3 月	《国务院办公厅关于印发 2017 年政务公开工作要点的通知》
12	2017 年 5 月	《国务院办公厅关于印发政务信息系统整合共享实施方案的通知》
13	2017 年 6 月	《国务院办公厅关于印发政府网站发展指引的通知》
14	2017 年 7 月	《国家发展改革委 中央网信办关于印发〈政务数据资源目录编制指南（试行）〉的通知》
15	2017 年 8 月	《国务院办公厅电子政务办公室关于开展"互联网＋政务服务"试点示范工作的通知》
16	2017 年 8 月	《国家发展改革委关于印发"十三五"国家政务信息化工程建设规划的通知》
17	2017 年 8 月	《加快推进落实〈政务信息系统整合共享实施方案〉工作方案》
18	2017 年 10 月	《关于开展政务信息系统整合共享应用试点的通知》
19	2018 年 1 月	《政务信息系统政府采购管理暂行办法》
20	2018 年 5 月	《关于深入推进审批服务便民化的指导意见》
21	2018 年 6 月	《国务院办公厅关于印发进一步深化"互联网＋政务服务"推进政务服务"一网、一门、一次"改革实施方案的通知》
22	2018 年 7 月	《国务院关于加快推进全国一体化在线政务服务平台建设的指导意见》
23	2018 年 11 月	《政府网站集约化试点工作方案》
24	2019 年 1 月	《关于推进基层整合审批服务执法力量的实施意见》
25	2019 年 4 月	《中华人民共和国政府信息公开条例》

这些重要文件的发布奠定了我国电子政务发展的基础框架，为我国电子政务发展指明了方向，对日后推进电子政务发展起到了指引作用。自2008年工业和信息化部承担国家电子政务推进工作以来，推动印发了《关于开展依托电子政务平台加强县级政府政务公开和政务服务试点工作的意见》《基于云计算的电子政务公共平台顶层设计指南》，为电子政务工作扎根基层、集约化发展奠定了基础。此后，工业和信息化部发布了《国家电子政务"十二五"规划》，提出以电子政务科学发展为主题，以深化应用和注重成效为主线，转变电子政务发展方式，引领电子政务走上一条立足国情、讲求实效、面向未来的发展道路。

2.3.2　业务应用日益成熟

这一时期，我国电子政务围绕"两网一站四库十二金"快速推进：启动电子政务内网和外网建设，全面推进中央、省（自治区、直辖市）、市、县四级政府网站建设；启动人口、法人、自然资源和空间地理、宏观经济四大基础数据库建设；全面开启金关、金财、金盾、金审等"十二金"工程建设。各级政府部门围绕市政管理、应急救灾、公共安全等业务主题，大力推进政务信息共享和业务协同，各级政府部门电子政务新技术应用情况显著。为适应移动互联网发展，多数政府部门的官方网站都推出了手机版政府网站、政务微博和政务App等。随着微信普及，政府部门将纷纷利用微信公众号推进政务信息公开。

2.4　从各自为政到统筹推进（2014 年至今）

尽管工业和信息化部在负责全国电子政务推进期间做了大量工作，但受限于全国电子政务管理体制机制的复杂性，推进起来困难重重，尤其是在统筹规划布局和重大项目落地实施方面缺乏有效抓手，电子政务工作处于碎片化状态，大多散落在各个垂直部门。2014 年 2 月，中央网络安全和信息化领导小组成立，领导小组下设办公室，具体负责全国网络安全和信息化推进。此后，与电子政务统筹推进相关职能从工业和信息化部信息化推进司划转到中共中央网络安全和信息化委员会办公室（以下简称"中央网信办"）信息化发展局，由该局负责统筹推进全国电子政务发展工作。

自 2014 年以来，中央网信办通过出台顶层设计方案、建立国家电子政务工作统筹协调机制等方式，破解"九龙治水"难题，推动全国电子政务发展和推进工作进入一个新时期。中共中央办公厅、国务院办公厅、中央网信办、国家发展和改革委员会等部门围绕电子政务发布了一系列政策文件。其中，政务信息系统整合共享和"互联网 + 政务服务"成为电子政务工作重点。

2.4.1　政务信息系统整合共享推动各级政府由"网络通""数据通"向"业务通"方向转变

建成全国一体化政务数据共享枢纽，依托全国一体化政务服务平台和国家数据共享交换平台，构建起覆盖国务院部门、31 个省（自治区、直辖市）和新疆生产建设兵团的数据共享交换体系，初步实现政务数据目录统一管理、数据资源统一发布、共享需求统一受理、数据供需统一对接、数据异议统一处理、数据应用和服务统一推广，长期制约电子政务发展的共享难题得到有效改善。

2.4.2　"互联网 + 政务服务"推动办事服务由"群众跑"向"数据跑"转变

我国针对全国一体化在线政务服务平台发布了一系列政策文件，大力推动在线政务服务快速发展。各级政府依托在线政务服务平台，推动线上线下集成融合，实时汇入网上申报、排队预约、审批（审查）结果等信息，实现线上线下功能互补、无缝衔接、全过程留痕，并推动基于互联网、自助终端、移动终端的政务服务入口全面向基层延伸，通过"数据多跑路"实现"群众少跑腿"。根据第 49 次《中国互联网络发展状况统计报告》，截至 2021 年 12 月，我国互联网政务服务用户规模达 9.21 亿，较 2020 年 12 月增长 9.2%，占网民整体的 89.2%。2016—2021 年我国互联网政务服务用户规模增长情况如图 2-2 所示。

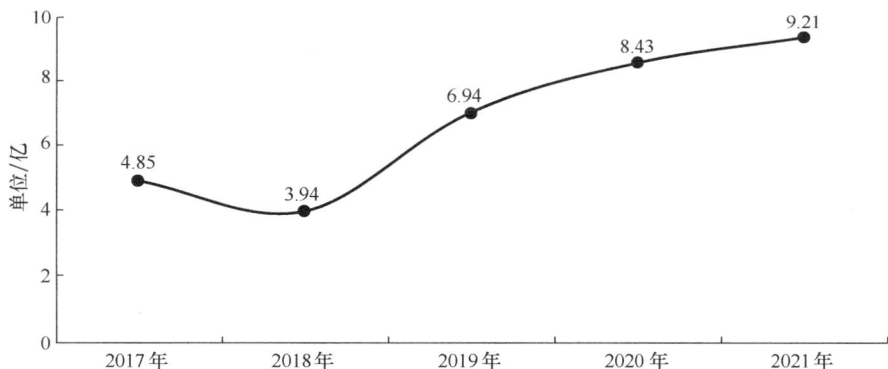

图 2-2　2016—2021 年我国互联网政务服务用户规模增长情况

2.5　数字政府：电子政务的新未来新走向

近年来，我国电子政务建设取得巨大成就，但是仍然存在一些亟待解决的问题。一是条块分割的电子政务建设和发展模式造成了网络分割和"信息孤岛"，阻碍了各类政务服务的信息共享和业务协同，影响着一站式电子政务服务体系建设。二是电子和政务融合深度不够，电子政务经济社会效益没有得到充分发挥，制约国家治理能力提升。三是重复建设、投资浪费等现象依然大量存在，共建共享、集约建设的电子政务投资建设体系尚未形成。四是基础数据库、电子证照、电子合同、电子发票等基础配套资源服务滞后，使一站式电子政务服务受到众多条件的制约。

为了解决地方电子政务管理机制不顺、信息系统整合不足、业务协同水平不高、政务服务不到位等问题，中央网信办联合相关部门开展了国家电子政务综合试点，围绕建立统筹推进机制、提高基础设施集约化水平、促进政务数据资源共享、推动"互联网＋政务服务"、推进电子文件在重点领域规范应用五大方面共 13 项具体任务进行重点探索，力图探索出一套符合本地实际的电子政务发展模式，形成一批可借鉴的电子政务发展成果，为统筹推进国家电子政务发展积累经验。

数字政府成为电子政务发展新趋势。伴随着信息化与各行各业的深度融合，"数字中国"建设成为我国信息化发展的新阶段。数字政府是"数字中国"的重要组成部分。当前，广东、广西、山东等地提出了建设数字政府的发展目标，在项目管理、投资审批等方面实现了统一归口管理，在体制、机制等方面开展了一系列改革，有些地方甚至将负责电子政务建设的主力军——政府信息中心撤销，与互联网公司合作组建属地公司，实现电子政务建设的管理和实施分离，一方面提升了政府对电子政务规划建设的管理水平，另一方面全面提升了数字政府落地实施能力。

未来，随着大数据、区块链、人工智能等新兴技术在电子政务领域的深度应用，数字政府将成为更多地方政府的建设目标，以自动化实现秒批、以区块链实现数据可信交换、以智能机器人实现客服咨询将不仅仅是某个政府的一个应用，而是未来所有政府的"标配"。

第三章

数字政府态势：
新诉求、新议题、新征程

　　"数字中国"是我国信息化发展的新阶段。党的十九大报告指出，要建设网络强国、数字中国、智慧社会。数字政府是"数字中国"体系的有机组成部分，是打造营商环境新优势、实现经济高质量发展、推动"数字中国"建设的重要抓手。为顺应时代发展趋势，积极贯彻党中央、国务院的指示要求，全国各地政府正在积极探索数字政府建设。从现实来看，我国数字政府的研究和实践都处于初级阶段。德勤公司通过调查70多个国家的1200多名政府官员发现，全球大多数国家都处于数字化转型的萌芽期或发展期。日本早稻田大学数字政府研究所与国际首席信息官学会联合发布的国际数字政府排名显示，2021年我国排在第49位，丹麦继2018年之后重返第一位，新加坡、英国、美国紧随之后。我们从中不难看出，我国数字政府发展空间巨大。面对新一轮数字政府建设热潮，认真研判数字政府建设面临的形势，深入思考并提出数字政府建设的关键点、着力点、突破点，对引导地方稳妥有序推进数字政府建设具有重要的理论价值和实践意义。

3.1 推进数字政府建设的战略意义

3.1.1 建设数字政府，是数字社会重塑国家或地区竞争优势的奠基石

不同社会形态下，国际竞争优势的决定因素不同。农业社会和工业社会时期，土地、黄金、石油等实物资源是衡量和判断国家竞争力的主要指标。在数字社会，信息获取速度、信息掌握程度、信息应用能力已成为国家软实力和竞争力的重要标志。理论证明，政府信息化水平对国家竞争具有积极影响。为了推动社会发展，政府必须破除万难，大力推进数字政府建设，以推动国家信息能力整体提升，带动经济社会全面发展。推动政府数字化转型，不仅仅是政府主动适应时代发展趋势的内在要求，更是世界各国重塑国际竞争优势、抢占国际竞争制高点的选择。

3.1.2 建设数字政府，是新公共管理运动后政府改革创新的主旋律

从国际的角度看，面向可持续发展的公共部门数字化转型，可以有效确保公共部门的一体化和协调性。当前，美国、英国、澳大利亚、爱沙尼亚等国家启动了数字政府建设。英国通过打造"数字政府即平台"，在内阁办公室专设数字服务小组，为其提供通用共享平台，积极吸纳企业和第三方平台等社会力量作为政府数字服务的延伸和扩展，在数字政府建设中引入监测评估，实现了数字化转型的整体跃升，英国数字政府建设处于全球领先水平。此外，爱沙尼亚通过区块链等新一代信息技术，积极重构数字时代的政府运行形态，而澳大利亚则开始了对数字化转型的反思与复盘。虽然不同国家在推进数字政府建设的理念、模式与路径上有所差异，但推动政府数字化转型，实现政府高效、协同、可持续发展，已经成为世界各国的共同选择。

2011—2022 年部分发达国家数字政府战略行动情况见表 3–1。

表 3-1 2011—2022 年部分发达国家数字政府战略行动情况

国家	年份	政府数字化具体举措
澳大利亚	2011 年	国家档案馆发布《政府数字转型政策》，要求政府机构实施数字信息和文件管理
	2013 年	国家档案馆宣布向"2015 年全面实现数字转型"迈进
	2015 年	成立数字化转型管理局，负责领导政府转型，对政府 ICT 议程实行集中监管
	2018 年	财政与公共管理委员会发布《数字交付审计报告》，提出到 2025 年进入全球前三大数字政府行列的目标
英国	2012 年	颁布《政府数字化战略》
	2014 年	实施《政府数字包容战略》
	2015 年	启动"数字政府即平台"计划
	2017 年	出台《政府转型战略（2017—2020）》，旨在加快推进政府在线服务发展
	2017 年	发布《英国数字化战略》，旨在通过一流的数字化基础设施、先进的技能培训和有效的监管，确保英国在数字化方面的全球竞争优势
	2019 年	发布《数字服务标准》最新版，相对旧版，删除了考核和收集数据、制定关键绩效指标标准的内容，同时要求通过实践确定优质服务标准
美国	2012 年	行政和预算管理局发布《数字政府：构建一个面向 21 世纪平台以更好地服务美国人民》
	2021 年	行政管理和预算办公室发布了《联邦零信任战略》
德国	2016 年	发布"数字化战略 2025"和"数字化政府"行动

从国内看，我国数字政府建设相对较晚，但定位高、改革力度大。目前，广东、广西、山东、湖北、浙江等地多措并举探索数字政府建设，释放数字经济潜能，激活数字社会活力，从而反哺经济社会实现全面发展。其中，浙江省政府是我国最早发布数字政府相关文件的地方政府。浙江数字政府建设的目标不仅是推动政府自身的革新发展，而且是在以"最多跑一次改革"实现政府数字化转型的同时，通过数字政府建设引领数字经济、数字社会发展，促使数字政府建设成为经济社会发展的关键驱动因素。广东省政府除了将数字政府建设作为重塑广东经济发展优势的着力点和突破口，还从体制机制入手，破除数字政府改革障碍，彻底改变以往政府信息化实施主体由政府下属事业单位组成的发展格局，成为国内数字政府建设改革力度最大的地区。

3.1.3 建设数字政府，是推进国家治理体系和治理能力现代化的必然选择

信息是国家治理的重要依据，数字政务是国家治理体系和治理能力现代化的重要支撑。信息时代，没有数据支撑的国家治理是不可想象的。数字政府建设可以有效解决政府、市场信息不对称的问题，能够提升对市场主体监管的针对性、有效性；数字政府建设可以有效拓展公共服务内涵，创新服务方式，降低制度性交易成本，促进经济又好又快发展；数字政府建设可以摸清权力底数，公开权力运行轨迹，优化运行流程，让权力在阳光下运行。随着应用的深化和数据的积累，大数据可以揭示传统技术无法揭示的事物关联，使宏观调控更加精准、市场监管更加到位、社会管理更加精细。大数据能帮助我们预先了解和判断事物的发展态势。例如，大数据可以帮我们更加及时准确地预测宏观经济拐点，提前制定针对性策略；也可以更加有效地识别违规交易行为，提高对金融市场的监管能力。用数据说话、用数据管理、用数据决策、用数据创新，它们协助政府有效克服经验主义的不足，加快国家治理体系和治理能力现代化进程。

3.1.4 建设数字政府，是贯彻以人民为中心发展思想的重大举措

服务人民、造福人民，是数字政府建设的根本目的，为广大人民群众提供更多更好的服务，是数字政府建设的出发点、落脚点。长期以来，我国在宏观调控、市场监管、社会管理领域的政府信息化建设投入比较大，也取得了很好的效果。国务院办公厅牵头推进的"互联网＋政务服务"，国家发展和改革委员会组织实施的信息惠民工程，都抓住了公共服务领域投入不足的短板，有效调动了地方政府的积极性，在地方实践中成效显著。总体来看，提高公共服务能力，增强人民群众的获得感，是未来我国数字政府建设需要长期努力的方向。

3.1.5　建设数字政府，是改革传统政务信息化模式的必由之路

从全球政府信息化的发展规律来看，世界各国正在试图走出以部门为中心的数据政府建设模式，希望借助信息技术的力量，推动部门从分散治理向协同治理、整体政府的发展方向转变。这一趋势表明，即使在信息化发展水平很高的国家，政府信息化也存在各自为政、"数据孤岛"，甚至是部门利益矛盾的问题。例如，英国标准协会出台的智慧城市框架、日本内阁会议提出"社会5.0——超智能社会"等，核心内容就是要打破"信息壁垒"，让各类服务更好地满足发展需要。如何以数字政府建设推动改革、促进创新，成为一个全球性挑战。信息化是一把"双刃剑"，用得好，它可以优化业务流程，促进管理创新；用得不好，它也会成为固化不合理流程、制造"数据烟囱"的工具。这些问题，越早解决，阻力越小。久拖不决就会任由"数据孤岛"发展，为统筹整合带来更大的困难。我们需要从思想上加强对数字政府建设工作紧迫性的认识，加快扭转被动局面，尽快推动我国数字政府建设走上健康发展轨道。

3.2　数字政府建设愿景

3.2.1　新技术将驱动数字政府网络基础设施由"人人互联"逐步走向"万物智联"

5G、区块链、大数据、云计算、人工智能等新一代信息通信技术为数字政府生态圈加速赋能，成为推动数字政府发展演进的新引擎。当前，通过计算机、手机等终端可以实现政民互动，但道路、桥梁、路灯、排污、排水等市政基础设施大多还处于"哑状态"，这些基础设施没有入网，不能自动汇报，不能透明化管理，无法实现与外界的信息交换、资源共享、能力协同。数字政府时代，所有的终端将实现全域数据采集，更广泛的新数据源将通过

极速泛在的城市信息网络直达"云端"，加速创新能力与政务流程的深度融合，催化人工智能在政府领域的应用创新，通过开放高效的智能应用系统为万物赋能，基于 5G 的云边协同，点亮边缘智能，激活政务数据价值，拓展服务边界，进一步实现"城市智脑"的延伸，打破城市治理的屏障，推动城市实现智能运行和自我完善。

3.2.2　数字政府建设将推动政府运行由分散化、科层化、手工化逐步走向整体化、扁平化、智能化

相对于传统政府运行，数字政府运行在空间分布、组织结构、工作方式等方面发生了深刻的变化。

一是政府运行由物理空间分散化向虚拟空间整体化转变。传统线下的实体政府分散在不同的地理位置，企业、公众到政府办事时不得不跑多个地方。推动数字政府建设，以信息技术在政府的深度应用为抓手，推动政府实现线上线下深度融合、有效衔接、互为补充，在网络空间以整体政府形式向公众统一提供服务，可以有效提升政府服务的效益、效能、效率。例如，澳大利亚的一体化在线服务平台为方便公众办事，也会在线下设立实体服务机构。一言以蔽之，数字政府是实体政府在虚拟空间的延伸和强化。

二是政府组织结构由科层制逐步走向扁平化。当前，信息技术对企业组织结构的扁平化影响越来越深入，但政府组织形态仍然以科层制为主，美国达勒姆县采用扁平化结构实现政府运行效率全面提升尚属个例。从国内来看，各地政务服务大厅、大数据主管部门涌现，从侧面印证了信息技术对政府流程和职能再造的积极作用，但其对政府组织结构的影响尚未显现，政府职能部门依然保持"条块结合、以块为主、融条于块"的权力结构特征，我国政府总体属于分级管理的体制模式。未来，公众需求向个性化、实时化、规模化方向发展，这将对政府运行效率提出更高要求，传统线性的、层级制的、单向的信息传递方式将囿于效率困境，会使政府重构传统组织管理体系，

构建与时代相适应的非线性的、扁平的、交互式的组织模式，推动数字政府建立科层制与扁平化融合的网络型组织结构。

三是行政工作方式从传统手工作业走向机器自动化处理。传统政府以纸张作为信息载体，不仅受限于纸张版面大小和时空距离导致服务效率不高，而且在制作、传输和分发文件的过程中也会消耗大量的财政投入。我国现有的业务处理模式大多只是传统人工处理方式在网络上的延伸，仍然受限于办公时间、个人经验等因素。同时，少部分地方正在积极探索通过系统实时自动处理政府业务，并将处理结果及时主动告知相关方，将行政人员从繁重的手工作业里解放出来。例如，深圳开展了"秒批"改革，通过打通部门数据，形成业务审批闭环，实现了网上全流程自动化审批，解决了群众办事的堵点、痛点问题，也杜绝了人为因素的干扰，避免了"权力寻租"风险。截至 2022 年 3 月，全市政务服务事项 99.94% 实现最多跑一次，99.29% 行政许可事项实现零跑动办理，实现"秒报秒批一体化"165 项。未来，在数字政府建设过程中，越来越多的政府业务将实现程序化、自动化、智能化处理。

3.2.3　数字政府建设将推动政府治理由部门封闭化、单一化逐步走向开放化、协同化

数字政府融合多种技术，对政府治理理念、治理方式、治理流程进行优化重构，客观上提升了政府治理的技术水准。在传统的政府治理活动中，大多由一个部门开展社会公共事务治理，这种方式的信息透明度不高，容易产生暗箱操作、权钱交易等腐败现象。通过数据赋能，由数据驱动决策，而不再是数据辅助决策，是数字政府相对于传统政府的质的飞跃。数字政府治理是依托大数据开展的精准治理，离不开政府大数据的有效运用，需要对政府系统的数据共享、数据采集、数据标准、数据安全等底层技术进行整合和集成。数字政府建设可以提高政府组织的数据运用能力，

联系政府、社会、市场等不同主体之间的治理数据，优化社会治理资源的网络化配置，发挥多元主体协同共治的功能优势，协调多种资源以创造社会治理新篇章。

3.2.4 数字政府建设将推动公共服务供给从以机构为中心逐步走向以市民为中心

数字政府时代，公共服务的供给主体、供给模式、供给渠道将产生深刻变革，供给主体由过去公共服务部门转向政府、企业、社会组织和市民，供给模式由过去以部门为中心转向以市民为中心，供给渠道由过去线下分散办理转向线上线下融合的统一集中办理，全面提升公共服务效率。例如，上海通过推进政务服务"一网通办"，让企业和市民办事享受网购体验。截至2022年7月，上海的"一网通办"帮办制度顺利推进，首批35个高频事项线上人工帮办累计提供服务10.38万次，好评率达90.87%，智能客服"小申"的问题解决率达50%，实现了从"找部门"到"找政府"、从"政府端菜"到"市民点菜"、从"市民跑"到"数据跑"、从"人找服务"到"服务找人"。贵州通过政务数据共享交换调度平台，简化优化政务服务流程，最大限度减少申报材料、缩短办事时间，实现"最多跑一次""一次也不跑"。截至2022年1月，贵州建成微政务服务站点80个，"全程网办"事项达70%。"全省通办""跨省通办"确保惠及贵州省900万农民工，省、市两级热线平台实现系统融通和业务协同，热线接通率、办结率、满意率不低于95%。

3.3 数字政府建设的工作思路

3.3.1 技术与业务的关系

我们不能简单地认同"技术决定论"，但也不能否定技术在提高生产效率中的关键作用。所谓数字政府，"数字"是手段，"政府"是核心。传统政府业务通常存在程序复杂、手续烦琐、多头管理的问题。数字政府如果只是一味复制原来的政务流程，简单地实现数字化，就无法起到促进管理创新的作用，更难以实现以信息化推进国家治理体系和治理能力现代化的历史使命。数字政府建设是一个不断发展的过程，在不同的发展阶段，有不同的建设内涵，也有不同的发展重点。我国数字政府建设也经历了从无到有、填平补齐、深化应用的发展过程，并正在向流程优化、管理创新的更高阶段迈进。这一时期，政务部门职责和业务的变化、技术的进步和外部环境的变化，都会对电子政务的发展产生较大的影响。因此，我们要技术与业务并重，促进"数字"与"政府"有机融合，推动数字政府从技术驱动向创新驱动的发展方向转变。

3.3.2　管理与服务的关系

我国前期的国家电子政务重大项目建设更多侧重于宏观调控、市场监管和社会管理等领域，这是与我国经济社会发展水平和电子政务发展阶段相适应的。但是，广大人民群众和越来越多的企事业单位希望能进一步提高行政效率、改善公共服务，这也是地方电子政务注重服务的重要原因。"管理"和"服务"不是对立相斥的，而是相辅相成的。没有大量的后台管理系统支撑，"一站式""一网式""一窗式"等在线服务就是空中楼阁。从管理角度来看，政府要通过信息共享、业务协同、流程优化，降低管理成本，提高行政效率，更好地支撑各种便民服务。从服务角度来看，政府要充分利用互联网，特别是移动互联网，把政府服务推到计算机端，推到手机端。只要人民群众都用起来了，服务就会得到更多的改进，人民群众的诉求就会得到更多的反馈，同时，让人民群众也成为行政管理创新的参与者，从而更好地推动政府职能的转变。

3.3.3　政府与市场的关系

　　数字政府建设不仅仅是政府的事情，也是社会的事情。随着技术进步和经济社会发展，市场监管、社会管理和公共服务仅靠政府的力量，想要长足发展还远远不够。政府自身很难完全解决数字政府项目的投资效益问题。一些地区在创新数字政府建设管理和运维模式方面进行了积极探索，河北、陕西、重庆等地，与 IT 服务提供商、电信运营商等社会化企业加强合作，积极推进政府采购服务，并在服务采购标准、运维管理机制建设等方面进行了尝试，为社会力量参与数字政府建设积累了经验。

3.4　数字政府建设所面临的阻碍

3.4.1　统筹协调难：体制机制运行不畅是数字政府建设的组织瓶颈

　　有力有序的统筹协调是做好数字政府建设工作的前提。"各打各的锣、各唱各的戏"，是导致"数据孤岛"、重复建设问题的重要原因。目前，中央层面建立了国家电子政务统筹协调机制，厘清了中央有关部门在电子政务建设、管理、运行和标准化方面的职能职责，避免了部门之间职责交叉重叠。但是，由于国家电子政务统筹协调工作职能多次调整，各地数字政府建设水平参差不齐，使地方数字政府建设统筹工作的情况比较复杂，各地做法也不尽相同。但从整体来看，地方统筹协调不畅，网络、平台、应用等资源建设管理缺乏有效配合的现象是客观存在的，有的地方矛盾还比较尖锐。据不完全统计，目前仍有部分地方数字政府建设机制不健全，有的地方建立了机制也可能存在职责划分不清、多头交叉管理的问题。机制不顺，部门间政策不衔接，导致政策碎片化，难以形成共筹共建合力，阻碍了数字政府建设进程。如果继续放任自流，对于地方数字政府健康有序发展是十分不利的。

3.4.2 改革创新难：法律固化藩篱是数字政府建设的制度瓶颈

当前，正处于数字政府建设攻坚期，制度更新明显滞后于技术创新，从而阻碍了数字政府向纵深方向发展。**一是规章程序合理性有待提升**。例如，建设工程不仅要注重设计的科学性，更要注重施工质量。在具体实践中，《建设工程勘察设计管理条例》等规定，房屋建设、市政基础设施工程一律需要事前进行施工图审查，这导致审查周期长、修改次数多，也使不少设计单位过度依赖施工图审查，弱化内部质量管理。**二是电子文档执行过程面临制度冲突**。例如，《国务院关于在线政务服务的若干规定》明确提出符合档案管理要求的电子档案与纸质档案具有同等法律效力。同时，还存在会计档案管理办法关于"会计凭证、会计账簿必须纸质存档"等规定。这种政策交叉的现象，给行政人员留有一定的自由裁量权，阻碍了电子档案的普及。**三是政府数据开放制度缺失**。目前，政府数据开放的规章制度不健全，很多部门对数据开放的标准和内容不清楚，导致不敢、不愿、不会开放的情况普遍存在，这也是很多地方虽然建设了政府数据开放网站，但是开放数据的质量普遍不高的原因所在。

3.4.3 共享开放难：数据联通应用不足是数字政府建设的关键瓶颈

"数据孤岛"和"信息壁垒"是数字政府建设过程的必然产物，任何国家都难以避免，我国也不例外。近年来，党中央、国务院高度重视打破"信息壁垒"，积极推进政务信息系统整合共享、公共数据资源开放，政府数据开放共享取得积极进展，同时也存在一些亟待解决的问题。

一是条块分割导致地方与中央部门数据联通困难。目前，地方各级政府建立了本级政务数据共享机制，最大限度地整合了本级权限内的地方平台、部门专网、独立信息系统，剩余无法纳入的大多是国家各部门的专属垂直管理系统。据某省反映，目前部门数据共享需求满足率仅为42%，65个国家垂直管理系统、64个省级垂直管理系统仍未实现与各级政务服务系统数据共享交换。跨层级、跨部门数据共享存在难题，导致大量高价值政务数据资源难以共享交换并得到有效开发利用。

二是公共数据资源开放质量成短板。一方面，公共数据资源开放与社会需求存在一定的差距。数据开放范围有待拓展，开放数据更新频率有待提高，开放数据质量有待提升。例如对教育、健康医疗等社会需求迫切的信息资源开放力度不大，部分部门仍以静态数据表格为开放数据的主要方式，以应用程序接口（Application Programming Interface，API）方式开放实时、动态数据资源的比例较低。另一方面，公共数据资源开放未充分发挥对产业创新的带动作用。为开放而开放的现象依然存在，公共数据资源的开放效果不理想。例如部分地区投入大量资金用于政府数据开放创新大赛，但参赛组织中不少是"专业户"，未真正带动各类社会力量开展数据增值开发。

3.4.4　边界切分难：政企责任边界模糊是数字政府建设的合作瓶颈

当前，大量企业深度参与到数字政府建设中，例如广东省的数字广东公司、贵州省的云上贵州公司、陕西省的陕数集团等。这种政企联合开展数字政府建设的方式，促使政府和企业在公共领域的边界愈发模糊，衍生出一系列合作难题。**一是政企利益差异明显。**政府的社会性质决定了在数字政府建设过程中，需要优先考虑公益属性，但企业的逐利性决定其参与数字政府建设的优先价值追求是盈利，这在一定程度上影响了政企合作的基础。**二是政企权责界定难。**有的地方政府对建设—经营—转让（Bulid—Operate—Transfer，BOT）、公共私营合作制（Public Private Partnership，PPP）等政企合作模式的认知实施能力有限，在政企合作协议中对各方责权利界定不清，导致合作企业在未经政府同意的情况下，擅自对政府数据进行开发利用。虽然数据权属目前尚无定论，但政府数据是政府在履职过程中产生的，相关部门对政府数据具有义不容辞的管理责任。一旦发生数据安全事故，权责不清将导致无法追究问责。如何合理划分政企合作边界、形成政企发展合力成为业界一大难题。

3.4.5　安全保障难：网络安全风险加剧是数字政府的安全瓶颈

当前，网络安全形势日益严峻。2018 年 12 月，俄罗斯网络安全公司 Group-IB 发布信息称，全球 30 个国家有 4 万多个在线政务服务平台账户被盗。一方面，来自黑客恶意攻击、网民个人信息被擅自采集等外部安全风险日益增加，加大了数字政府安全保障难度。2022 年，黑客在某论坛发文称，以 20 万美元出售上海国家警察数据库，包含数十亿中国公民信息。另一方面，企业内部安全管理技术能力不够、工作人员安全保密意识薄弱等内控风险犹存，加大了信息泄露的风险。没有核心技术装备的支撑，就无法实现安全可控，无法实现真正的安全。只有加强核心技术装备研发，才能实现以安全保发展、以发展促安全。

3.4.6　信息普惠难：弱势群体数字素养不足是数字政府建设的能力瓶颈

信息时代产生了一批新的弱势群体，即"电子盲人"。究其原因，一是在技术方面，面向残障人士的政府网站信息无障碍建设不足。据全国公共服务网站无障碍建设情况调查活动发现，截至 2022 年 10 月，仍有一半以上的市、县、区政府门户网站尚未开展无障碍建设。二是在能力方面，社会弱势群体的数字技能缺失而被边缘化。例如，网上预订火车票为大多数人带来方便的同时，也让很多不懂网上购票的务工人员或老人在购票时遇到困难。在建设数字政府时应充分考虑这部分弱势群体的特点，为他们提供简单、易用的数字政务服务迫在眉睫。

3.5　加快数字政府建设的路径选择

3.5.1　注重体制机制创新，是数字政府建设的组织基础

只有建立有力的统筹协调机制，数字政府建设才可能实现健康有序发展。推动地方政府加强部门沟通衔接，确保政策法规的统一性，杜绝政出多门的现象发生。对于建立统筹协调机制的地方，进一步发挥牵头单位统筹作用，引导地方数字政府实现统一规划、统一预算、统一建设。对于尚未建立统筹协调机制的地方，要协调推动相关部门加快完善体制机制建设，明确相关部门的职责分工，实现地方数字政府建设的统筹发展。

3.5.2　注重法规立改废释，是数字政府建设的制度保障

制度是实现数字政府规范发展的前提。按照《关于做好证明事项清理工作的通知》等文件的要求，对现行法律法规规章中制约信息共享、政务服务网上办理等数字政府建设的关键问题进行梳理，及时修订不适应共享要求的法规规章和规范性文件。积极发挥试点的探路作用，在市场准入、投资审批、国际贸易、电子商务等营商环境重点领域先行先试，暂时调整实施部分法律法规规章条款，为下一步法律法规规章"立改废"积累经验。建立健全的政务数据资源开放利用相关法律法规体系及配套的标准体系，推动数据开发利用早日走上法治化、规范化轨道。

3.5.3　注重盘活数据资源，是数字政府建设的关键之举

数据无障碍流动是实现数字政府建设目标的必要条件。这不仅意味着数据在政府之间的流通，更意味着政府数据与社会数据的融合互通。一是加快推进政务信息系统整合共享，推动数据供需部门切实做好需求调查，加强协同配合，确保共享数据精准对接，提高应用效果。二是大力推进公共信息资

源开放，推动政府数据有序向社会流通，释放数字红利，繁荣数字经济。三是支持开展数据权属、数据安全保护技术等方面的理论研究，探索政府数据与社会数据的互通机制，进一步打破数据割据，加速构建全社会数据开放共享体系。

3.5.4 注重引入社会力量，是数字政府建设的重要保障

吸引企业、社会组织、公众参与数字政府建设是大势所趋。支持各类社会主体参与数字政府建设，探索政企合作的有效机制，将政府在数字政府建设过程中的规划管理优势，与企业在先进理念、资金投入、技术创新等方面的优势充分结合，提高数字政府运行效率，降低运营成本。同时，明确参与各方的权责利，有效规避数字政府建设风险，引导数字政府建设走上规范有序的发展轨道。

3.5.5 注重缩小数字鸿沟，是数字政府建设的必要工程

《2022 联合国电子政务调查报告》显示，面向移民、贫困者、老年人和残疾人提供专门在线服务的国家相对 2016 年翻了一番。我国也不应例外，为保障信息获取的公平性，需要通过数字政府建设提供包容的、平等的服务，特别是面向各类边缘群体的服务，不让任何一个人掉队。一是积极开展数字政府相关知识培训，提升弱势群体数字素养，保障用户具备使用在线服务的能力和信心。例如，意大利普拉托市在社区图书馆开展了计算机知识普及培训，并设立专人协助完成在线服务办理。二是设立线下服务机构。例如，英国曼彻斯特市成立政府顾客服务中心，协助无家可归者、失业者等不同群体，提供不同职能部门的服务。三是积极推进信息无障碍建设。在政府网站尤其是政务服务门户上，大力推进信息无障碍工程，确保在线服务内容在流程与模式上符合老人、残疾人等群体的使用习惯。

第四章

数字政府大考：
疫情使数字政府建设加速

　　"推进数字政府建设"是党的十九届四中全会做出的新部署。从国内发展来看，数字政府正处于探索起步阶段，可以理解为通过新一代信息通信技术在政府各部门、各单位的深入应用，推动政府实现数字化升级的一种政府形态。基于我国 40 多年的电子政务发展基础，数字政府被赋予新的时代使命。相较于电子政务的辅助定位来讲，数字政府的作用正被逐步提高，成为引领经济社会发展的新引擎。正如新冠肺炎疫情期间，数字政府在经济调节、市场监管、公共服务、社会治理等领域精准施策，与推动疫情防控中有序复工复产发挥的重要作用一样。剖析根源，寻找对策，化危为机，对推动数字政府建设长远发展具有重要的价值。

4.1　数字政府在疫情防控中发挥的积极作用

4.1.1　数字政府有利于决策走向科学化

　　数字政府作为大数据时代的一种新型政府形态，基于海量数据构建了一个巨大的、精准映射并持续记录人类社会经济行为的数字世界，推动人类迈入高清社会，使政府决策过程中带有"天然的数据基因"，推动政府实现"用数据说话、用数据决策、用数据管理、用数据创新"，为政府决策者全面了解、准确掌握疫情信息提供了有效依据。数字政府通过抽取多维异构数据，利用数据融合、数学模型、仿真技术等一系列手段，实行数据驱动的管理模式，促进政府部门从粗放式管理向精细式管理转型，从各部门单一运作向部门协作共享转型，从被动适应管理向主动预判管理转型，尊重客观事实，提升政府决策的精准性、预见性和公平性。新冠肺炎疫情期间，通过构建领导驾驶舱，将出行数据、地图数据、移动通信数据、物资供需数据等多维海量数据融合关联分析，可以全方位地勾勒城市发展全景图，为各地各部门制定交通管制、物资投放、舆情管控、境外传染源防控等重大决策提供依据。

4.1.2　数字政府有利于经济发展转型升级

从宏观经济调控来看，数字政府建设有利于把握经济发展脉络和整体走势，推动经济治理步入精准化。通过采集每个生产者、消费者产生的数据，可以对每个市场主体进行精确描述，判断经济形势的好坏不再仅仅依赖于样本统计数据，而是将海量微观主体数据汇总，以推导出宏观经济大趋势。从行业发展来看，新冠肺炎疫情使动数字政府建设步伐加快，将为信息通信技术企业带来新的市场空间，拉动产业市场规模不断壮大。同时，新冠肺炎疫情让更多传统产业认识到，运用信息技术开展数字化转型对平抑风险、提质增效的重要性，也为新一轮数字经济蓬勃发展注入新动力。对农业来讲，针对一些地方农产品出现滞销的困境，多地政府联合布瑞克公司推出农业大数据平台，覆盖2000多个县域、200多个城市、150多个大型农产品批发市场、10万多家食品加工企业的相关数据，快速链接农产品供应链体系内的各大要素，提升传统农产品供应链的抗风险能力，增加流通效率，为各地"菜篮子""米袋子""果盘子"等生活必需品提供保障。对工业来讲，推动制造企业数字化转型步伐日益加快，相关部门通过搭建重点医疗物资生产调度平台，快速汇聚关键物资供需信息，全面链接关键物资全产业链，快速配置关键物资所需的原材料、设备、劳动力、资金等要素，实现物资生产、调度、分配全局优化，从而快速提高关键物资产量。从某种程度上说，数字政府建设不仅有利于调节宏观经济，还可以带动产业结构优化升级，进而推动经济高质量发展。

4.1.3　数字政府有利于市场监管高效化

在监管督查领域，国务院上线"互联网 + 督查"平台，北京、浙江等省（自治区、直辖市）也纷纷开通了互联网、电话、微信、微博等投诉举报渠道，为及时发现工作中落实不到位、防控不力等现象开辟了渠道。广西壮族自治区利用"互联网 + 督查"平台征集本地区新冠肺炎疫情防控工作中责任落实不到位、防控不力等问题线索，以及改进和加强防控工作意见建议，对收到的问题线索和意见建议督促有关地方、部门及时处理。在市场监管中，数字政府运用技术手段使扰乱市场秩序的行为无处遁形。网络打假，不仅震慑了制售假冒产品的不法分子，也保障了消费者和守法商家的正当权益。疫情防控期间，相关部门鼓励电梯管理单位通过信息化手段远程维护电梯及开展日常巡查工作。运用物联网技术，电梯管理人员可以实时动态监测电梯运行情况，对电梯进行全生命周期监管，实现按需维保。

4.1.4　数字政府有利于社会治理协同化

数字政府既是创新政府治理方式的有效载体，也是社会公众参政议政的现实途径。全息的数据可以改变政府以往从经验出发的模糊治理模式，向由数据驱动的精准治理模式转变，使智能交通管理、消防救灾、能源动态监控、流动人口管理等领域实现多元共治。安徽铜陵狮子山区以全省社区参与式治理体系项目试点建设为契机，构建了居民与社区之间的利益整合平台，以"自下而上"的治理方法，让更多的社区居民主动参与和关心社区事务，实现了社区居民自我服务与和谐发展。河北省搭建的"药安食美"社会共治平台，发动广大消费者参与监督，让社会公众成为食品药品监督员。江苏省盱眙县、山东省新泰市、广东省广州市越秀区等地构建网格化社会管理与服务平台，充分动员出租车司机、三轮车主、保洁员、送奶工、自行车看管员等上万名信息员，参与到社会治安管理事务中，构筑了网格化社会综合治理新模式，使政府对社会问题的处置能力和人民群众对社会治安满意度都得到显著提升。数字政府将围绕"多元共治"的主题，充分动员社会各界力量，以"建立现代社会治理体系"和"构建良性社会生态"为目标，形成以"多元主体、多元平台、多元服务"为基本架构的多元共治体系。

4.1.5 数字政府有利于实现"非接触"公共服务

各地政府依托全国一体化在线政务服务平台，充分发挥"数字政府"平台的功能和支撑作用，倡导办事"网上办、掌上办"，推进"不见面""非接触"的线上政务服务，在疫情防控期间最大限度地让"数据多跑腿、群众少出门"，高效解决生产、生活之需。在政务服务领域，各级政府借助数字政府建设的成果，围绕疫情防控工作部署和复工复产审批等工作，推出"不见面审批""无接触服务""零聚集服务"等创新工作方式。在便民服务领域，广东"粤省事"、福建"闽政通"、江西"赣服通"等省级政府服务平台，以及厦门"i厦门"、广州"穗康"等市级政务服务平台为公众提供口罩预约、疫情义诊、发热门诊查询、复工防控措施核查等便民服务。

4.2 疫情防控给数字政府建设带来新发展

4.2.1 政府网站成为疫情防控信息发布的重要窗口

政府网站成为政府发布疫情信息、网民了解疫情动态的重要渠道，网络让信息快速高效触达更多的人，为群防群控、科学防疫奠定了良好的基础。

据不完全统计，绝大多数省级以上政府网站设立了疫情防控专题，市级以下政府网站开设疫情防控专题的比例超过 60%。约 80% 的省级政府发布了疫情防控投诉举报电话或互联网投诉举报渠道。大多数省级政府举行过线上新闻发布会。许多省级政府在线发布了疫情防控相关的辟谣信息，以权威信息引导广大网民科学抗击疫情。例如，海南省在政府网站设立了疫情信息举报窗口，公众可以举报哄抬物价、制假售假、群众聚集活动、违规复工复产复课等行为，为疫情监督提供举报渠道。

4.2.2　政务新媒体成为公众了解疫情、网上办事的主渠道

越来越多的网民通过移动端接收政府信息，在线政务服务由个人计算机（Personal Computer，PC）端向移动端迁移趋向明显。大多数的省级政务服务部门，为便于公众疫情期间办理相关业务，开辟了 PC 端、政务新媒体同步受理的在线办事业务，积极推动"网上办、指尖办"，为保障疫情期间政务服务在线畅通提供了有力的保障。据初步统计，全国 31 个省（自治区、直辖市）都推出了政务 App，其中 25 个推出了政务服务小程序，部分省（自治区、直辖市）在微信、支付宝、百度多个平台同时推出了小程序。多地通过政务新媒体开展个人健康申报、口罩预约、复工备案、健康码等与疫情紧密相关的应用，还有的政务新媒体发布了公共交通停运查询、高速临时交通管制、定点医院查询等便民服务。江西"赣服通"除了开设定点医院查询、谣言查询功能，还整合提供了全省疫情实时数据、附近疫情查询等便民查询服务，网民通过"赣服通"提供的"附近疫情"功能可以利用地图查看本人居住小区周边疫情信息，内容包括周边病例数量、与察看者所在位置的距离等，实用性较强。

4.2.3　疫情防控为政务数据开放共享带来新动力

开放疫情数据，既有利于公众了解疫情动态"解心焦"，也有利于吸引社会力量挖掘数据的价值。北京市、济南市、深圳市等地纷纷通过政府数据

开放平台上线疫情相关数据公开板块，提供发热门诊医疗机构清单、每日确诊病例统计、确诊病例来源、确诊病例所属行政区、确诊病例逗留场所、确诊病例个案详情等数据的查阅和下载，通过政务数据与民生数据的融通，了解民生需求，优化资源配置，丰富服务内容，拓展服务渠道，扩大服务范围，提高服务质量，推动公共服务向基层延伸，缩小城乡、区域差距，构建公平普惠、便捷高效的民生服务体系，提高服务能力和保障水平。国务院办公厅会同国家卫生健康委员会基于交通、铁路、民航等多部委的权威数据，推出密切接触者测量仪，帮助公众判断自己是否属于"密切接触者"。北京市海淀区上线"城市大脑"疫情防控平台，集合个性化数据分析、返京人群分析、人口排查分析、重点人群动态监测、跟踪、预警服务等功能，构建起立体化疫情跟踪防控体系。浙江省温州市则对各渠道数据进行处理、整合、分析，精准梳理到温州市的车辆、航班、高铁数据信息，为有效开展网格化防控、防止疫情扩散提供了有效支撑。此外，青岛市、深圳市等面向中小企业政策解读能力不足的问题，推出了"政策通"，梳理本地政府资金支持、招商引资等政策信息，向企业提供便捷的政策了解、申报通道。

4.3　数字政府建设面临的新挑战

4.3.1　在线用户规模激增挑战突破数字政府承载边界

新冠肺炎疫情引发消费者对口罩、消毒水等医疗物资的需求快速增长，厦门、东莞、广州等地为了解决口罩供给紧张的局面，火速开发了口罩预约系统，蜂拥而至的用户访问使多个地方出现了政务系统崩溃的问题。类似问题不仅出现在口罩预约系统，教育领域也有出现。例如，以往大多数的教育部门都将在线教育平台作为辅助教师上课的一个简单工具，"停课不停学"让很多学校采用在线授课的形式为学生讲解知识，但是平常只是教学辅助工具的在线教学平台无法承载超大流量并发访问的冲击，有的地方一度出现系统过载崩溃。疫情是暂时的，如何平衡疫情的突发需求与疫后的长远发展，合理部署数字政府后台的承载能力，让数字政府后台既能应对突发访问激增情况，又能保持长远合理运营成本，是一个值得思考的问题。

4.3.2　新应用带来便利的同时也衍生出新的安全风险

健康码以真实数据为基础，由个人自愿申报，经后台审核后生成二维码，通过线上安全授卡，线下扫码核验，判断个人的健康状况，是新冠肺炎疫情期间个人出入通行的电子凭证。健康码的数据由社区、企业、学校分级采集，政府主管部门分级查看疫情数据，可以触达更多群体、接入更多数据、覆盖更多场景，对公众和管理部门来讲都有很大的便利性。不可否认，健康码对疫情防控具有重要作用，但作为一种新事物，也存在一些需要完善的问题，尤其是在数据安全方面。基于各部门数据设计算法形成的健康码，为公众应对疫情带来便利的同时，也使个人隐私保护面临严峻挑战。合理切分政企双方对数据的权责边界，应对健康码背后所蕴藏的数据安全风险显得尤为重要。健康码涉及的关键数据问题是谁有权收集个人数据，公众是否同意被收集、收集后如何使用。参考欧盟《通用数据保护条例》来看，政府是数据控制者，拥有数据收集目的、处理方法和保存期限的决定权；企业是数据处理者，依从数据控制者的指令，采集、保存、处理数据等。个人数据的收集由政府决定，政府应对数据存储、使用做出相应规定，相关数据不能用于商业目的。用户对个人数据具有控制权，可以决定个人数据是否被收集，数据使用后可以被遗忘。如果企业将数据私下留存，或者未经数据主体同意将数据用于其他目的，则要承担违反个人信息保护规定的法律责任。以北京市"健康宝"为例，北京市明确了信息采集最小化原则，只采集身份证号和人脸，且 24 小时内所有数据都会删除、重置，24 小时存储时实行国家信息安全三级保护。

4.4 疫情暴露出来的数字政府发展问题

4.4.1 政务数字化转型意识和步伐亟待提速

从新冠肺炎疫情对经济社会产生的影响可以发现：凡是数字化程度低，对线下实体空间依存度高的产业，受疫情影响往往较大；凡是数字化程度高的产业，受疫情冲击的影响就小，有的甚至在疫情下更快发展。新冠肺炎疫情初期，互联网公司对疫情走势、感染者行为轨迹等方面的反应比较快，在线政务服务质量相对不高。此外，大多数的医院并不能提供在线诊疗服务，而且一些互联网诊疗服务的权威性也有待考证，同时互联网医疗也面临着首诊、医保支付等政策壁垒，技术和精准度也使互联网医疗的就诊范围受到一定限制。

4.4.2 政务数据治理体系有待进一步完善

数据治理既是一个技术难题，也是一个管理难题。从新冠肺炎疫情防控来看，数据治理因制度规则缺失，在数据采集、数据开放、数据共享、数据应用等环节存在一定的问题。一些地方政府部门特别是基层人员还缺乏大数据意识，想不到或不会用大数据。这既表现在部分地方仍在采用人工记录、排查、筛选、统计等传统做法，也表现在部分部门、地方在大数据应用方面各自为战，缺乏交流。数据来源众多，数据质量参差不齐，加之缺少统一的数据整合共享渠道，导致部分地区、部分领域的数据尚未实现有效整合，无法确保数据的完整可靠，在一定程度上降低了数据的可用性。不同部门、不同行业、不同地方的数据采集模板和渠道不同，许多数据资源未能实现及时有效的开放共享，既导致基层工作人员陷入"填表抗疫"，也不利于工作协调和相关资源的合理调度。针对疫情防控应用的建模分析方法与成熟的应用模型尚少，大多数部门和地方都在边摸索边应用。

4.4.3 数字政府建设需要的复合型人才匮乏

从学科建设来看，当前很多高校的政府管理学院或者公共管理学院还没有设置数字政府的相关学科，所以数字政府建设需要的人才无法从高校培养形成。从实践来看，目前我国大多数省级政府提出了数字政府的规划建设，但是业界对数字政府的概念尚未形成统一认识，有人认为数字政府是一种新型政府形态，有人认为数字政府是以前的电子政务。从我国行政体系来看，数字政府更多的是从政府部门来看电子政务，不包括党务部门的信息化建设，从这个角度来看，电子政务从内涵上包括数字政府。从理论来看，目前对数字政府开展理论研究的学者不多。数字政府建设，不仅需要懂数字技术的人，还需要懂政府业务的人，但是我国政府部门超过 50 个，既掌握政府行业知识又懂信息技术的人才并不多见。

4.5 加快推进数字政府治理的对策建议

4.5.1 加强数字政府顶层设计

面对新冠肺炎疫情反映出来的数字政府建设面临的挑战和短板，以及国内外疫情发展情况，结合数字政府建设的实践需要，研究制定数字政府顶层设计方案，为各级政府开展数字化转型指明方向。加强数字政府建设宣传，数字政府建设是"一把手"工程，让更多的领导干部意识到数字领导能力的重要性，提升建设数字政府的意识和意愿。针对疫情反映出来的数字素养不足问题，要面向各领域开展数字素养培训，提升公众的数字素养，让更多的人意识到合理使用系统比建设系统更重要。

4.5.2 加快推进政务数据治理

积极培育数据文化，养成数据思维，营造"用数据来说话、用数据来管理、用数据来决策、用数据来创新"的良好环境。引导各类主体健全数据治理体系，厘清不同数据主体的权责划分，研究设计适合多元主体合作共治的体系安排，从源头上确保数据的准确性、完整性、安全性、有效性。完善数据流通协调制度建设，促进多层次、多角度的活动流程连接共生，形成统一、共享、开放的全生命周期治理机制和规则。根据不同场景的特点，研究制定数据治理程序和实现工具，促进多维度要素互认共通。对数据开发利用所涉及的数据安全问题进行深入研究，做好个人信息保护。

4.5.3　加强数字政府人才体系建设

数字政府涉及学科众多，既涉及公共管理学，又涉及计算机应用科学，在学科设计上，要注重相关知识的复合性，避免高校知识体系与现实应用实践脱节。加强学科体系建设，将数字政府重点学科领域与基础学科充分交叉配合，培养一批既懂信息技术又懂各领域专业知识的复合型人才梯队，为数字政府高速发展注入智力资本。推动"政、产、学、研、用"各类主体积极参与数字政府建设，着力提高数字技术创新能力，加快数字政府建设步伐。

4.6　结论

电子政务经过 40 多年的发展，推动政府信息化从无到有，从单向应用到综合集成，从重基础设施建设到重视应用成效，为数字政府建设奠定了良好的基础。数字政府站在新起点，面对新目标、新要求、新使命，必将迎来更广阔的发展前景。未来，数字政府将逐步由局部走向整体、由单点走向一体，数据在数字政府的核心作用将更加凸显，全面优化政府流程，重组政府组织架构，提升政府服务供给，推动政府开展根本性、全局性、系统性、战略性变革，并为国家治理体系和治理能力现代化提供重要支撑。

顶层设计：
推动数字政府良性发展

第五章

统筹规划：
强化数字政府建设的统筹力度

数字政府在中国的兴起，既是符合时代发展趋势的变革之举，也是暗合"数字中国"战略的纵深发力之为。自 2018 年开始，在国外整体政府理念的引领下，浙江、广东、广西等地开启探索数字政府建设的新征程。从国家层面来看，党的十九届四中全会提出，要加强数字政府建设。在新一轮数字政府建设热潮来临之际，纵览各地数字政府实践做法，研判国内外数字政府顶层设计做法，研讨国内数字政府顶层设计中存在的问题，本章基于系统思维提出数字政府顶层设计建议，为加快推进数字政府建设贡献绵薄之力。

5.1 对数字政府顶层设计的理解

数字政府作为数字经济时代涌现的新型政府模式，其思想来源于英国社会学家佩里·希克斯的《整体政府》和美国数字政府中心创始人简·E·芳汀的《构建虚拟政府：信息技术与制度创新》等书中的新理念，通过建立多个政府机构间的无障碍协作机制，借助信息技术来实现数据间应用共享，从而破除政府内外部"行政壁垒"，促进政府治理能力向整合化、透明化、现代化转变。

顶层设计这一概念源于 1969 年尼古拉斯·沃斯在进行大型程序设计时提出的"自顶向下逐步求精、分而治之"原则，后被引申至公共管理领域。数字政府顶层设计借助系统论的思想，从整体视角对数字政府的多个方面、多个层级、多个要素进行科学布局、系统谋划，从而实现数字政府结构上的优化、功能上的协调和资源上的整合等目标。本章重点关注在整体性政府和虚拟性政府理念的指引下，我国数字政府顶层设计的发展方向与战略路径。

5.2 数字政府顶层设计的理念特征

当前，我国数字政府顶层设计还处于初步探索阶段，相对成熟且具有影响力的研究成果尚未可见，现有研究成果的理论性与系统性有待进一步提升。在我国数字政府顶层设计研究与实践尚不成熟的情况下，需要对数字政府顶层设计的特点进行深入分析，以期对数字政府顶层设计予以指引。与传统的政府信息化建设相比，数字政府更注重整体性和协同性，如果将数字政府的各个构成要素比喻成一个个拼图模块，那么数字政府就是所有拼图模块构成的一幅美丽蓝图。

5.2.1 系统性

在大数据时代，数字政府与外部环境随时会产生资金流、物资流、人才流和数据流的互动，且对公众的生产生活方式产生巨大的影响。数字政府建设是一项复杂的系统性工程，数字政府不是子系统的单纯组合，而是一个协调发展的有机整体，需要对其在体制机制、建设规划、制度保障等多个层面，加以统筹协调、协同推进。

在体制机制方面，要从数字政府规划、投资、建设、运营等领域开展全方位变革，彻底改变"九龙治水""分而治之"的数字政府建设模式，理顺"一盘棋"统筹推进机制，为数字政府建设的持续性提供有力的体制保障。

在规划设计方面，要在数字政府网络、数据、应用、平台等层面，以集约共享为原则，打造"一网通达、一云承载、一池共享、一事通办、一体安全"的数字政府发展格局，确保数字政府"一体化"协同运行。

在制度规范方面，要在加快实践创新、理念创新的同时，强化制度创新，从政策标准、法律法规等方面，建立与时代发展相适应的制度规则体系，推动数字政府建设运行全过程的制度化、标准化、法治化。

5.2.2　整体性

总体来看，随着国家政务服务平台的深入推进，除了政务服务领域整体性初步呈现，其他方面大多处于分散状态，亟须在"十四五"时期甚至更长的时期内加以推进改善。

业务协同的整体性。"一盘棋"的数字政府发展模式，不仅需要加强体制机制、规划设计和制度规范的系统性，更需要规范业务部门内部的权责体系，实现系统内的整体化协同运行。要创新内部沟通机制，着力解决专业化分工所带来的协调难题，将"整体智治"的理念内化为数字政府发展的指导理念，促使其协调、整合，以获得行政机构内部的认同。

数据流通的整体性。数据是数字政府建设的核心资源，数字政府的实现需要建立在数据无障碍流通的基础上。以数据共享、开放、利用为纽带，打破数据藩篱，推动数据在合理范围内快速流通，在为数字政府建设提供数据支撑的基础上，以数据治理能力提升政府治理能力，最大化发挥数据价值，释放数据红利。

技术支撑的整体性。数字政府的建设不是单一技术的实现，而是人工智能、大数据、云计算、区块链等新一代信息技术在数字政府领域的综合集成，要以"算力"为核心提高数字政府信息基础设施的集约化水平，以统一技术架构体系为各级政府部门提供身份认证、电子证照等公共应用支撑，以综合安全防御体系增强数字政府的安全可控能力，形成健全的数字政府技术架构体系。

5.2.3 服务性

数字政府建设必须贯彻以人民为中心的发展理念，坚持用户至上，以用户需求为导向，从用户视角优化政务管理服务的内容、流程、渠道和模式，不断提升政务服务体验和人民满意度。

服务渠道一体化。依托全国一体化在线政务服务平台，以 PC 端、移动端、自助端互为补充，一体化协同推进，提升行政机构"一站式"服务能力，让便捷高效的政务服务为群众带来更多的获得感和满足感。

服务内容多样化。面向老年人、残疾人、学生等不同群体，加大信息技术适老化、信息无障碍、政策服务通达便利等方面的创新力度，提供个性化、定制化、精准化政务服务，从"政府端菜"转变为"百姓点菜"，弥补数字鸿沟，消除数字困境，让更多人可以享受数字政府的发展红利。

服务模式多元化。以政务服务流程优化和再造为引领，加快推进政务服务"一网通办"和企业群众办事"只进一扇门"，引入企业、媒体等更多主体参与在线政务服务建设，整合并创新政务服务供给模式，面向群众和企业，开展"好差评"建设，合力提升行政机构协同服务能力。

5.3 发达国家数字政府建设管理机制比较

数字政府的理论基础发源于欧美较发达地区，其中英国、美国、新加坡3 个国家的数字政府建设较为成熟，虽然这 3 个国家在数字政府建设上各具特色，但同时也有一些共同点，值得我国在数字政府顶层设计中借鉴。

5.3.1　数字政府建设的领导协调机制

各国数字政府的领导和协调机制并不完全一致，但是级别多为国家最高级行政机构，并推行首席信息官制度，为数字政府建设提供了有力的组织保障。据统计，在联合国193个成员国中，约有75%的国家（145个）建立了首席信息官及其他相似岗位。例如，美国成立总统管理委员会来管理指导电子政府项目，成立数字政府行政办公室来承担数字政府建设职责，依据《克林格-科恩法案》建立首席信息官制度，使政府信息化项目得以顺利开展。英国则由内阁来负责数字政府建设，下设政府数字服务局来为公众提供各项数字服务。新加坡数字政府建设则采取集中指导和分权执行的管理运作模式，在该模式下，推进数字政府建设的三大权威机构分别为资讯通信管理局、首席信息官、政府首席资讯办公室，并针对行政壁垒问题建立了政府信息化特派专员制度，由咨讯通信管理局统筹指导数字政府建设，具体执行工作则由各派驻专员负责。美国、英国、新加坡的数字政府建设特点见表5-1。

表5-1　英国、美国、新加坡的数字政府建设特点

国家	建设历程	负责机构	建设特点
美国	➢ 信息基础设施建设阶段（1993—2001年） ➢ 以公众为中心的电子政务战略阶段（2002—2009年） ➢ 开放数字政府阶段（2009—2017年） ➢ 数字政府技术现代化阶段（2017年至今）	由总统管理委员会领导，并由美国行政管理和预算局负责实施	➢ 强调公众满意度，并以此为目标建设服务型数字政府 ➢ 综合利用技术、制度、文化和管理等手段实现政府数据的开放共享 ➢ 通过立法手段建立井然有序的数字政府治理体系 ➢ 重视数字政府的绩效评估
英国	➢ 电子办公阶段（1994—2007年） ➢ 数字化与集约化阶段（2007—2012年） ➢ 数字化与平台化阶段（2012年至今）	政府数字服务局	➢ 将数字化转型上升到国家战略，自上而下推动 ➢ 确立国家战略的主导部门，加强相关机构合作 ➢ 完善政府人员的职责体系，提升信息管理能力 ➢ 减少数字排斥，加强数字包容 ➢ 完善政府数字化转型的法律体系

国家	建设历程	负责机构	建设特点
新加坡	➤ 信息技术普及阶段（1980—1990年） ➤ 国家科技计划阶段（1990—2000年） ➤ 电子政务行动计划（2000—2006年） ➤ "智慧国"建设（2006年至今）	国家信息化委员会	➤ 出台数字政府领域的政策法规 ➤ 建立信息化特派员数字政府管理运行制度 ➤ 推动政府大数据的开放与管理 ➤ 利用物联网传感技术助力城市数字化建设

5.3.2　数字政府建设的行政推进机制

世界各国数字政府的行政推进机制大多遵循最高领导机构统一指导、职能部门各司其职的方式。

美国联邦政府和各州政府互不干涉各自的政务处理事宜，因此联邦政府的推进职能只涉及下设的各个部门，州政府的数字化建设则由各州负责。对于联邦政府出台的建设方案，美国总统管理委员会成立的行政督导委员会和项目管理办公室会跟进实施情况，美国行政管理和预算局下设的电子政务与信息技术办公室则会统筹负责数据资源管理。

英国的数字政府则更侧重于整体化发展，重视与其他相关机构合作，通过协同机制进行整体协调。总体推进机制由英国内阁牵头进行，其他职能机构协同配合，其中内阁办公室开展大量前期工作，系统掌握数字政府建设状况，对各部门数字化水平和信息管理能力进行评估，并以此为基础进行责任划分，构建出台战略标准。

新加坡的"集中＋分权"模式主要有3个方面的运行机制：一是资讯通信管理局具有集中权威性，其有权用财政工具和评估手段来总体把控数字政府建设，各职能部门首席信息官则担负着信息沟通和协调的桥梁角色，来保证资讯通信管理局的思路得以统一执行；二是采取定期轮岗模式，各部门首席信息官不是固定岗位，资讯通信管理局可派驻专员担任并执行其决策；三是资讯通信管理局负责发展原则和理念的统筹与指导，保证政策执行的统一。

5.3.3 数字政府建设的绩效评估机制

在数字政府建设的绩效评估方面，各国的顶层管理机构都设计了周期性、标准化的绩效评估机制来保证工作的有序推进。美国将用户即广大公众的满意度纳入数字政府建设的考核范围，引入第三方评估机构，衡量政府绩效和公众满意度，从而决定其绩效。英国对数字政府建设的绩效考核更多关注具体责任人的履职情况。例如，各部门机构中的决策层和管理层人员在数字政府建设中的主要职能是数字化转型的理念构建和整体规划；而执行层人员则更侧重于具备理解和执行能力。由此可见，英国数字政府建设基于精细化的岗位能力和责任体系来进行考核。新加坡数字政府的绩效评估则采用预算控制、全程跟踪的策略。新加坡一直高度重视预算改革，并设立专项预算用于开展"智慧国"建设。项目建设的每一个阶段都会提前制订计划，根据建设计划，政府制定专款专用的预算编制方案，同时为了配合"集中 + 分权"的管理模式，对每个具体的职能部门适度赋予预算的灵活性，充分发挥公共部门在预算管理工作中的主动性。同时，在阶段计划约定的时间节点，新加坡资讯通信管理局会进行工作进度对标，进而决定下一阶段的预算拨付计划。

5.3.4 企业与第三方的参与建设机制

虽然政府是数字化建设最重要的主体，但是多元化的参与也是发达国家数字政府建设的重要模式。

美国致力于构建公私合作伙伴关系模式来推动数字化政府建设，将一些公共服务项目和惠民项目的建设开发工作转移给第三方公司，第三方公司主要负责软件的开发、部署及维护，政府职员借助第三方平台来收集信息并进行分析等后续工作。这种模式被称为"无成本契约"模式，政府不需要进行前期投资，直接将数字政府开发工作外包，第三方公司的收入来源于客户端的收费。由于有用户才会有收入，所以第三方公司推动公众采纳和使用这项服务的积极性也被充分调动起来。

英国则更倾向于与第三方机构签订长期的协作合同，由内阁办公室搭建的政务云平台既是面向公众的服务窗口，也是中小型企业交流和汇聚的平台。各类企业可以通过政务云平台参与数字化建设，进而探索长期的合作机制。同时，英国政府简化了数字政府项目招标流程，降低了企业的进入门槛，鼓励更多的社会力量参与到数字化转型中，构建多主体协同共治体系。

新加坡则更重视发挥公众的积极性，让公众参与到数字政府建设中。在"智慧国 2025"计划中，新加坡着力打造透明的信息对话平台，征集公众对数字政府的反馈意见，同时利用数字政府互动机制，打造公众参政议政的政策论坛。该论坛是双向的，政府会发布最新的政策信息，公众也可以对这些政策进行反馈，政府在吸纳意见的基础上开展相关的政策制定及修订工作。

5.4 从实践看国内数字政府顶层设计做法

相比国外，我国数字政府起步晚一些，但很多地方政府主要负责人亲自带队指导数字政府建设，在理念、技术和制度方面积极创新，运用人工智能、大数据等新一代信息技术，打造一体化整体政府，提升了政府的治理能力。

5.4.1 数字政府建设的体制机制逐步清晰

从全国范围看，大部分地区建立了电子政务统筹协调机制，并以机构改革为契机，组建了数据管理机构。虽然各地数据管理机构的性质各有不同，协调力度亦有差异，但都负责本地电子政务建设。截至 2022 年 11 月底，全国有 25 个省（自治区、直辖市）成立了数据管理机构来负责指导数字政府建设。另外，从已发布数字政府战略规划的地方来看，基本成立了由政府主要负责人带队的数字政府建设领导小组，统筹指导数字政府建设，成立了由国内数字政府专业人士组成的智囊团，为数字政府建设提供智力支持。在地方政府主要负责人的强力推动下，数字政府建设不断改革创新，多方力量共同推动数字政府稳步建设，形成优势互补的合作合力，成为数字政府建设机制的创新之举。

5.4.2　政策文件是数字政府建设的根本遵循

各地以政策文件为切入点，引领指导地方"一盘棋"整体建设数字政府。浙江省作为我国最早发布数字政府相关文件的地区，在 2018 年发布了《浙江省人民政府办公厅关于印发浙江省数字化转型标准化建设方案（2018—2020 年）的通知》，开启了国内数字政府建设征程。截至 2022 年 6 月底，我国超过五成省级政府发布了数字政府战略规划文件。从地方政府发布的数字政府文件中可以看出，这些文件一般为数字政府总体规划方案，或者在区域数字化战略文件中涉及数字政府的内容。从内容上来看，数字政府不仅是政府自身革新发展的切入点，还是数字政府引领经济社会全面发展的突破口。各地期望通过数字政府建设，激活数字经济发展潜力，释放数字社会发展活力，进而反哺经济社会实现全面发展。2018—2022 年中国部分省（自治区、直辖市）数字政府战略行动情况见表 5-2。

表 5-2　2018—2022 年中国部分省（自治区、直辖市）数字政府战略行动情况

编号	省（自治区、直辖市）	时间	数字政府战略行动
1	浙江	2018 年	《浙江省人民政府办公厅关于印发浙江省数字化转型标准化建设方案 (2018—2020 年) 的通知》
		2018 年	浙江省公布首批政府数字化转型项目清单
		2018 年	《浙江省人民政府关于印发浙江省深化"最多跑一次"改革推进政府数字化转型工作总体方案的通知》
2		2021 年	《浙江省数字政府建设"十四五"规划》
3		2022 年	《浙江省人民政府关于深化数字政府建设的实施意见》
4	广西	2018 年	《广西壮族自治区人民政府办公厅关于印发广西推进数字政府建设三年行动计划 (2018—2020 年) 的通知》
5		2021 年	《全面推进广西数字政府建设三年行动实施方案（2021—2023 年)》

续表

编号	省（自治区、直辖市）	时间	数字政府战略行动
6	上海	2018 年	《全面推进"一网通办"加快建设智慧政府工作方案》
7		2021 年	《上海市全面推进城市数字化转型"十四五"规划》
8	湖北	2018 年	《关于成立湖北省数字政府建设领导小组的通知》
		2018 年	《湖北省人民政府办公厅关于成立湖北省数字政府建设专家咨询委员会的通知》
9	湖北	2019 年	《湖北省人民政府关于推进数字政府建设的指导意见》
		2019 年	《湖北省人民政府办公厅关于印发湖北省推进数字政府建设实施方案的通知》
10		2020 年	《湖北省数字政府建设总体规划（2020—2022 年）》
11	吉林	2018 年	《关于以数字吉林建设为引领加快新旧动能转换推动高质量发展的意见》
12		2021 年	《吉林省数字政府建设"十四五"规划》
13	广东	2018 年	《广东省人民政府关于印发广东省"数字政府"建设总体规划（2018—2020 年）的通知》
		2018 年	《广东省人民政府办公厅关于印发广东省"数字政府"建设总体规划（2018—2020 年）实施方案的通知》
		2019 年	成立广东省"数字政府"改革建设专家委员会
		2019 年	广东省"数字政府"网络安全体系建设总体规划（2019—2021 年）
14		2018 年	茂名市加快推进"数字政府"改革建设实施方案
15		2018 年	佛山市印发"数字政府"建设方案
16		2019 年	广东省云浮市"数字政府"建设总体规划（2019—2021 年）
17		2019 年	潮州市"数字政府"建设总体规划（2019—2021 年）
18		2019 年	揭阳市"数字政府"改革建设实施方案（2019—2021 年）
19		2019 年	《东莞市"数字政府"建设总体规划（2019—2021 年）》和《东莞市"数字政府"建设三年行动计划（2019—2021 年）》
20		2020 年	《汕头市"数字政府"建设规划（2019—2021 年）实施方案》
21		2019 年	《江门市"数字政府"建设总体规划（2019—2021 年）》
22		2019 年	《广州市"数字政府"改革建设工作推进方案》
23		2020 年	《鹤山市"数字政府"建设实施方案（2020—2021 年）（征求意见稿）》
24		2021 年	《广东省人民政府办公厅关于印发广东省数字政府改革建设 2021 年工作要点的通知》
25		2022 年	《广东省人民政府办公厅关于印发广东省数字政府改革建设 2022 年工作要点的通知》

续表

编号	省（自治区、直辖市）	时间	数字政府战略行动
26	江西	2020 年	《赣州市数字政府建设规划（2019—2023 年）》
27		2022 年	《江西省人民政府办公厅关于印发江西省数字政府建设三年行动计划（2022—2024 年）的通知》
28	山东	2019 年	《山东省数字政府建设实施方案（2019—2022 年）》
29		2021 年	《山东省人民政府办公厅关于印发数字山东 2021 行动方案的通知》
30	黑龙江	2019 年	《黑龙江省人民政府关于印发"数字龙江"发展规划（2019—2025 年）的通知》
31		2021 年	《黑龙江省"十四五"数字政府建设规划》
32	宁夏	2019 年	《宁夏回族自治区人民政府办公厅关于印发加快推进"数字政府"建设工作方案的通知》
33		2019 年	《西吉县加快推进"数字政府"建设工作方案》
34		2021 年	《自治区人民政府关于印发宁夏回族自治区数字政府建设行动计划（2021 年—2023 年）的通知》
35	安徽	2020 年	《"数字江淮"建设总体规划（2020—2025 年）》
36	海南	2020 年	《智慧海南总体方案（2020—2025 年）》
37		2022 年	《海南省政府数字化转型总体方案（2022—2025）》
38	湖北	2020 年	《湖北省数字政府建设总体规划（2020—2022 年）》
39	山西	2020 年	《山西省加快数字政府建设实施方案》

5.4.3　企业参与数字政府建设逐步加深

长期以来，数字政府项目建设运营由各地各部门下属信息中心主导，企业作为技术提供商参与数字政府建设。随着数字政府建设的逐步推进，更多的企业涌入数字政府建设生态圈，数字政府建设运营主体由事业单位逐渐向企业演变的趋势渐显，形成以政府信息化为主导，政府下属事业单位和企业共同实施的发展格局。截至 2022 年 10 月底，通过国有独资或混合所有制等形式成立企业并开展数字政府建设运营的省份数量不少于 8 个。从市场来看，浪潮、太极、中国软件、神州信息等公司深度参与了我国数字政府建设，其中，浪潮（20.7%）和太极（15.5%）市场份额较大，前 5 名占据了过半（53.1%）的市场份额。中国地方数字政府建设运营公司建设情况见表 5-3。

表 5-3　中国地方数字政府建设运营公司建设情况

编号	省（自治区、直辖市）	时间	公司名称	公司类型	股权结构
1	贵州	2018 年	云上贵州大数据集团	有限责任公司（国有控股）	贵州省国资委（38.24%），贵州茅台（26.47%），贵州金融控股集团（17.65%），贵阳市大数据产业集团（11.76%），贵州双龙航空港开发投资公司（5.88%）
2		2019 年	贵阳市大数据产业集团有限公司	有限责任公司（国有独资）	贵阳市国资委（100%）
3	广西	2018 年	数字广西集团有限公司	有限责任公司（自然人投资或控股的法人独资）	广西投资集团有限公司（100%）
4	广东	2017 年	数字广东网络建设有限公司	其他有限责任公司	腾讯产业投资基金（49%），联通资本投资控股（18%），中移资本控股有限责任公司（16.5%），中国电信集团投资有限公司（16.5%）
5	海南	2019 年	数字海南有限公司	其他有限责任公司	阿里巴巴（49%），海南省大数据管理局（30%），天翼资本控股有限公司（10.5%），太极计算机股份有限公司（10.5%）
6	浙江	2019 年	数字浙江技术运营有限公司	其他有限责任公司	阿里巴巴（49%），浙报智慧盈动创业投资有限公司（17%），浙江易通数字电视投资有限公司（17%），浙江金控投资有限公司（17%）
7	陕西	2017 年	陕西省大数据集团有限公司	其他有限责任公司	陕西大数据产业投资基金合伙企业（有限合伙）（37.7557%），西安未来实业有限责任公司（24.4887%），陕西省西咸新区沣西新城开发建设（集团）有限公司（15.1023%），咸阳市财政投资控股有限责任公司（15.1023%），陕西广电网络传媒（集团）股份有限公司（7.5511%）
8	吉林	2018 年	吉林省吉林祥云信息技术有限公司	有限责任公司（国有控股）	吉林省投资集团（35%），吉视传媒股份（27%），吉林省金融控股集团（20%），陕西省大数据集团（15%）

5.5 当前国内数字政府顶层设计的问题

5.5.1 国家层面顶层设计缺失使各地数字政府建设内容不尽相同

虽然部分地方政府率先开展了数字政府顶层设计，但各地对数字政府的理解不一，使不同地方发布的数字政府文件的体例、结构、内涵、外延等各不相同，由此导致数字政府文件的形式、名称、内容多种多样，包括指导意见、总体规划、行动计划、工作方案等不同形式，其中总体规划相对较多。在内涵上，有些地方政府将数字政府等同于"电子政务""智慧政府"，认为数字政府与新型智慧城市两者内容交叉重叠。在外延上，有些地方政府认为数字政府的主要内容是信息基础设施和政府服务应用。需要解释的是，我们认为电子政务、智慧政府和数字政府是政府信息化在不同技术条件与发展需求下的概念变体，也可以说数字政府是新时代政府系统电子政务建设的新目标。从范围来看，如果认为数字政府是电子政务的升级版，则两者范围相同；从我国国家治理机构来看，电子政务覆盖的政务部门包括党委、人大、政府、政协、纪委（监察委）、法院、检察院等，如果数字政府仅聚焦在政府系统，则数字政府的覆盖面要小于电子政务，目前数字政务的范围尚未明确。从建设内容来看，数字政府建设不仅包括网络基础设施和政府服务应用，还包括宏观经济调节、公共服务、市场监管、社会治理、环境保护等政府职责对应的政务应用。对城市来讲，智慧城市建设包括城市信息化的全部内容，数字政府是智慧城市的关键组成部分，两者是包含关系而非并列关系。各地数字政府顶层设计文件涌现出来的内容不同，亟须从国家宏观层面出台相应的纲领性指导文件，以政策纠偏、正本清源。

5.5.2 国家层面主管部门缺位使数字政府主管机构职责不一、多头管理等现象并存

目前，全国 25 个省（自治区、直辖市）的大数据管理机构虽然都负责

数字政府相关工作，但在隶属关系、组建形式、职责界定方面存在差异。从隶属关系来看，地方数字政府主管机构有的属于政府直属行政机构，有的属于政府的事业单位，也有海南省大数据局这种既不是政府单位也不是事业单位，而是具有独立法人资质的法定机构。从组建形式来看，各地在原有电子政务职能部门的基础上组建的模式也是各有特色，有的是在省政府办公厅、省发展和改革委员会、工业和信息化厅等部门相关职能的基础上重组，有的是新组建具有数字政府职责的单位。从职责界定来看，地方政府的数字政府主管机构大多关注数字政府信息基础设施和政务服务体系等，仅贵州、广东等地方政府对项目建设资金进行了统筹管理。

在电子政务内外网、大数据、一体化在线政务服务等方面，虽然国家分别成立了不同领导小组以会商机制推进相关工作，但缺乏一个主管部门从整体协调角度推进数字政府建设。与此同时，地方数据管理机构相关人员表示因国家层面缺少对口部门，在政策文件编制方面往往缺少依据，相关问题也没有向上反映和解决的出口。由国家层面成立数字政府主管部门，不仅成为地方数字政府主管机构的集体呼声，还成为国家层面统筹推进数字政府建设的必然选择。

5.5.3　数字政府数据应用不足与安全风险加剧并存

政府数据资源规模庞大，占整个社会数据资源的 80%，是数据资源的主要掌控者。企业和个人去政府机构办事经常涉及多个部门，政府处理很多事项时需要协调多个部门的数据。例如出生证涉及医院、社区、人社、公安等。在政务信息系统整合共享和公共数据资源开放的推动下，政府数据共享得到一定程度的缓解，数据开放渠道基本建立。即便如此，数据共享依然难以满足新需求，数据开放难以适应新形势，数据安全成为新隐患。中央与地方数据共享缺乏协调机制，尤其是经过"金"字工程建设的各类垂直管理系统数据都在国家的各个部委，但地方政府却无法得到这些数据（即数据回流）

以支撑场景应用。海量数据汇聚融通，原先分散的数据风险集中化，一旦发生数据安全事件，可能对国计民生、经济发展、社会稳定造成不可挽回的损失。区块链等新技术的应用也会衍生新风险，政务区块链作为承载高价值数据的底层系统，可能面临上链数据泄露风险，面临更加严峻的考验。数据是数字政府建设的核心要素，平衡好数据开放共享与安全的关系，合理运用新兴技术，引导数据开放共享、有序安全发展，是数字政府顶层设计的关键。

5.5.4　数字政府网络基础设施建设升级需求迫切

随着全国一体化在线政务服务平台的建成，国内在线政务服务用户规模达8.43亿，对国家电子政务外网的承载力提出更高的要求，提升外网的服务能力迫在眉睫。虽然地方采用政务云已经成为普遍选择，但是各地数据中心之间相互分离不连通，使不同区域间的数据无法互通，业务跨域协同问题很难得到数据支持。当前，各地各部门都根据自身需求搭建了相应的数据中心，在国家层面如何统筹规划数据中心建设，形成全国一体化大数据中心体系成为重点议题，这不仅是数据无障碍流通的需要，还是数字政府全国"一盘棋"整体推进的基础。

5.6　完善国内数字政府顶层设计的对策建议

基于国内外数字政府顶层设计的做法，针对国内数字政府顶层设计存在的问题，提出以下建议。

5.6.1　国家层面加快出台数字政府顶层设计文件

为改变现在数字政府建设的情况，国家需要以顶层设计为突破口，确定国家层面数字政府建设的总体要求与规划，明确数字政府的发展目标和建设重点，按照全国"一盘棋"的思路通盘谋划，统筹资源分配，明确推进节奏，细化落实责任。谋划组建国家大数据局，用以负责数字政府的统筹推进，有效解决国家层面数字政府主管机构缺位的问题。建立健全的数字政府管理机制，合理划分不同单位的责任和权限，防止出现因数据物理汇聚而形成的责任汇聚问题，避免因权责不清导致数据安全责任"踢皮球"的现象发生。研究制订数字政府运营主体的资质门槛条件，合理划分数字政府建设内容的外包范围，推动数字政府运营主体良性发展。

5.6.2　提高数字政府数据无障碍流通的可行性

作为数字政府的核心要素，数据无障碍流通对于数字政务建设具有重要意义。积极消除数据共享的体制机制障碍，加大数据共享的广度和深度，推动部委数据向地方有序回流，让数据反哺经济社会运行的各个领域。深化政府数据开放，建立并完善国家公共数据开放体系，打造引入第三方机构与社会媒体、公众评估相结合的方式，既要提升数据开放的质量和水平，又要保证数据安全和公众隐私。推动政府数据与社会数据融合，探索数据资源配置定价机制，鼓励数据要素按劳分配制度建设，打造数据共享流通的良好社会氛围，引导数据安全有序流通。支持区块链、人工智能等新技术在数据共享流通中的应用，为数据可信流通提供有效的技术支撑。

5.6.3　提升数字政府信息基础设施的前瞻性和全局观

依据电子政务内外网建设管理要求，推动数字政务网络基础设施升级扩容，提高承载能力、服务能力和实施能力。加快推进全国一体化大数据中心体系建设，加快布局一批全国一体化大数据中心国家节点和重点区域集群，推动新型基础设施的融合及创新，推动社会数据加速融合，激活数据要素价值。完善中央级公共数据中心，为国家部委提供政务云服务。

5.6.4　补齐数字政府顶层设计在制度、技术和人文方面的短板

及时总结我国既有规章制度的实施状况和相关国家的立法经验，适时推

动数字政府顶层设计立法工作，引入数字政府考核评价和追责制度，确保相关法律执行到位。加强核心技术攻关，从技术层面加快数字政府建设。强化数字政府标准体系建设，运用标准力量引导各地各部门进行科学的顶层设计。注重以人民为中心的文化培育，在数字政府顶层设计中坚持为人民服务，从多个层面开展公众数字政府教育，教会公众使用和享受数字政府服务带来的便利。将数字政府顶层设计纳入地方公务员考核体系，督促地方决策者从制度、技术和人文等方面提升数字政府科学决策水平。

第六章

考核评估：
加快数字政府推进的有力抓手

    当前，新一代科技革命给人类文明带来根本性变革，改变了全球治理体系，利用数字政府促进国家治理现代化，成为世界各国的普遍选择。客观来讲，数字政府在国内的发展并不是从无到有的新生事物，而是站在中国电子政务40多年发展的基础上再创新、再出发、再升级。数字政府作为新时期政府运行的新形态，需要有效继承中国电子政务发展所取得的既有历史成果，处理好增量与存量的关系，全局谋划，统筹布局，以确保数字政府在未来一段时间取得更大的实效。绩效评估是引导数字政府建设方向保持在正确轨道上的有效手段。数字政府绩效评估是指根据数字政府的发展状况，按照一定的规章制度，遵守统一的指标体系，比较分析数字政府建设的投入、产出及效益做出的客观、公正和准确的评价。"十四五"期间，国家多份文件对数字政府做出部署要求。在大规模推动数字政府发展之际，有必要深入研究国内外数字政府绩效评估发展脉络，多层次、多维度、多视角剖析数字政府绩效评估瓶颈和推进策略，保证数字政府在推进过程中切实发挥简化行政程序、提高执政能力和民主化程度的重大作用。

6.1 开展数字政府评估的意义

数字政府建设进程的不断加快，对数字政府绩效评估开展系统性、深入性、前瞻性的研究显得尤为必要。一方面，数字政府改革需要开展数字政府绩效评估，了解数字政府发展动向，捕捉改革带来的必要震荡，以便"对症下药"，采取适当的数字政府发展策略，消弭数字政府变革中的不稳定因子，带动数字政府在变革中实现持续健康发展。另一方面，数字政府绩效评估不仅是一个检验数字政府发展水平的有效方式，还是一个引导数字政府向更高水平发展的有力工具。通过测度数字政府的状态、效率、效果、成本，及时发现实施偏差，可以为引导数字政府更好发展提供有力的依据。同时，科学合理的绩效考评，有利于站在国际视角找差距、觅良策、促发展，提升数字政府的国际竞争力。站在新的历史起点，总结国内外数字政府绩效评估研究成果，认清我国数字政府绩效评估存在的不足，提出相应的应对策略，对充分发挥数字政府绩效评估的"标尺"作用、推动数字政府良性发展具有重要的理论价值和现实意义。

6.2 中国数字政府绩效评估理论研究的发展脉络

我国数字政府建设起步于 20 世纪 80 年代，但对其绩效评估的理论研究的起步却相对较晚，以数字政府评估相关理论文章为研究对象，可以有效分析我国数字政府评估理论的发展脉络。

6.2.1 第一阶段：初步探索阶段（1999—2004 年）

1999 年，我国启动建设政府上网工程。随着政府门户网站建设的推进，理论界开始关注政府网站研究，例如，汪旭、王嵘等学者提出"政府上网"是 21 世纪不可阻挡的浪潮。直到 2000 年，有学者开始专门探讨有关政务网站绩效评估问题，我国第一篇相关研究文献来自学者施玉良于 2000 年 6

月发表的《试论政府网站的规划、管理与评估》，他在文中提出，应收集与政府门户网站建设有关的数据资料，以便用于评估网站，文中还提到应尽快建立政府网站评估指标体系，在设计时应侧重于 4 个方面，即多、快、好、省，并认为只有不断进行政府网络管理、维护和评估，才能逐步实现政府网站的发展目标，并为我国信息产业和国民经济信息化加速发展做出贡献。随后两三年内，国内学者姚睿、汪玉凯等人也同样针对政府门户网站评估进行了研究。其中，学者汪玉凯通过分析国外电子政务绩效评估现状，着重分析了当时我国政府门户网站评估中存在的问题。这些问题包括发展不平衡、政府门户网站的总体规划不明晰、组织效率不高、相当多的政府门户网站有名无实等。

政府门户网站是传递政府数据资源的主要渠道，广泛应用于各级政府向社会公众开放政府信息。根据中国互联网络信息中心（China Internet Network Information Center，CNNIC）发布的第 10 次《中国互联网络发展状况统计报告》，截至 2003 年 7 月，以 gov.cn 结尾注册的英文域名总数已达 9328 个，占 .cn 下注册域名数的 3.7%。

这一时期，一些研究机构开始参与电子政务评估体系研究，计划设计一套系统有效、符合中国实际发展需求的电子政务评估方案，输出一系列实用性强、可操作性高的电子政务研究报告，用以指导电子政务发展。2002 年，广州时代财富科技有限公司在《中国电子政务研究报告》中根据 4 个关键指标评估了 196 个政府门户网站，包括政府机构基本信息、政府网站信息内容及服务项目、政府线上业务的功能和电子政务的应用 4 个方面。评估结果表明，当时中国政府电子化程度为 22.6%。2002 年 8 月，北京时代计世资讯有限公司发布了《2002 年中国城市电子政务网站评估研究报告》，该报告根据 36 个省会城市、直辖市和计划单列市的政府门户网站质量评比结果得出：当时我国电子政务仍处于启蒙期，各地政府发展不均衡现象显著。2002 年 11 月，互联网实验室发布《中国电子政务战略研究报告》，构建了电子政务评估的详细规划，阐述了怎样实现各级政府电子政务战略目标、现有资源、外部环境、达成目标所需手段的定量评测，为政府制定政府端评估战略、定量评测电子政务应用效果提供帮助。2002 年 12 月，电子政务思想库网站推出了《全国十大城市政府网站的初步调查和比较》，开展了对政府网站的初步评估研究。2003 年 2 月，中国电子信息产业发展研究院（赛迪顾问）发布了《2002—2003 年中国政府门户网站建设现状与发展趋势研究报告》，该报告提出了基于内容服务的政府网站评价方法。2003 年 6 月，北京大学网络经济研究中心发布了《中国地级市电子政务研究》，该报告的评估数据来源涵盖了我国所有地级市政府网站，并根据 10 项关键指标进行评分，该指标体系包括信息获取、信息使用指南、线上办公、互动性、关联情况、时效性等。

6.2.2　第二阶段：研究拓展阶段（2005—2014 年）

从 2005 年开始，理论界以电子政务绩效评估为主题的研究成果迅猛增长，且研究视角更加多元、研究内容更加深入、研究方法更加丰富。

国内学者古雯婧在国内外两个视角对电子政务评估进行了分析，并指出我国电子政务已经进入全面规划、网络集成、数据集中和应用交互的发展时期。在这个阶段，业务需求驱动取代了过去技术驱动的优先地位。张成福等学者在对国际电子政务绩效评估对比分析的基础上，从产出、结果、影响 3 个方面提出电子政务绩效评估的不同模式，并指出我国电子政务绩效评估应该更突出服务和民生，要以实证研究方法开展评估，在滚动评估中循环推进电子政务发展。国内学者张昕锐从政府绩效管理的视角，倡导建立电子政务评估制度，以期推动电子政务评估走向制度化、规范化、标准化。另外，刘密霞、徐顽强、肖英等人在跟踪国外电子政务评估的基础上，对国内外评估特点进行系统性深入分析，提出了非政府组织有必要参与电子政务评估工作，以强化评估数据来源的客观性、全面性、科学性。

针对政府门户网站评估的学术研究逐步深入，研究方法更加体现数据和模型。2006 年，詹钟炜等人基于数据包络分析法建立了政府网站评估模型，评估了全国 28 个省市政府门户网站，并指出应将电子政务活动和建设环境相关联，可以更客观地评估人的主观能动性和电子政务项目的投入产出效率。2011 年，郭亚光等人使用联网分析处理技术建立了用于政府门户网站评估的数据立方体，对政府门户网站评估数据进行立体多变量分析。2014 年，汤志伟等人基于信息行为模型和信息构建理论，提出了公众与政府门户网站的交互模型，为政府门户网站提高用户使用效率提供了理论依据。

6.2.3 第三阶段：细化创新阶段（2015 年至今）

自 2015 年以来，随着电子政务发展水平的不断提高，有关电子政务绩效评估的研究主题不断细化、深入，逐步涌现出"互联网 + 政务服务"、政府数据开放、政务新媒体、数字政府等研究成果。2015—2016 年，国家行政学院电子政务研究中心连续 2 年发布《中国城市电子政务发展水平调查报告》，以基础准备、线上服务、新技术、新应用等作为评分指标，对中国大多数城市电子政务的发展进行了全面、详细的评估分析，为各地电子政务发展提供借鉴和参考。

在国务院大力推动"互联网 + 政务服务"的号召下，一部分专家对"互联网 + 政务服务"评测进行了深入研究。2015 年 10 月，学者李鑫发表了一篇题为《"互联网 + 政务"背景下电子政务绩效评估体系研究》的文章，这是国内第一篇有关"互联网 + 政务"绩效评估的文章。该文章指出，当前政府门户网站正向着"在线服务 2.0"转变，更加注重"用户体验"。杨慧等人指出，在"互联网 + 政务"的背景下，政务公开的绩效评估要体现系统规划、科学施策、先进合法、实践可操作、兼具互动等基本要求。在当前背景下，创新政务公开绩效评估路径需要做到增强绩效评估的深度、拓展绩效评估的广度及提升绩效评估的效果，且推进评估主体间的协调是确保"互联网 + 政务服务"评估有效性的基本原则之一。张锐昕等人指出，"互联网 + 政务服务"是最终目标，"信息共享"是基本条件，"信息共享"的完成度决定"政务服务 + 互联网"的绩效和质量。如果要加快推进"互联网＋政务"，则必须要加强评估评价和问责体系建设。2016年12月，清华大学公共管理学院发布了《2016年中国"互联网＋政务服务"调查评估报告》，该报告的评估对象包括政务服务网、政务服务中心及政府门户网站，从事项清单目录化、服务功能网络化、服务资源标准化、便捷服务实用性、服务渠道便捷性5个维度对省市级服务平台的建设与应用进行评价，并对结果进行分析。2021年，业界对数字政府评估的关注开始转向移动政务服务，复旦大学数字与移动治理实验室首次发布中国"掌上好办"指数和《中国省级移动政务服务报告》，中国电子信息产业发展研究院（中国软件评测中心）紧随其后发布《省级移动政务服务能力调查评估报告》，这两家单位从不同方面开展了移动政务服务评估，评估结果各有千秋，体现出我国学术界对移动政务服务评估的热切关注。

政府数据开放逐步推进，对政府数据开放评价的研究越来越受到人们关注。2015年，夏义堃通过对比和分析国际组织评估公共政府数据的方法，得出政府公共数据评估应注意方法的总体优化，评估信息收集和处理的可靠性、时效性、准确性，以提升评估的科学性、有效性、合理性。陈梅等人基于法国、英国、新西兰的政府数据开放风险评估分析，提出培育开放数据文化的同时，应进一步完善政府开放数据平台隐私政策，以保护个人隐私数据。2017年以来，郑磊等人从"基础""平台""数据""使用"和"效果"5个维度，提出了政府数据开放评估的框架、指标、方法，以"中国开放数林指数"对政府数据开放进行跟踪性研究，目前，已发布10份开放数据报告，为政府数据开放提供参考和指引。另外，在政府数据开放质量方面，王博、翁士洪、张晓娟等人提出政府数据开放存在数据描述不精准、运营维护不及时和权限管理不重视等一系列问题，系统亟待升级优化。

近年来，政务新媒体渠道呈多样化发展，除了政府门户网站，政务微信、政务微博等移动端渠道也快速发展起来，但对政务新媒体评估的研究成果并不多。2017年，国内学者第一次提出有关政务新媒体的绩效评估研究。例如，姚鹏博士在论文中对政务网站、政务微博、政务微信等政务新媒体的运营现状和传播机制进行了分析，他挑选了 26 个中央部委的官方网站、政务微博和政务微信作为案例，采用数据挖掘和定性评估结合的方法，计算出各类政务新媒体的绩效分数，发现商务部、国有资产监督管理委员会、教育部表现优良。通过对绩效优异的商务部、国有资产监督管理委员会、教育部的政务微博及政务微信平台深入分析，提出政务新媒体绩效优化框架，并指出政府门户网站应提升搜索功能构建一体化、智能化在线服务，政务微博和政务微信应大力提升数字内容质量，以联盟化、矩阵式规划进一步提高政府新媒体的影响力、沟通力和引导力。2019 年，我国首次提出数字政府战略，关于数字政府绩效评估的研究于 2020 年提出，少量学术著作从不同方面对数字政府评估进行了一定研究，具体内容前文有所提及，在此不再赘述。另外，研究机构也开始从不同角度开展数字政府评估研究。2020 年 10 月，清华大学数据治理研究中心发布《2020 数字政府发展指数报告》，该报告从组织建设、体系优化、能力提升、效果评价等不同方面，对我国 31 个省（自治区、直辖市）和 101 个大中城市的数字政府发展水平进行了评估，并从发展梯度、指标类别、空间分布、相关分析等方面进行了多维度解读。两个月后，中国电子信息产业发展研究院（中国软件评测中心）对数字政府能力进行评估并发布了《2020 年数字政府服务能力评估报告》。该报告提出各级政府和服务部门应充分注重政府数字化转型的探索与实践，认识其在创新政府治理模式、改善行政管理和服务效率的重要程度，提高政府美誉度、执行力、公信力。

6.3 中国数字政府绩效评估实践的基本模式

在世界范围内，数字政府绩效评估尚未形成公认的评估体系和评估方法。特别是在国情不同、地区差异较大的情况下，不同评估模式的效果也不同，且不同环境下评估的导向不同，很难形成统一的评论理论。

6.3.1　第三方评估模式：注重客观准确

基于第三方评估的数字政府绩效评估是在政府的主导下，以定量评估为主构建的评估指标体系，由第三方机构承担评估工作的评估模式。在数字政府绩效评估过程中，最重要并且最先完成的就是评估主体的选择，原因在于目前数字政府绩效评估在我国国情下是较为敏感的工作，绩效评估主体必须具备相应的权威性且能够影响被评估者的行为向评估主体期望的方向调整，这对评估工作顺利开展和评估结果应用及跟踪改进至关重要。目前，数字政府应用较发达的国家多选择第三方机构评估，且许多第三方机构非常成熟，例如，埃森哲公司的"满意度"评估体系和布朗大学的综合评估体系，而我国第三方机构评估的起步较晚。另外，数字政府绩效评估还需要建立一套定量的指标体系。

如果开展数字政府第三方评估：首先，需要在政府主导下由第三方评估机构完成指标体系的设计与考量；其次，评估方通过观察法、调查问卷法、访问法等多种方式获得一手或二手内部数据，并搜集调查公众满意度、影响系数等外部数据；最后，将整合处理后的数据，按照评估机构设计的指标体系进行测算评估，从而形成客观、公正、科学的评价结果。采取第三方评估模式能够使评估体系的操作性更强、更客观、更实用，能够更准确地评价数字政府建设绩效，能够很好地促进数字政府全面、协调和可持续发展。

6.3.2　目标分解模式：注重目标达成

目标分解模式是指对复杂问题进行逐级分解目标、围绕各级目标制订具体指标的一种数字政府绩效评估模式，该模式以政务和公众目标为导向，体现了数字政府的职能性和社会性。运用目标分解模型构建绩效模型，首先要明确数字政府绩效评估的总体目标，即规范数字政府建设，促进政府管理和服务。根据目标可将数字政府绩效管理体系分解为目标体系、组织体系、制度体系和指标体系 4 个部分，再根据内容关联构建内容分解三层模型，自上而下依次为目标层、对象层和指标层，同一层的许多因素在内容或逻辑上都从属于上层因素，同时又支配着下层因素。在制订好评估指标后，然后根据不同指标的重要程度进行排序并赋予不同权值，这样就可以反映不同的评估侧重点，并形成权值分配动态调整机制，实时对环境变化做出应变。最后，根据评估结果提出相应对策，建立长效发展机制。采用目标分解模式，可以有效达成复杂问题简单化的目的，各类因素被包含在相互关联的有序层次结构中，实现较为良好的条理化效果。该模式基于对待决策问题本质、影响因素及其内在关联的深度剖析，使用少量的定量信息量化，可以克服其他实践模式中对高度抽象、高社会性内容评估时选择对象模糊的问题。但如果选择的要素不合理或要素之间的关系不正确，则会降低评估结果的质量，影响最终决策。

6.3.3　价值分析模式：注重公共价值

价值分析模式是指以公众感知价值为导向的数字政府绩效评估模式，其中公众感知价值包含 3 个维度：数字政府产品感知价值维度、公众成本维度及公众价值需求维度。具体而言，数字政府产品感知价值是政府通过其门户网站向公众提供产品和服务，公众对此的感知程度，是对数字政府服务效益的全面考察。参照目前国际上对服务质量的衡量表，主要从有形性、可靠性、响应性、保证性和移情性 5 类指标来评价数字政府产品感知价值。数字政府公众成本是指公众为使用数字政府服务而必须付出的代价，时空上包括使用前成本和过程中成本两种，具体包括资金成本、时间成本、精力成本和体力成本；数字政府公众成本还可以分为货币成本和服务成本。数字政府公众价值需求是指随着社会的发展，传统的公共服务模式无法满足公众需求或满足公众需求的成本过高，公众需要政府提供数字化的方式来满足其要求的一种心理状态，主要表现为公众对获取新型公共服务的要求和欲望，其广度结构分为服务内容、服务方式和服务质量 3 个部分。深度结构分为基本需求、扩展需求和潜在需求 3 类。通过对数字政府产品感知价值、公众成本及公众价值需求进行定量分析与评估，可以构建出一个以公众感知价值取向为导向的数字政府绩效评估模式。价值分析模式通过有机结合 3 个部分，并运用多学科交叉的方法进行综合研究，确定评估模式的核心取向，即以公众为中心。与现在针对数字政府绩效评估所采用的满意度或其他评价模式相比，该模式更为合理、更为全面，对我国数字政府评估的发展有一定的借鉴意义。

6.4 中国数字政府绩效评估面临的现实困难

回望我国数字政府绩效评估走过的理论实践之路，并将其与国外领先做法进行对比，可以发现我国数字政府绩效评估有一些需要规避的问题尚待解决。

6.4.1 绩效评估制度规范相对匮乏

目前，我国数字政府绩效评估工作尚处于筹备阶段，开展数字政府绩效评估工作的科学性、先进性、互动性、规范性、有效性有待进一步完善。在全国范围内开展调查后发现，我国数字政府绩效评估相关制度体系建设滞后于数字政府建设。如果数字政府绩效评估无章可循，便会产生一些自发的、无序的评估行为，而这些所谓的评估工作对各部门数字政府的积极影响是有限的，会造成人力、物力、财力的极大浪费。

6.4.2 绩效评估指标体系有待改进

目前，我国还没有建立一套有效的、相对统一的绩效评估指标体系，由于评估在指标、内容和问题等方面进展不平衡，进而直接影响评估结果。

一是评估指标有待完善。对数字政府进行绩效评估的前提是必须设计评估指标，给出各项指标下数字政府的得分数值，在某一权重分配模式下测算数字政府绩效水平。因此，完备的、具有可操作性的、弹性强的评估指标对数字政府绩效评估能否成功至关重要，只有评估指标设计得足够全面，才能保证绩效评估结果的全面、科学、有效。

二是评估内容较为匮乏。 目前，公众对数字政府绩效评估的认识大多停留在政府门户网站、开放数据、网上政务服务等单一领域，评估内容不全面。评估机构往往以排名机制作为评估结果反馈的依据，通过大力宣传排名靠前的几个优秀案例来号召学习。这种方式在一定程度上会激励各地加快发展数字政府。然而，只通过政府门户网站的排名来查看绩效评估结果，可能使排名成为噱头，导致公众误解绩效评估就是不同领域的排名。在此类误区的引导下，绩效评估失去了预期考察引导作用，评估只针对前一阶段的工作进行总结，并不具备全面考察数字政府发展水平的作用，无法真实测评数字政府建设的前瞻性。从全局来看，单一领域并不能客观全面地显示我国数字政府建设水平。

三是评估主体较为单一。 其实第三方评估机构在评估过程中较为中立，可以将真实、客观的评估数据公布在公众面前。然而，我国第三方评估机构很少有机会参与数字政府的绩效评估。

6.5 中国数字政府绩效评估再上新台阶的有效策略

为充分发挥绩效评估对数字政府建设的推动作用，有必要进一步引导数字政府绩效评估健康发展，促使我国数字政府绩效评估之路更规范、科学、有序。

6.5.1 颁布绩效评估制度规范

政府部门的工作是在规章制度允许的前提下进行的，数字政府绩效评估也必须如此。中央政府要加强对数字政府制度规范建设，强化对绩效评估的规范管理，以示对绩效评估的重视和引导。各级政府应积极探索符合地方实际发展情况的具有地方特色的绩效评估制度体系，严格按照中央政府印发的通知、指令，适当参考国内外优秀数字政府案例，吸收经验，统一认识，保证数字政府绩效评估合规合法、有章可循。另外，绩效评估制度体系应该是动态变化的，而非一成不变的，要时刻对标社会发展新需要、新局势，及时更新完善制度标准。

6.5.2 完善绩效评估指标体系

增设评估指标。在进行数字政府绩效评估时，要根据社会公众对数字政府治理的实际和潜在需求，关注数字化、智能化和场景化，设计时考虑增加反映公众需求的评估指标，例如，公众对项目的满意度等。评估指标还应包括多层面的标准，例如，政策出台的频率、规章制度的完整性和监督程度。同时，坚持评估指标完整性原则，注重定量指标在总体指标中所占的比例，增加更多的定量指标而非定性指标，利用定量信息增强考评机制的科学务实性。最后，在考虑设立绩效评估经济指标的同时，也要关注社会和公正指标，否则就会陷入只追求效率而不考虑后果的窘境。

完善评估内容。针对我国部分主体混淆网站评估与数字政府评估的问题，建议丰富绩效评估内容。首先，统一观念，政府人员应系统地学习数字政府知识，提高个人对数字政府的认识。其次，保障评估内容的多样性，将评估内容拓展至数字政府服务潜能、服务意识、社会参与度、公众满意度、投入产出比等多个方面，多层次、多维度地开展数字政府绩效评估。

丰富评估主体。迫切需要打破以政府作为单一主体来评估数字政府的集中化和垄断化局面，在政府和社会内部两个层面找到更多的评估对象，是打破这种局面的利器。在社会层面，第三方专业机构、相关专家学者和公众都可以作为评估数字政府绩效的主体。公众作为评估者时，首先，政府应采取措施调动公众对数字政府服务的热情，传播和宣传相关政府服务流程，加深公众对数字政府的认识，确保公众有效行使知情权、参与权和监督权。只有通过这些方式，公众才能够更积极地使用相关应用程序，政府才可以从公众那里获得更多的反馈和评价。如果数字政府脱离了社会公众，不被公众认识、接受、理解和应用，那么数字政府的效用将大打折扣，造成行政资源配置失衡。其次，政府应实施电子激励机制。只有政府对公众的数字政府需求做出积极回应，在人民与政府之间形成良好的沟通和互动，才能提高公众参与的积极性。可以先由政府或其他第三方机构代理，再由发挥代表作用的公众参与，然后，实现公众自身进行数字政府绩效的评估和反馈。在政府内部层面，促进评估主体多元化发展，横向与纵向评估相结合，既开展上级对下级的层级间纵向评估，也开展诸如单位自评、同一层级互评等横向评估，完善内部评估模式。最后，内部和外部评估应有机控制和结合，相互促进和补充，共同为中国数字政府的良好绩效保驾护航。

6.5.3　充分利用绩效评估结果

我国应建立数字政府绩效评估结果与官员奖惩关联协同治理机制，有效减少行政损失，防止职能错位，提高行政资源配置决策的审慎性、合理性和科学性。同时在数字政府绩效评估时尽可能使用平衡记分卡工具，使组织的愿景和策略在数字政府绩效评估中始终居于核心地位。平衡记分卡关注的重点是过程目标与结果目标、政府的短期目标与长期目标的统一，能够较好地减少急功近利现象的发生，保障绩效评估真实有效地可持续发展。

第七章

互促发展：
推动数字政府良性发展的路径

面对当前我国经济转型升级、信息消费潜力释放、产业结构高端化、行政体制管理改革等要求，我国迫切需要加快数字政府网络、技术、应用、产业及安全良性互动发展。本章在对良性互动研究的必要性进行分析的基础上，解析了良性互动的内涵，并以移动政务系统为切入点，阐述如何实现数字政府各个领域的良性互动发展。

7.1　开展数字政府良性互动发展的必要性和重要性

当前，我国经济内外部环境错综复杂，单纯依靠出口拉动经济增长的局面已很难维系，转型任务艰巨。数字政府网络、技术、应用、产业及安全良性互动发展，有助于促进经济结构调整、释放信息消费潜力、加快行政管理体制改革、落实教育实践活动等，这使数字政府建设在成为拉动经济增长的力量中，更凸显其必要性和重要性。

7.1.1 良性互动是加速经济结构调整、推动经济转型升级的现实需要

我国经济内外部环境错综复杂，转型面临制约和挑战。一是全球经济结构发生深刻变化，对我国经济发展形成巨大压力。欧美等发达国家或地区纷纷重新重视发展实体经济，提出"再工业化""低碳经济"等新理念，加快布局新能源、新材料、信息、环保、生命科学等新兴领域的发展，抢占未来科技和产业发展制高点。二是我国经济经历长期高速发展后，进入全面转型阶段。加快产业结构调整，促进转型升级势在必行，已成为我国经济发展的中心任务。严峻的经济转型形势迫切需要数字政府发挥产业结构向高端演进的推动作用。深化信息产业与数字政府全方位、多层次、高水平的融合，加强自主可信软硬件一体化发展，建立整机系统的规模应用，可以带动关键元器件发展，消除产业的发展瓶颈，建设完善的技术链，增强产业发展的话语权和竞争优势，因此，良性互动是经济转型升级的重要着力点。促进良性互动发展，有助于优化产业结构，促进经济平稳较快发展。

7.1.2 以良性互动培育新兴消费业态是释放信息消费潜力的重要举措

《关于促进信息消费扩大内需的若干意见》《关于进一步扩大和升级信息消费持续释放内需潜力的指导意见》等文件中明确要求加快促进信息消费，催生新的经济增长点，促进消费升级、产业转型和民生改善。通过良性互动衍生新兴消费业态，可加大行政人员对信息产品和服务的购买力，产生消费倍增和持续。高度倍增性的特征体现在信息消费具有发展性和延续性上，例如，购买移动办公系统，将涉及平板计算机、移动上网、App 应用甚至培训等一系列消费。高度持续性则表现在信息消费连绵不绝并不断得到强化和扩充，例如，信息化项目建成后需要购买后续的运维和升级。因此，良性互动

可以促进信息消费，不断激发释放内需潜力。

7.1.3 良性互动是实现产业链集成创新发展的有效途径

传统的数字政府建设方式中产业链建设主体间的业务相互独立。电信运营商、设备商、软件提供商、内容集成商是电子政务产业价值链的中坚成员。在数字政府应用系统的建设中，以电信运营商为主导承建政务内网与外网，并引领中间件供应商、应用系统开发商、集成商和其他运营商等环节协力共进。面对当前移动互联网等新技术、新应用的不断涌现及软硬件一体化的发展趋势，建立良性互动机制，可以突破应用、软件、硬件各自发展的局面，实现产业链融合创新发展，这也对信息产业向产业链高端迈进提供有利的机遇。

7.1.4 数字政府是加快行政管理体制改革、促进政府职能转变的客观需要

开展数字政府建设以加快行政管理体制改革、促进政府职能转变的迫切性主要体现在以下两个方面。**一是行政效能有待进一步提升。**部分政府部门存在办事拖拉、工作效率低的问题，群众反映"门难进、脸难看、事难办"的现象时有发生，依托数字政府平台形成的行政监督机制，可以进一步加强政务公开成效，促进政府部门工作作风转变，提高工作效率。**二是政府服务水平有待进一步提高。**部分政府部门工作透明度低，群众并不清楚哪些事能办、该办什么、怎么办、由谁办、收费如何，依托电子政务平台可以进一步提高政府服务水平，加强勤政廉政建设，有效杜绝玩忽职守、腐败丛生的现象发生。

7.1.5 数字政府是落实党的群众路线教育实践活动的重要载体

当前，我国数字政府存在网络覆盖不全、应用系统不多、服务能力不强、

便民性不够等问题。结合教育实践活动，政府部门密切联系群众，深入服务群众可进一步做好网上为民服务工作。

一是提升政府门户网站服务群众的能力。在原有服务内容的基础上，提升质量，向公众和企业提供教育、医疗、住房、资质认定、招商引资等专题服务；改善互动交流平台，根据教育实践活动的要求，围绕公众关注的热点问题，组织领导在线视频访谈，与公众进行面对面的沟通交流。

二是提升网上政务服务和电子监察系统服务企业的能力。加强网上政务服务和电子监察系统建设，根据实践教育活动的要求，在系统建设中深化服务基层、服务企业、服务群众的理念，进一步规范权力运行，提升行政效能，便于公众应用。

三是提升区域网上公共服务能力。紧紧围绕政务部门面向公众、服务民生、履行职责的要求，深入企业、基层的调研，完善区域性网上公共服务平台，为推进服务型政府建设、满足群众信息化公共服务需求提供技术支撑。

7.1.6 数字政府已成为公务员工作的必然需要

近年来，数字政府经过长足发展，公务员对数字政府已由原先的适应变成一种必不可少的工作需要，这主要是因为数字政府对公务员有诸多有益影响，主要体现在以下 3 个方面。

知识的延伸。电子政务打破了时空限制，公务员可以了解以前无法感知的事物，实现高效信息沟通和海量信息处理。

视野的拓宽。互联网提供了获取信息的极大便利，有助于公务员辩证和系统地思考问题，提高了公务员分析、判断和解决问题的能力。

时间和精力的节约。数字政府节约了原来靠手工和文件处理信息所消耗的大量时间和精力，降低了信息传输的时间成本和人力成本。

7.2 数字政府良性互动发展的内涵解析

基于上述背景，我们开展了网络、应用、技术、产业和安全之间的良性互动关系研究，提出了以应用为中心拉动数字政府建设，实现网络、应用、技术、产业和安全有机融合的发展思路。良性互动的内涵是指其以应用为牵引，带动产业，促进网络、技术及安全统筹发展。良性互动关系模型如图7-1所示。

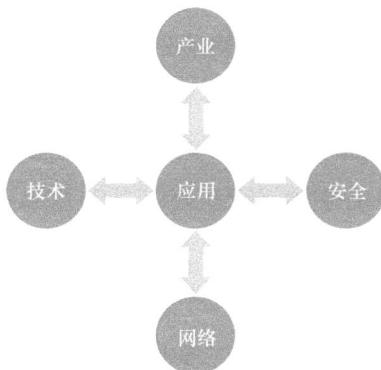

图 7-1 良性互动关系模型

7.2.1 应用拉动产业发展，产业发展促进应用落地

1. 数字政府应用建设对信息产业发展具有很强的拉动作用

以自主创新为主的国家重大工程项目能够解决产业发展的核心问题。日本通产省主持的日本超大规模集成电路技术拉动了全日本半导体产业的发展，美国"国家信息基础设施"计划使美国经济实现了20多年的高速发展。同样，一系列数字政府应用项目的实施必将成为拉动电子信息产业发展的强劲动力。

一是促进信息产业就业人员增加。信息产业工业总产值每增长一亿元，将直接增加信息产业从业人员200人。2021年我国信息产业总产值达到13万亿元，数字政府总产值达到 4000 亿元，2020 年信息产业直接增加从业人员 486 万人。其中，数字政府从业人数增加 100 万人左右，其贡献率达到 24%。

二是促进电子信息制造业的发展。各行业、各领域数字政府应用项目的建设，将迎来对终端设备、通信与网络设备等电子信息产品需求激增的局面。

终端设备。我国数字政府应用在协同业务平台、移动办公平台及政府门户网站升级等方面的需求依然强劲。这些建设应用项目需要的计算机设备将超过 1500 万台，每年将为微型计算机、笔记本计算机、平板计算机生产带来超过 6000 亿元的市场规模。随着数字政府应用服务项目、服务内容日益丰富，家庭与社会对电子政务的使用将更加普及，对终端设备尤其是移动终端的市场需求将持续释放，各类终端设备的市场需求将超过 2000 万台。与此同时，还会激发与终端设备配套的高性能硬盘、主机板、SD 卡、DVD 驱动器及光学头、打印机等外部设备及其关键零部件产业的兴起，形成相应的产业链。

通信与网络设备。宽带提速、光纤普及、三网融合等信息基础设施演进升级计划的全面铺开，将需要大量的路由器、交换机等系统产品，这对我国现有的接入设备、终端设备、网控、网管系统等产品制造业而言，每年大约有 500 亿元的市场需求，同时，为以 IPv6 网络为核心的新一代通信网络设备制造业注入活力。

三是数字政府为信息服务业带来生机。随着数字政府建设的重点已由基础设施转向应用，公众对信息服务和信息内容的需求不断增加，这为我国软件业和系统集成业的发展增添了新的动力。

软件业。数字政府对软件市场的需求主要有平台软件、中间软件、应用软件，包括操作系统、数据库系统、网络管理、网络安全、办公软件等。2021 年，数字政府的总投入达到 4000 亿元，按软件占总投入的 25% 计算，软件的需求达到 1000 亿元，这将促进我国软件产业的发展，提高软件产业在信息产业中的产值比重。

系统集成业。为了政务数据资源的整合，我国需要研制开发无缝连接的集成系统，使各级政府和部门之间相互交换和获取有价值的信息，从而使数字政府系统具有快速采集和分发信息的能力。这需要系统集成企业来实施，也将促使我国更多的系统集成企业积极提高自身的竞争力，把我国的系统集成业务做大做强。

2. 数字政府产业发展对应用落地具有很大的促进作用

经过 20 多年的发展，我国的 IT 产业取得了长足进步，虽然国内 IT 头部企业的产品在某些领域已经超过国外的知名 IT 企业，但我国当前的产业化水平还不能完全满足国内信息产业发展的要求。自主研发的软硬件产品主要集中在中低端，高附加值的高端产品基本为国外产品。在我国目前的计算机厂商中，大多数为装配型厂商。我国自主生产的数据库、操作系统、高端服务器和存储设备市场份额较小。在高性能 RISC[1] 架构服务器领域，大多数国内厂商仅能充当国外大企业的销售代理商。因此为配合数字政府应用建设，我国电子信息产业应对上述问题有清醒的认识，以及足够的技术准备。我国电子信息产业只有加速自身的发展，才会为数字政府应用发展提供质优价廉、安全可靠的服务。

7.2.2　应用促进网络互联互通，网络为应用提供基础支撑

1. 数字政府应用建设对网络互联互通具有极大的促进作用

我国电子政务建设进入以深化应用为显著特征的发展阶段，跨地区、跨层级、跨部门应用建设大量涌现。跨部门应用一般涉及多个部门，例如城市应急管理统一指挥平台涉及公安、消防、交通、医疗、卫生、市政、水利、环保、气象、地震、人防、民政、安全生产等。跨部门应用集成的前提是网络互联、数据互通，否则就是"纸上谈兵"。这势必将加快政务网络跨区域、

1　RISC（Reduced Instruction Set Computer，精简指令集计算机）。

跨部门、跨层级、跨行业、跨网际互联互通的步伐。

2. 国家电子政务网络为应用服务提供全面支撑

《国家信息化领导小组关于我国电子政务建设指导意见》《国家信息化领导小组关于推进国家电子政务网络建设的意见》《国家电子政务总体框架》《关于进一步加强国家电子政务网络和应用的通知》《关于加强和完善国家电子政务工程建设管理的意见》等政策文件对国家电子政务网络的组成和应用系统部署原则给出了明确的要求，国家电子政务网络是由基于国家电子政务传输网的政务内网和政务外网组成的。各地区、各部门开展电子政务建设，原则上必须依托国家电子政务网络进行。

7.2.3 应用带动技术突破，技术为应用创新提供重要保障

1. 数字政府应用建设对技术突破具有很强的带动性

数据资源开发利用、政务移动化的大规模开展，无疑会对电子政务深入发展所需要的技术突破产生巨大的带动作用，例如，计算机终端所涉及的CPU[1]、操作系统，移动通信涉及的服务器，系统集成涉及的中间件，以及其他基础办公软件与各类应用软件等。

2. 信息技术为数字政府应用创新发展提供基础保障

信息技术在电子政务建设领域的成功应用，对丰富其表现形式、提高公共服务质量和水平、促进信息公开透明发挥了重要的作用。具体体现在以下几个方面。

一是 WAP[2] 网站扩宽了电子政务的访问渠道。WAP 网站提供了通过手机访问互联网的途径，突破了通过计算机终端访问网络的局限。用户通过手机直接访问 WAP 站点可获得丰富的数据资源和多种应用服务。据 CNNIC 统计，截至 2022 年 6 月，我国手机网民规模为 10.47 亿人，较 2021 年 12 月增长了 1785 万人，网民使用手机上网的比例为 99.6%。随着移动互联网的

1　CPU（Central Processing Unit，中央处理器）。

2　WAP（Wireless Application Protocol，无线应用通信协议）。

迅速普及，移动政务将成为传统电子政务与移动通信平台相结合的产物，从而拓宽用户的访问渠道，提高用户的办事效率。

二是 Web3.0 提供了政府与公众互动性服务的解决途径。Web3.0 是以用户为核心的互联网，主要应用表现形式包括广泛应用 Blog、Tag、RSS 和 Book Mark 等。Web3.0 强调用户体验和集体参与，满足用户获取服务的需求，实现人与信息发布者、个人与个人之间的互动交流。目前，政府门户网站用户比例较低，适时利用 Web3.0 提供个性化服务理念，提高政府网站的应用效果，必将促进政府门户网站在公众中的普及，为政府门户网站增添新的活力。

三是 SOA[1] 应用满足了电子政务服务功能整合的需求。整合是电子政务发展的必然趋势，以门户网站为例，门户网站不仅要整合各职能部门的信息，还要整合各部门的业务系统，提供灵活的"一站式"在线服务。这就需要实现界面门户的统一接入、应用服务的组合、业务系统后台处理和前台门户的结合等。SOA 是一个组件模型，将应用程序的不同功能单元（或称为服务）通过接口连接起来，为改变"数据孤岛"问题提供了服务功能整合的有效途径，使面向公众提供的行政许可申报、个人所得税申报、社保服务、在线预约挂号等"一站式"服务成为可能。

综上所述，应用 Web3.0、SOA、智能检索、流媒体等新兴技术可助推数字政府应用建设迈上新台阶，充分满足用户新需求，形成平台开放的生态体系，向用户满意的"服务型"数字政府迈进。

7.2.4 应用带动安全发展，安全为应用发展保驾护航

1. 数字政府应用建设对网络信息安全发展具有很强的带动性

在数字政府系统中，政府机关的公文往来、资料存储、服务提供等都以电子化的形式来实现。然而，电子化是一把"双刃剑"：一方面可以提高办

---

1 SOA（Service Oriented Architecture，面向服务的体系架构）。

公效率、精简机构人员、扩大服务内容、提升政府形象；另一方面也为某些居心不良者提供了通过技术手段窃取重要信息的可能。云计算、物联网等新一代信息技术在数字政府业务系统的应用，需要从技术、管理和组织等方面构建全方位的信息安全防范体系，这势必会对网络信息安全形成一种迫切的需求，从而对其发展产生强大的推动力。

2. 网络信息安全为数字政府应用提供保障

没有全局安全规划的数字政府工程难以令政府和公众放心，对政务应用而言，安全是保障。在政务应用建设和运行过程中，要定期对系统进行整体的风险评估，发现安全隐患，及时调整安全策略，实行动态防护。要根据业务系统的重要程度和自身安全需求，依据《计算机信息系统安全保护等级划分准则》实行等级防护。防护重点在系统层和应用层上，主要保护局部计算环境和数据文件的安全。安全在物理层、网络层、系统层等层面对政务应用采取的具体保障措施如下。

物理层。面对自然灾害、环境事故、电磁泄漏和业务系统数据存储介质损坏、出错等威胁和风险，一方面要进行容灾备份，加强重要数据和重要系统抗毁性；另一方面要加强中央共享平台和涉密机房的监控措施，通过电磁屏蔽等技术全面提高机房安全等级。

网络层。对于网络传输过程中易出现的拓扑结构暴露问题，为充分保护业务系统，可采用开放系统技术实现分布式信息处理。对于非授权访问、各种攻击、不同网络信任域互联导致的安全性下降等风险，采用统一的网络防护技术体系，确保访问用户的可控性和可审计性。

内外网信息交换。电子政务内网是涉密网，外网是非涉密网，两个网络进行信息交换时易发生系统入侵、通信监听、数据篡改等风险。因此，需要采用国家密码管理部门批准的设备，利用密码技术为敏感信息提供传输和存储过程中的加密服务，为应用系统提供相应的加密应用接口。电子政务内网与外网间实行物理隔离，在符合主管部门保密要求的前提下，进行涉密网和非涉密网之间两个不同安全域信息的适度"可靠交换"。依照涉密信息"最小化"原则，信息的涉密内容必须控制在涉密网的范围内，不允许交换到非涉密网，其他信息内容主要采用人工交换或"安全岛"方式进行信息交换，以确保涉密信息的安全。

系统层。在系统层，大多数的操作系统为国外产品，可能存在非授权访问的"后门"或系统漏洞。应用软件的设计也有可能留有软件"后门"或"逻辑炸弹"。对此，要能及时防御网络病毒和恶意代码侵害，能及时检测到外部入侵和非法行为，并及时做出反应。重点加强关键主机的防护和加固，全面提升操作系统的安全等级，变被动防御为主动防御，防患于未然。

应用层。在应用层，内外网主要面临合法用户越权、恶意代码侵害、人为操作失误、恶意操作的风险。在非涉密网部分要建立基于公钥基础设施（Public Key Infrastructure，PKI）的统一信任体系，为系统提供身份认证（人员、设备）、数字签名，实现统一授权管理和统一密钥管理。对涉密网要建立动态口令系统，用于涉密网人员身份的认证和授权管理。对与安全相关的用户操作进行记录和追踪，为内部人员非法操作或发生安全事故后的追查和审计提供依据。

管理层。对管理层存在的口令和密钥管理风险、人员管理漏洞、审计不力或无审计、制度漏洞等，建立健全、统一的安全管理机构，完善安全管理机制，明确安全管理职责，并建立应急响应和支持的技术队伍。在安全系统的建设中，严格遵循国家的法律法规和相应的标准规范。

综上所述，对政务应用面临的安全问题，要设计相应的安全体系框架，从安全管理、统一信任体系、网络防护、不同信息安全域的信息安全交换、安全审计、局部计算环境安全、数据和系统备份等设计相应的安全措施，只有这样才能确保政务应用的安全。

7.3 移动政务系统是落实良性互动的具体体现

移动政务系统是探索良性互动和挖掘信息消费市场潜力的有益探索，为政府部门实现安全可靠的移动办公提供了一个规范的渠道。

7.3.1 移动政务系统满足了公务员移动办公的迫切需要

近年来，数字政府取得了长足发展，但传统数字政府依赖固定场所及办公配套设备，行政管理人员对突破时空限制的移动政务的需求日益强烈。移动政务系统是一个集成的移动办公系统，它以移动终端为载体，将移动数据通信服务、安全认证服务、智能终端管理系统集于一身，满足了各级政府移动办公的需求。

7.3.2 移动政务系统助推公共服务提升

以移动政务系统建设为依托，以服务企业和公众强化政府职能转变，提供面向所有群体的多种渠道的基于信息化的公共服务，构筑任何时间、任何地点、任何人都可以方便地寻求政府帮助与服务的信息环境。建设资源整合、服务便捷、响应快速的信息化公众服务体系。在客户前端，公众获得的是通过统一渠道（一网、一号、一门）提供的公共服务；在服务后端，政府提供的是跨越部门界限、部门互联、协同办公的服务集成。

7.3.3 移动政务系统有助于促进产业发展

一是移动政务系统对产业发展具有巨大的推动作用。全国公务员人数约为 800 万人，如果移动政务终端单价为 2000 元，每年每人通信费为 800 元，初步测算移动政务系统的市场规模将超过千亿元。国内企业将成为移动终端的消费主体，因此要充分发挥新业态对产业发展的引领作用。**二是移动政务系统可以实现产业链集成创新。**移动政务系统集合了终端提供商、电信运营商、应用服务商联合攻关，软硬件一体化的发展模式，有助于突破产业核心问题，加快产业链向高级化、融合化演进。以 App 应用为主，结合政府购买服务，可构建由终端提供商、电信运营商、云平台服务商等组成的全产业链协同发展的生态环境。

7.3.4　移动政务系统以国产软硬件产品切实保障信息安全

移动政务系统从身份认证、访问控制、日志管理、系统审计、数据加密等方面设计安全保密机制，保障移动终端、网络系统、主机系统和应用系统的安全。其中的安卓系统、芯片和处理器等核心部件大多不是我国自主研发的，这意味着我们的产品与三星、苹果等国外产品并无本质区别。然而，安全是为应用服务的，只是整个系统必备的一个小模块，要针对不同应用对象的安全要求进行不同的安全策略设计，同时加强自主可信软硬件创新力度，为从根本上保障国家信息安全打好基础。

7.3.5　移动政务系统以平台实现集中管理

移动政务终端安全监管系统采用空中无线等方式，实现移动政务系统的所有移动设备、移动数据和应用程序的统一管理，包括终端管理、应用管理、用户管理、接入管理、安全管理等。

7.3.6　移动政务系统试点工作具有极大的推广需求

全国许多地市都在积极探索如何开展移动政务，部分城市已有完整的方案投入实施。为了避免因重复建设而造成更大的资源浪费，更为了支持地市级和县市级移动政务发展，迫切需要梳理试点工作中具有普适性的成果以建设指南的形式推荐给全国各地，提高地市级和县市级数字政府的发展水平。

应用篇

"场景驱动":
数字政府应用日趋深化

第八章

经济调节：
经济运行调度愈加精准

数字技术在改变经济行为的同时，也为宏观经济调控提供了新工具、新想象、新可能。以数据为纽带，以产业链、创新链、供应链融合应用为驱动，全面链接宏观经济运行的全要素、全环节、全过程，实现宏观经济的资源高效配置和活动高效协同，促进宏观经济调控更加精准化、科学化、合理化，对推动经济高质量发展具有重要意义。

8.1 数字技术变革宏观经济调控的表征

8.1.1 发挥数字技术的"摄像头"作用，提升宏观经济监测能力

以数字化手段将各行各业产生的数据进行集中实时记录，必要时予以调用分析，能帮助有关人员清晰、准确地描绘经济运行的实际情况，为宏观经济监测打下良好的基础，为宏观经济平稳运行提供技术保障。

依据数字技术了解宏观经济系统运行的总体态势。 一是监控经济总量性指标的变化，例如，经济增长速度、货币供应总量、物价水平等，确保这些指标

能够较为清晰地显示经济总水平的变动。二是监控经济结构性指标的变动，例如，产业结构、社会收入投资交易占比、城乡经济比重、经济发展不平衡系数、收入差距等，帮助政府研判宏观经济运行情况和机制演变。三是基于搜集数据提炼有价值的经济信息，计算经济景气指数，掌握经济涨跌变化、货币交易流通情况，帮助各级政府出台合理的财政货币政策，进行及时有效的宏观调控。

依据数字技术诊断宏观经济政策的实施效果。我国经济能够平稳运行的结果离不开各种宏观经济调节工具的辅助。宏观经济的运行过程可被数字技术实时监测。其中，各项指标的实施效果数据均被及时反馈给后台，在政策实施前对实施效果的模拟仿真、实施中对相关措施的监管以及实施后对效果的评估具有不可比拟的独特优势。正是这样持续不断的反馈，有助于有效数据的提炼，帮助各级政府精准施策，确保宏观经济运行在健康稳定的轨道。

依据数字技术监测外部经济环境的发展变化。我国经济正处于由高速增长阶段向高质量发展阶段转型的特殊时期，同时，我国"引进来"和"走出去"的力度越来越大。从"引进来"的角度看，中国经济早已和世界经济深度融合，中国离不开世界，世界同样也离不开中国，我国已连续多年成为世界第二大外资流入国，我国良好的投资环境始终吸引着外来资本进入。从"走出去"的角度看，2020年，中国新增对外直接投资净额首次位居世界第一，我国是世界上第一个在新冠肺炎疫情期间经济转负为正的主要经济体，成为拉动世界经济恢复的重要引擎。在中国实行"双循环"发展的过程中，数字技术在其中发挥了不可替代的重要作用。利用数字技术可以在海量的信息中，挖掘出具有价值的重要信息，能够加强政府对各种危机和机遇的预测感知，能够使我国在全球经济大环境中提前捕捉发展机会或规避风险，进而可以更好地开展国际经济交流与合作。

8.1.2 发挥数字技术的"望远镜"作用，增强宏观经济预测水平

随着数字技术的不断发展，数字技术像一台"望远镜"，将宏观经济微

观现象生动地显示出来。在宏观经济预测方面，摒弃以往统计调查的方式转而向实时调查统计靠拢，为政府精准把控经济运行提供了保障，而且精准及时地预测能够为宏观经济提供先导性的指示，促使宏观经济从依靠经验决策向凭借科学决策发展、由以往的定性分析向定量分析改变，使各种经济调控措施可以更加精准地解决各项经济发展问题。

利用数字技术预测宏观经济在需求侧的结构性变化。 经过多年发展，我国网络用户规模雄踞世界榜首。网络用户上网的目的之一是搜索本身需要的信息，搜索行为会在平台上留下相应的数据。这些数据反映了广大人民群众的关切，挖掘这些数据可以了解广大人民群众的殷切需求，有助于政府在供给侧做出调整。例如，当某一类商品的价格上涨时，网络用户可以通过互联网了解此次价格出现变动的原因和浮动，留下的数据不仅可以为了解公众预期和预测通货膨胀率提供重要的信息来源，也可以为政府出台某项政策提供依据，更可以利用互联网的广泛传播稳定市场和民心。

利用数字技术预测宏观经济在供给侧的结构性变化。 企业是整个宏观经济系统的重要组成部分，会受到政府政策、市场行情和公共舆论的影响。同时，企业又可以通过不同的渠道散播信息源，进而影响产品乃至市场的走向。在数字时代，企业信息传递和发布的形式多样且日趋成熟，这无疑使整个市场的信息较以往传播得更迅捷，且涉及的范围更宽广。这些由文本、声音等结构化或非结构化数据组成的海量数据，为政府呈现了宏观经济供给侧在微小层面的变动。以金融市场为例，在数字技术的基础上，企业客户的数据大部分会导入数据库，从数据库中提取数据，挖掘提炼富有价值的信息，可以帮助金融机构预测金融市场的行情走向，也可以为中国人民银行调控货币总量与信贷规模提供重要参考。

利用数字技术预测"双循环"新发展格局的演化态势。 如今，中国经济必须加快构建完整的内需体系，逐步形成以国内大循环为主体、国内国际"双循环"相互促进的新发展格局。在这个大背景下，空间信息与数字技术逐渐成为监测中国经济变化的"瞭望台"。空间信息与数字技术是以人造卫星、定位装置、固定摄像头等硬件为基础，将人流量、信息流、物流等汇集起来的集成系统，可以在"双循环"的经济格局下发挥重要作用。例如，社交平台是社会公众的重要信息来源地，社交网络繁荣与否间接反映了该地区的经济发展水平，以空间信息与数字技术为基础，形成的社交网络密度大小能够反映该地区经济的运行状况，进而为地方政府把控经济运行提供现实依据。

8.1.3 发挥数字技术的"显微镜"作用，构筑宏观经济治理基础

"十四五"规划将"国家治理效能得到新提升"列为"十四五"时期经济社会发展的主要目标之一，提升宏观经济治理效能，对"十四五"时期经济持续向好发展意义重大。在大数据时代，每一次经济活动产生的数据都会被快速地搜集起来，之后利用大数据技术挖掘"海量数据"，归纳总结提炼其中蕴含的经济规律，为宏观经济的走势预测、运行监测和决策调整提供重要依据，这对于我国完善宏观经济调节体系、提高经济治理效能大有裨益。数字技术能够搜集经济活动所产生的数据并且通过分析总结，进一步揭示经济活动的规律。

有效释放数字技术对宏观经济治理的作用，尚需在以下几个方面强化能力提升。**一是推动宏观经济数据流通共享。**宏观经济数据涉及经济社会的方方面面，散落在各地各领域的数据如果不互通，势必造成宏观经济治理的样本选择不全面，基于数字技术开展宏观经济治理的基础不牢固。对此，应加快推动政务数据与社会数据共享，只有数据充分共享，才能激发数字化发展给宏观经济治理带来的积极作用。**二是提升宏观经济数字化治理能力。**培养数字化思维，积极加大人工智能、机器学习、知识发现等新技术在宏观经济治理中的运用力度，在发挥数字技术监测宏观经济发展的基础上，大幅提升宏观经济治理的客观性、准确性、科学性，为数字政府建设提供支撑。**三是平衡技术应用与安全的关系。**贯彻落实网络安全、数据

安全、隐私保护和个人信息安全要求，保障宏观经济治理数字化发展的安全性，确保宏观经济治理的有效性。

8.1.4 发挥数字技术的"指南针"作用，提高宏观经济决策效能

宏观经济调控最大的初衷就是规避世界经济发展带来的冲击，应对全球经济下行带来的考验，实现国内经济高质量发展。采用数字技术实现宏观经济决策科学化发展，提升宏观经济决策能力成为中国经济发展的重要动能。从工具层面来看，数字化手段有利于改变以往宏观经济决策依靠经验的发展模式，基于经济运行的实时监测，提前预判经济发展走向，促使数字技术成为辅助宏观经济决策的重要手段。数字化以强有力的技术手段，促使宏观经济决策更加精准、有效，推动宏观经济决策机构改变"拍脑袋"决策的旧思维，树立数字化决策的新思维，让数字化贯穿于宏观经济决策的全环节、全要素、全过程。需要注意的是，数字技术在辅助宏观经济决策时，并非完全不考虑经验决策，而是要在经验决策的基础上强化技术支持，将经验决策与技术辅助相互结合，建立经验决策与技术决策深度融合的科学决策机制。

8.2 宏观经济调节数字化发展趋势

8.2.1 在数据收集方面，从传统宏观经济统计数据向互联网非统计数据转变

数字技术的加入使宏观经济数据的统计数据搜集有了很大的改善。以往对于宏观经济的调控主要依赖于调查统计，各级政府需要层层向上级汇报，这样的方式无法保证数据的准确性和时效性的平衡，行政机构通常会因为确保准确性而放弃时效性，导致数据公布时间滞后。倘若因为时效性而放弃准

确性，对于宏观经济的监测和调控的不利影响可能更大。而数字技术则可以很好地解决二者之间的冲突，对于统计数据的依赖性将明显降低。各种在线社交、在线购物、在线教育等不需要统计的数据，都可以用来监测和预测宏观经济走向。一方面，国外开展数据搜集较早，并且取得了不错的效果。另一方面，数据搜集渠道不局限于统计调查，将变得更加广泛，各种文本、图像、广播等可以成为获取信息的对象和渠道。与耗时较长的人力调查统计相比，从搜索引擎、社交媒体获取的信息，其时效性和准确性将有很大的提高。

8.2.2　在研究领域方面，从宏观经济总量预测向宏观经济先行指标预测转变

经济总量性指标一直是我国宏观经济关注的重点。"十四五"规划明确提出推动数字化发展，建设数字中国，体现了我国对于数字化的重视程度。在此背景下，我们可以乘着国家政策的东风，顺势而上，努力使数字化发展水平对标国际先进水平。另外，对于数字技术在宏观经济中的应用探索也应及时开展，尤其是在宏观经济预测领域，要尽最大可能发挥数字技术的作用，使数字化不但在预测监测经济总量指标中发挥作用，也能在诸多反映短期经济总体情况的先行指标中发光发热，既要对长期形势做好预测预警，又能捕捉短期不利因素，灵活调整经济走向。

8.2.3　在监测预测方面，从中长期监测预测向实时监测预测转变

2013年10月，专家们根据"企业发展工商指数课题组"自行研发的"企业发展工商指数"，预测中国将企稳回升、经济形势向好，而后的经济形势印证了预测的准确性。从这个事例来看，我国在宏观经济监测预测方面，具有从中长期监测向实时监测转变的趋势，并且预测结果令人满意。尽管如此，不可否认的是，我国对于经济的预测类型大多需要官方进行数据统

计，因而有可能会导致监测所耗费的时间周期较长。事实上，大到整个国家的宏观调控，小到个人的消费计划，都对实时掌握经济信息充满渴望。我们应该意识到，当前的宏观经济预测模型还不够精准，因此，我们必须抓住政府对于数字技术大力扶持的时机，创新数字技术在宏观经济调控中的应用，确保数字技术能够更好地为人类所用。

8.3　宏观经济调节数字化发展的机遇

8.3.1　数字化为宏观经济分析提供更多数据

宏观经济涉及的领域非常宽广，影响宏观经济调节的因素也是各种各样的。在以往的宏观经济分析中，获取数据的渠道较为单一，主要依靠官方的调查统计来获得统计性数据，获得的数据并不全面。同时，为确保数据的准确性，数据的时效性必然存在一定的滞后性。但是在数字时代，这些两难问题会在很大程度上得到有效缓解。利用数字技术采集宏观经济数据，将极大地压缩搜集各类数据所耗费的时间，促使宏观经济发展数据迅速呈现出来，辅助有关部门进行科学决策。这些数据的获取时间较短，有的数据可以立即获得，为宏观经济分析提供了丰富的数据支持。

8.3.2　数字化为宏观经济分析提供更多的方法

数字技术的应用促使宏观经济调节方式发生变革，从总体中抽取样本作为分析对象，以样本特征作为总体特征的模式将被逐渐摒弃。对提高分析的准确率而言，将总体的数据进行归纳分析得到的规律更加准确。在抽样分析中往往是从总体中抽取一定量的数据作为样本，通过样本展现出来的特点将其作为整体的特点，这种分析方法往往与事实存在较大的差距。

8.3.3 数字化为宏观经济分析提供更多的技术

各种数字技术融合发展，可以进一步拓展宏观经济数据分析技术的多样性，使以往无法使用的经济分析方法如今可以纳入宏观经济调节体系中。另外，语音识别、图像识别技术相继成熟，也使数字化分析更加高效，它们的应用可以大幅减轻人们的工作量，并辅助专业人员进行多角度对比分析。特别是数据标注技术，将使宏观经济的更多数据得以电子化，为宏观经济数字化的发展提供更多的数据采集渠道。

8.4 宏观经济调节数字化发展的挑战

8.4.1 宏观经济调节数据获取困难

传统的统计方式已经无法满足当前经济发展的需要，快速变化的数字经济使原有的经济调节行为难以实时监控经济的变动，并对经济的起伏做出迅速反映，尤其是数据量特别庞大的情况会导致传统的宏观经济调节体系无法支撑起对于经济发展趋势的预测。同时，传统的宏观经济监测和调控体系难以对非结构性数据进行及时分析，导致获得的信息较为滞后，不利于快速有效地开展经济调节。以互联网、物联网、传感器等技术为基础搭建宏观经济数据库，将之前零散的小型或微小型数据集整合汇聚，实现从样本推算到总体实时挖掘的跨越，推动宏观经济调控多角度、深层次、全覆盖，有利于彻底弥补以往依据抽样调查推算总体经济运行情况的不足。

8.4.2 宏观经济调节数字化监测机制有待健全

数据是宏观经济治理数字化的关键要素。通过打通"数据壁垒"，宏观经济的数字化调节机制才能最大限度地发挥作用。传统的经济运行监测体系条块分割、系统林立，数据共享机制尚未建立，数据共享依旧存在障碍，部门之间的"数据孤岛"情况更加严重，而且有从"小孤岛"演化为"大孤岛"的趋势。"彼此孤立"的传统统计模式对于不同部门、不同领域、不同类型数据的挖掘不够深入，对于数据之间关联性及耦合性关系的显现不够清晰。数据标准不统一，接口不一致，数据分散存储于不同的职能部门，缺乏科学有效的手段、工具等。对数据进行聚合，依旧需要传统的纸质报表，使数据只能在本部门留存，无法实现有效共享，因此造成经济运行监测的协同性偏弱。基于以上原因，构建不同部门、政府与市场间的数据流通机制就变得非常有必要。加强运用"数据血缘"（"数据血缘"是指数据在产生、处理、流转到消亡的过程中，数据之间形成的一种类似社会血缘的关系）分析实现"端到端"跟踪数据流向与关系，可以揭示传统技术难以发掘的数据关联关系，从而增强政府的经济运行监测能力以及科学决策能力。

8.4.3 宏观经济调节数字化监测时效比较滞后

传统的经济调节模式在对数据进行分析时往往要辅以大量的人力和物力作为保障，这样做的后果经常导致得到的数据时效性不足，从数据中提炼的信息价值较低，数据供给与经济治理之间存在时效性冲突。政府在宏观经济调节中有着不可替代的作用，但政府在进行决策的过程中也会存在一些问题，在数据取样、数据归类及分析等环节做到客观、公正、公平还需要进一步规范。因此，基于"业务融合、技术融合、数据融合"排除人为因素干扰，由"离线静态化"转向"在线实时化"处理，利用数字云图技术、可视化技术等立体化、全局化、动态化展示经济运行态势，构建"用数据说话、用数据决策、用数据管理"的经济分析机制，形成政府调控宏观经济的监测系统，推动政府对经济治理实现更大范围的"质量变革、效率变革、动力变革"。

8.4.4 宏观经济调节数字化分析平台有待开发

经济调节数字化面临的现实问题是成本较高，关键的数字技术尚未突破等，对于能够实现架构设计、数据运营于一体且实施"总包"的平台也非常缺乏。这就导致一些概念虽然被提出，但是无法付诸实施。现在市场上的一些宏观经济调节的方案大多可以解决一般性问题，对于某些特殊领域、特殊要求无法得到解决。更重要的是，很多地区政府的数字化发展的程度不一，行业标准的设定不一，无形中增加了宏观经济数字化分析平台的开发难度。

8.5 加快宏观经济调节数字化发展对策

8.5.1 营造宏观经济调节数字化发展的良好环境

第一，创造产业发展环境。 激发各个主体创新创业的决心，在社会层面确立鼓励竞争的体制，确保竞争政策所具有的地位。寻求数字经济负面管理清单的新模式，打通行业之间的障碍，使各个主体在市场中能够进行公平合法的竞争。及时调整政策，使各项措施能够积极有效地推动数字经济健康发展，建立容错机制，促进新业态、新模式、新技术加快成长。在数字化发展的过程中，企业会面临很多挑战，例如，技术的更新速度较之其他技术更快，市场竞争异常激烈等。因此，持续加大对数字技术研发的投入和相关企业的财政支持，为企业的数字化变革提供最大的帮助。

第二，完善数字经济监管体系。 在互联网时代，平台经济发展迅速，已经成为拉动我国经济增长的重要引擎。然而，一些企业在服务的过程中并没有强化自身的责任意识，经常未经用户同意，获取用户的隐私数据并且在经营的过程中涉嫌垄断。在这种情况下，政府有关部门应尽快出台相应的法律法规强化平台企业的责任意识，保护好用户的数据权益及个人隐私，实现全过程的数字化监管，加强平台各市场主体权益保护。创新监管方式，要善于运用新技术，例如，大数据、云计算等，建立以信用为核心的市场监管体制，提升政府对数字经济的监管效能。

8.5.2 培育宏观经济调节数字化发展的人才队伍

人才无论对何种技术来说都是关键的组成部分，在宏观经济数字化发展中也是如此，高素质的人才是宏观经济数字化建设的基石。因此，构建现代化经济调控体系的前提之一是要在数字技术人才培养方面改进和提升。具体来说，应在以下几个方面加以重视。首先，政府部门应当重视数字技术分析与应用人才的培养，从政策方面入手，给予人才最大的支持。其次，高等院校应当根据社会的需求结合自身的优势开设相关的课程，从而为社会培养大量高素质的数字技术人才，以满足当前社会关于宏观经济数字化发展人才的缺口。最后，企业应该根据自身的发展需要，培养后备人才，对企业的管理层进行数字技术方面的培训，帮助员工掌握更多的数字化知识。

8.5.3 增强宏观经济运行走势监测预测分析能力

数字技术对宏观经济调控的价值在于，从大量的数据之中提炼有价值的信息。因此，必须树立符合时代潮流的数字化发展观，提高人工智能、机器学习等数字技术的使用能力，要对数字技术分析的结果加以重视，要尊重分析结果的科学性，重视数字技术在监测预测方面的能力，尊重科学，尊重数字化分析的客观性，摒弃主观主义。在数字技术的支持下，提高预测分析能力，使制定的经济政策能够更精准、更高效，这样做会进一步提升宏观经济治理的有效性，释放数字政府对经济建设的引导力。

8.5.4 提升宏观经济调节数字化发展的技术能力

数据是当今世界上最重要的资源之一。然而，人类目前能利用的数据依然有限，存在的"数据孤岛""数据烟囱"，导致数据无法实现共享，协同处理数据效率低下。地方政府首先应从政务数据入手，做到数据之间的互通有无，加强制度设计与统筹规划，去除本位思想，切实做到"让群众少跑腿、让数据多跑路"。构建统一的标准，加快民生、金融等重点领域的数据共享，在涉及国家、人民等国计民生方面强化数据共享。倡导在行业内建立各个企业和社会团体都认可的标准规范，逐步实现产业大数据、商务大数据融合发展。只有充分流动大数据资源、开放和分享，才能提升数字技术在宏观经济治理中的作用。

第九章

市场监管：
数字监管效能大幅提升

　　市场监管是政府的重要职能之一，市场治理也是国家治理体系的重要一环。加快市场监管数字化，是实现市场治理现代化的关键。从实践角度来看，新技术已不同程度地融入市场监管中。其核心是以互联网技术突破时空限制实现监管数据随时随地流通，以大数据、云计算技术采集、存储、分析海量的监管数据，以物联网技术拓展政府、经济和社会行为的数据获取渠道，以区块链技术实现透明化、可追溯监管，以人工智能技术实现市场监管精准感知、实时预警，极大地提高市场监管的精准性、有效性、及时性。本章将深度解析市场监管数字化发展的时代意义，厘清数字技术对市场监管的变革作用，剖析数字技术在市场监管中的应用瓶颈和解决对策，以期为加快推动市场监管数字化提供理论基础和现实指导。

9.1　全面推进市场监管数字化的时代必要性

　　中国市场监管体系的发展可以划分为 3 个阶段：第一阶段（1992—2001 年）是由经济体制的转变驱动的。党的十四大确立社会主义市场经济体制改革方向后，许多行业领域开始启动"政企脱钩"，这个阶段受到计划经济的影响，市场监管机构独立性较差，并且同时包揽了市场管理与宏观调控双重职能，监管机构设立及其与市场的关系均具有很强的计划性。第二阶段（2002—2012年）是由经济开放度驱动发展的。中国在加入世界贸易组织后，需要建立与国际社会接轨的市场监管体系，逐步形成以经济性与社会性监管机构为架构的新型市场监管体系。第三阶段（2013年至今）是由经济结构升级发展形成的。随着"放管服"改革的逐步深入，简化、高效、合作和参与的理念逐渐融入市场监管中，综合性较强的"大市场监管"体系逐步成为市场监管的新方向。从客观上讲，我国市场监管环境存在多元风险并存、供需水平不高等问题。从主观上讲，市场监管改革主要侧重机构重构和权力调整，纵向权力运行结构存在"集权—分权—再集权—再分权"的现象，需要建立协作有效的治理结构。部分专家学者认为破解我国市场监管困局的关键不是机构撤并，而是重构市场与政府的关系。从市场监管的角度分析，我国市场监管体制改革主要依赖于监管结构调整，而不是对监管能力的提升。在此背景下，加大数字技术应用创新力度，推动政府数字化与社会数字化深度融合，提升市场监管数字化发展水平，既是主动践行"放管服"改革的积极作为，也是适应经济社会数字化发展的必然要求，更是发挥数字政府建设效能，提升市场监管能力的必经之路。

9.1.1 "放管服"改革为市场监管数字化提供新契机

深化"放管服"改革迫切需要加快市场监管数字化。党的十九大报告明确要求"转变政府职能，深化简政放权，创新监管方式，增强政府公信力和执行力，建设人民满意的服务型政府"。开展"放管服"改革，成为进一步优化营商环境、激发市场主体活力的关键所在。国家市场监督管理总局发布的数据显示，我国市场主体总量实现历史性突破。截至2022年8月底，登记在册市场主体达1.63亿户，相比2012年底的5500万户，净增超1亿户。

其中，企业从 1300 多万户增加至 5100 多万户，接近美国和欧盟企业数量之和。尽管市场主体不断增加，但市场监管机构却需要向"违法严惩，无事不扰"的方向发展，在减轻企业负担的同时加强事中事后监管，建立更加公平有序的市场环境。因此，监管机构要不断加大对监管机制与监管方式创新的投入，市场监管数字化就是其中的发力点。从机构职能来讲，市场监管部门机构改革后，新成立的市场监管局整合工商、质监、食药监、物价、知识产权等部门的原有相关职能，以相互协作的形式将市场监管机制升级为大市场监管机制。这在过去是不敢想象的。庞大的部门机构、庞大的业务量、庞大的服务对象、庞大的数据库资源，如果没有信息化的助力是难以运行的。信息化发展到今天，为统一监管市场提供了技术支撑。同时，机构改革也为智慧化监管提供了广阔的舞台。以往各条线都开展过信息化建设或开发过自己的业务系统，辐射人群不同、辐射业务不同、开发程度不同。如今，亟须将各类系统和平台进行融合和集中开发，重塑智能化、数字化的监管模式。智能化水平不高的平台可以借此机会改造，基层微细胞未覆盖的可以借此机会覆盖，人员认知不足的可以借此机会开展培训，全领域、全过程、全行业打通壁垒，让整个市场监管智慧化内核实现软硬件全面升级，让聚集到市场监管部门的海量数据发挥作用，实现用数据监管、用数据决策、用数据创新，不断提高市场监管能力和服务水平。

市场监管数字化是落实"放管服"改革的有力举措。新技术赋能市场监管数字化的实践已跟随"放管服"改革全面展开。随着市场主体数量井喷式增长和"互联网＋"催生的新业态愈发增多，传统小市场环境下的监管模式难以为继。为此，李克强总理在 2015 年全国推进简政放权放管结合职能转变工作电视电话会议上特别指出，要创新监管机制和监管方式，积极运用大数据、云计算、物联网等信息化手段，探索实行"互联网＋监管"模式，推进智能监管。之后，在 2018 年 10 月的国务院常务会议和 2019 年《政府工作报告》中，他又强调，要推进"互联网＋监管"系统建设。

同时，"十四五"规划也对市场监管能力现代化做出部署要求。在党中央的重视下，国务院以及国务院办公厅等先后出台了一系列政策文件，规划、引导和规范"互联网＋监管"系统建设。目前，国家"互联网＋监管"系统有序推进，已形成以国家政务服务平台为基础，包括企业登记注册系统、国家企业信用信息公示系统、直销监管系统、网络交易监管系统、产品质量安全监管系统、食品安全监管系统、认证认可检验检测系统等在内的中央层面市场监管数字化架构体系。促进市场监管数字化的代表性政策文件见表9-1。

表 9-1 促进市场监管数字化的代表性政策文件

时间	政策要点
2017 年 1 月	国务院印发的《"十三五"市场监管规划》提出，"依托互联网、大数据技术，打造市场监管大数据平台，提高市场监管数字化水平"
2018 年 11 月	国务院办公厅印发的《关于加快"互联网＋监管"系统建设和对接工作的通知》提出，加快建设本地区本部门"互联网＋监管"系统，按要求与国家"互联网＋监管"系统进行对接，尽快实现各地区各部门重点监管数据的归集共享，共同推进国家"互联网＋监管"系统建设
2019 年 5 月	国务院办公厅电子政务办公室印发的《关于印发各省（自治区、直辖市）"互联网＋监管"系统建设方案要点的通知》提出，通过构建"互联网＋监管"系统实现规范监管、精准监管、联合监管和对监管的监督
2019 年 5 月	《国家药品监督管理局关于加快推进药品智慧监管的行动计划》提出，加快推进药品智慧监管，构建监管"大系统、大平台、大数据"，实现监管工作与云计算、大数据"互联网＋"等信息技术的融合发展
2019 年 9 月	《国务院关于加强和规范事中事后监管的指导意见》提出，充分发挥互联网、大数据、物联网、云计算、人工智能、区块链等现代科技手段在事中事后监管中的作用，深入推进"互联网＋监管"
2021 年 3 月	我国发布《中华人民共和国国民经济和社会发展第十四个五年规划和2035年远景目标纲要》，提出"健全以'双随机、一公开'监管和'互联网＋监管'为基本手段、以重点监管为补充、以信用监管为基础的新型监管机制，推进线上线下一体化监管。严格市场监管、质量监管、安全监管，加强对食品药品、特种设备和网络交易、旅游、广告、中介、物业等的监管，强化要素市场交易监管，对新产业新业态实施包容审慎监管"

9.1.2　数字经济发展为市场监管数字化带来新命题

放眼望去，大量的市场主体正在有意识地进行数字化、智能化变革，绝大多数行业把智能化、数字化当作生命线来看待，为此投入了大量的人力物力，相当多企业的信息化建设处于国际先进水平。如今，政府监管对象及其活动形态日趋数字化，生产在智慧化、经营在智慧化、消费者行为也在智慧化。网约车、共享单车、共享民宿、直播等新业态不断涌现并快速扩张，传统监管方式无法适应"互联网 +"业态的监管需要。同时，新技术与经济社会活动深度融入的同时，也日渐成为市场监管数字化的重要技术支撑。形势呼唤智慧监管，监管者的数字化水平应领先于市场。作为监管者的市场监管部门的监管系统如果此时还停留在一些浅在层面，被监管对象比监管者还"先进"，有些领域就会成为监管盲区。对此，市场监管部门应全面推进智能化、数字化，畅通市场主体与监管部门的智慧监管通道，加强大数据汇集、分析和应用，开发更多智能化、人性化的便民系统，以智能化手段防范、预测市场违法行为，以智能化工具获取隐蔽违法线索，以科技助力不断进化的市场生态。

9.1.3　数字政府建设为市场监管数字化创造良好条件

市场监管数字化必须建立在数据共享与互联互通的基础上，政府条块间纵横交错的信息化架构成为数据传输和共享的基本条件。同时，市场监管数字化符合政府治理现代化的内在要求。过去十几年是信息化建设与市场监管部门初级融合的阶段，即便如此，市场监管部门也取得了巨大的社会效益。门户网站的出现，促进政府信息公开进程，无纸化办公系统提高了内部公文流转速度，从总局到地方的多级视频会议系统将工作安排秒速传达至基层。近些年，全程电子化登记系统、企业信用信息公示系统、食品追溯系统、大数据分析系统……这些智能化、数字化工具纷纷上线，与市场主体、与老百姓亲密接触，展现了智能化、数字化监管的强大生命力，不仅惠民、利民、便民，还为市场监管部门积累了海量的数据资源，为深化科技型市场监管奠定了基础。

9.2 理性认识数字技术对市场监管带来的深刻变革

如今，各行各业都在加快智能化、数字化的步伐，运用数字技术提升政府服务监管效能也逐步形成趋势。当前，理论界与实务界对监管能力的关注主要集中在监管者与监管对象信息不对称、监管手段落后、队伍参差不齐等方面，对数字技术在提升监管能力、优化治理结构等方面的作用缺乏前瞻性洞察，对其带来的颠覆性的变革缺乏认识。

9.2.1 增强监管主体履职能力

数字技术渗透于人们日常生活的各个方面，一个拥有多元类型的市场监管数字化体系对维护市场秩序具有重要意义。市场监管系统使政府监管工作不必时时处于紧绷状态，政府可以抽出更多的精力对市场进行宏观把控，协调处理好各监管主体的作用。与此同时，其他主体也应该发挥自己的作用，积极履行监督监管职责。被监管主体应该依法履行社会责任，将目标放长远，追求长期利益，实现可持续发展。因此，以政府为主导的多元市场监管系统将发挥越来越重要的作用。另外，主动了解并学习互联网思维，有助于政府更好地对各种新兴行业进行监管，缓解"互联网焦虑"。积极利用新技术带来的优势和便利，对市场监管职能中原本缺乏的部分进行"补充"，对工作错误的部分进行"纠正"，从而重构市场监管职能体系，实现"互联网＋监管"和"监管＋互联网"的有效融合。

9.2.2 提升监管权力配置效能

数字技术是一个开放的经济领域，当我们组建多元类型的监管体系时，必然涉及政府权力向其他监管主体的过渡，如何有效过渡、合理分配，最大限度地节约政府成本且不影响监管，需要尽可能发挥社会群体的力量。政府监管的权力配置要合理，要以公平和效率为导向。为了适应日益复杂的跨领域监管，提高协同管理能力，横向管理分配必须事先说明利害关系，权衡好权力与责任的关系。在纵向监管权力的分配上，各地域自然环境、人文环境、政策环境差异较大，因此，这就需要协调好中央与地方政府之间的关系，在中央的领导下，尽量给予地方政府自主权，因地制宜，给予空间，方便各级政府能够施展相应的政策。数字技术拉近了人与人之间的距离，信息的流动也在加快，打破了各部门"数据孤岛"的现象，有利于构建多元类型的监管体系，使监管权力配置更合理。

9.2.3　推动监管手段智能高效

避开传统监管手段盲区。市场是不断变化和发展的，不存在一劳永逸的监管方法，监管需要依据市场的动态变化不断予以调整。电子商务的普及使经营主体的数量剧增，这给监管带来了一定的困难，数字技术可为市场监管带来新的可能性。虽然政府无法监管市场的方方面面，但可以强化平台企业监管，再由平台加大对用户的监管，采用分类别、分方式、分区域监管方式对不同的对象进行监管，提高监管效能。为了规范监管的执法手段，采取"双随机、一公开"等新型监管方式，以常态化监管代替随意检查及任性执法。与之前的内部软性监管考核和市场导向的监管激励机制相比，此阶段应以责任约束的监管机制为核心，把监管问责深入领导干部的考核中，落实监管执行力度。通过信息披露制度和信用监管手段，促使市场监管转变成为全民监管。

革新粗放式行政检查手段。随着数字化浪潮的到来，新技术为市场主体带来更强的数据采集能力和数据加工能力，以满足个性化需求，最大化满足用户需求。与此同时，以利益的考量为导向，可能会借助技术赋能来隐藏产品的部分信息，对用户做出"钓愚"的行为。正如史普博所言，在不对称信息环境下的监管成效主要取决于监管手段是否加重了市场中信息的不对称。所以数字化时代的市场监管，应该通过新型数字技术监管手段，最大化降低市场中的信息不对称性。但是，仅仅通过分片区、划网格、包商户来巡查巡视，运用运动式专项执法检查的传统监管手段，难以满足数字化时代的市场监管需求。有限的监管力量使运动式专项执法检查无法长期取得成效，且在一定程度上助长市场主体的投机心理。

9.2.4　提升监管环境适配程度

制度可以为创新行为提供可能的生长空间。面对瞬息万变的市场环境，市场监管具有一定的滞后性，强有力的制度保障能够避免企业野蛮生长的情况出现，也能有效实现市场监管从被动治理到主动应对的转变。"互联网＋监管"采取的是线上线下同步进行的方式，原有的线下的监察制度对于现在的监管方式来说并不适配，制度环境也需要及时更新。因此，完善市场监管数字化发展相关的制度体系，有利于充分发挥数字技术对市场监管的支撑作用，营造科技支撑市场监管的良好环境。

9.2.5　平衡市场和监管的关系

信息时代的蓬勃发展造就了互联网的空前繁荣，各国之间的经济联系愈加紧密，互联网催生的各种新鲜事物也在督促互联网监管体系及时更新，互联网的普及也给其本身的监管带来了更多的变化。在这个过程中，回应性监管、自愿性监管等新一代互联网监管模式，渐渐在互联网监管领域中占据不小的地位，不再只有单一的政府强制性监管，这丰富了互联网监管的类型，有利于寻求市场和监管的平衡。然而，互联网监管形式的多样化并不意味着政府的监管可以放松警惕，流于形式，政府的监管也应与时俱进，不断更新现有的监管体制，及时去除不合时宜的监管方法，从盲目的、不成熟的事后监管向目标、条理清晰的事前监管转变。

9.3　阻碍数字技术在社会治理应用中的关键瓶颈

数字技术正在深入市场的监管中，成为市场监管的有效工具。例如，企业在生产中接入传感设备，实时获取生产的核心数据，支撑产业链决策分析，以提高市场分工的稳定和安全；在企业和产品进行信息交叉比对时，数字技术可以及时识别异常，及时发现违规违法行为；实施第三方监管，为市场、消费者、企业搭建沟通桥梁，完善评价机制，不断降低政府监管成本和企业合规成本。

9.3.1　数字化赋能市场监管的重要作用认识不足

数字化赋能市场监管过程中存在以下不足。**一是认知模糊。**大数据、物联网和人工智能等数字技术赋能市场监管、推动其智能化发展的作用没有得到充分认识。以大数据为例，对"领导干部大数据思维"的抽样调查结果表明，一些领导干部尤其是县处级及以下的基层领导缺乏对大数据的认识，一些人认为该技术过于高端难以实现，并且与政府管理工作关联不大，忽视了大数据对提升市场监管效能的作用。**二是认知片面。**没有意识到数字技术的出现将对传统的人工监管模式产生颠覆性、革命性变革，没有注意到技术背后可能带来的数据安全、个人隐私和算法歧视等问题。路径依赖是认识不足的重要原因。传统市场监管以人工为主，主要凭借行政审批、行政检查、行政处罚与行政强制等手段对市场进行监管，监管数据的采集、整理、分析与应用主要由人工完成，整个监管过程很少涉及数字技术应用。在市场监管中引入新技术，往往需要投入大量的时间和精力熟知其使用方式，因此，相关人员更习惯依赖传统方式开展市场监管。

9.3.2　数字化赋能市场监管的基础条件有待提升

当前，我国政府数据共享尚处于减少认证、业务协同、提升办事效能的发展阶段，市场监管数据共享机制尚未建立，"数据孤岛"与"信息烟肉"的现象仍普遍存在。2018年机构改革中将原工商、质检、食药监与反垄断职责整合，组建了国家市场监督管理总局，但各地在相关职能整合前，都是原有机构委托第三方建设各自的监管系统，监管数据较为分散。同时，国家层面尚未对各级监管机构的数据采集、存储、共享和使用权限加以明确界定，不同层级该集中哪些数据尚不清楚，致使监管系统跨层级数据共享面临挑战。

市场监管数据共享机制有待完善，是多重因素综合作用的结果。根据宪法和行政组织法的相关规定，我国行政组织结构是由纵向层级制和横向职能制组成的科层体制，主要特征是上下职务等级严明和水平职能分工明确。目前，市场监管组织架构包括总局、省局、地市局、区县局和基层市场监管所，市场监管建制融入了乡镇街道。这种纵向层级使监管数据传递链较长，加大了监管数据共享难度，而横向职能分工又将市场监管数据分散到多个不同的机构，部门壁垒林立，致使横向部门间难以共享数据。此外，虽然目前我国出台的《政务数据资源共享管理暂行办法》《政务信息系统整合共享实施方案》《关于加快推进"多证合一"改革的指导意见》等政策文件对政府数据共享做出规定，但市场监管数据共享机制的建设仍需强有力的法律支撑。

新型基础设施建设（以下简称"新基建"）是相对机场、公路、铁路、桥梁等传统基础设施而言的，主要包括5G、人工智能、大数据中心、工业互联网、物联网等基础设施建设。新基建作为基础设施建设的高阶形态，可为经济社会活动相关要素的虚拟空间配置提供智能化的支撑，并有力助推国家治理现代化。在新技术赋能市场监管数字化的进程中，新基建不可或缺。5G的高速率、低时延、大容量特点，使市场监管中的数据传递更加便捷高效；政务云可存储海量数据，推动市场监管数据资源纵横贯通和共享共用；人工智能则可以更好地模拟构建市场监管模型，主动研判、预警并发现违法违规线索。从需求视角来看，新基建的建设规模尚需进一步扩大，交叉融合有待进一步深化，技术扩散也有待进一步加强。例如，中西部地区的大型数据中心仍然较少，人工智能技术的应用尚较粗浅，难以支撑市场监管数字化的快速发展。

9.3.3　新技术赋能市场监管数字化应用场景不足

如何将新技术推广应用到市场监管的各个场景仍是数字技术赋能市场监管数字化发展的一个关键问题。从理想的角度分析，新技术赋能市场监管数字化将使人工智能等新技术融入市场监管的各个环节、各个流程中，实现市场监管效能全方位提升。例如，大数据可以帮助企业描绘用户大数据画像，物联网技术则可以实现产品数据的实时感知，人工智能可以用于帮助实现无人"智能审批"，区块链技术可以在身份认证、电子证照等场景中发挥作用。

但在当前的市场监管实践中，数字技术尚未深入应用到各个场景中，其潜能还远未充分发挥。例如，一些监管部门仅收集企业登记、备案、公示的相关数据，并没有全面地整理、分析其他监管数据，无法形成"信息公示、风险分类、随机联查、结果告知和联合奖惩"5个环节相互关联的监管闭环。区块链技术也面临相似问题，虽然中央一直强调要加大区块链技术自主创新力度，但实质性的探索尚不多见。

技术能力和经费投入不足也是新技术赋能市场监管数字化的应用场景不够的原因之一。当前，一些新技术公司已凭借技术优势，逐渐将数字技术运用到市场监管治理中并取得良好成效。例如，在调解纠纷上，阿里巴巴面临商家与消费者纠纷时，选择采用大众评审等方式来调解纠纷；在产权保护上，阿里巴巴开发"阿里知产保护科技大脑"，用人工智能技术识别治理假货。鉴于此，监管部门应与这些公司开展深度合作，共同开发新技术，以提升技术对市场监管数字化的赋能作用。此外，庞大的资金是数字技术应用到各个场景的先决条件，市场监管应用新技术需要大量的资金投入，监管平台建设也需要经费支持。例如，为实现食品药品监管智能化，山东省食品药品监督管理局实施的"智慧监管"工程建设已累计投入资金上亿元。

9.4 加快推进市场监管数字化的多维进路

当前，市场监管在数字技术应用中面临的多重挑战，主要来源于观念层面、机制层面和制度层面形成的壁垒问题，而非技术层面的问题。只有探寻行之有效的应用路径，才能更好地应对数字化发展带来的挑战，清除市场监管创新中的诸多障碍，实现数字技术和市场监管的深度融合。

9.4.1 充分认识新技术对市场监管的赋能作用

科学认知是现代治理的基础。在"产业技术革命给人类生产生活带来巨大影响"的背景下，需要正确看待新技术对市场监管的积极作用，以思维方式变革，适应新技术的发展要求，加快市场监管的数字化进程。知识的积累沉淀是充分认识新技术赋能作用的关键因素。因此，政府部门的工作人员要不断学习充电、及时更新知识与观念、紧跟时代步伐。具体到市场监管部门，应更多采取现场教学的方式，推动相关人员加深对新技术的正确认知，并逐步形成"以创新求发展、向科技要创新"的良好意识。

9.4.2 构建纵横联动的"全国监管信息一张网"

强化多主体跨界协同监管。跨界治理是一种强调纵横交错、多元互动、网络运行的合作性管理理念，是不同治理主体为应对复杂公共问题，寻求多方利益最大化，跨越原有地理区域、行政层级、公私领域、组织部门的限制，综合运用协商沟通机制，建立信任，凝聚共识，一致行动，把利益相关方的资源力量聚合到跨界行动网络中，建构一套整体协作的跨界治理体系。以跨界治理理论为指导，打破市场监管"数据孤岛"与"数据烟囱"并存的状态，构建横向互联互通、纵向贯通到底的"全国监管信息一张网"，打造全国统一的"互联网＋监管"系统。在横向上，实现政府部门之间、政府与社会组织的有效协同；在纵向上，实现不同层级之间的监管数据互联互通，构建顺畅的监管数据流动网络。由此可见，跨界治理理论在市场监管领域有较强的适用性，可以有效指导全国监管信息网络建设，实现监管数据跨部门、跨区域、跨层级和跨主体流通。

推动跨部门、跨区域、跨层级数据共享。在跨部门、跨区域维度上，强化数据共享政策供给，在完善监管数据共享流程、标准的基础上，引导各类监管数据无缝链接，使区域内每个部门都能与其他部门进行监管数据联通共享。构建监管数据共享监督考核机制和激励机制，通过政策支持、经费支持等措施，提高部门间推动监管数据共享的积极性。在跨层级维度上，通过厘清各层级监管职责，完善上级部门向下级部门的数据授权"返还"机制，破除层级间数据壁垒。在跨主体维度上，应以"共享为原则，不共享为例外"，引导各类主体间相互开放相关数据，构建政府部门和社会、市场主体有效互动的数据采集、共享和应用机制，进而构建"全国监管信息一张网"。

统筹协力推进新型基础设施建设。总结我国改革开放以来取得的伟大成就，不难发现坚持基层探索与顶层统筹相结合非常重要。基层探索实践可以提供源头活水，顶层统筹擘画则可以凝聚多方力量，协调多方关系，有效形成实践合力。新基建是一项关乎经济社会全面发展的重大工程，做好市场监管的新基建同样重要。为避免分散重复建设，有必要整合利用好各种资源，形成"全国监管信息一张网"的良好局面,应对市场监管领域的大数据中心、物联网、人工智能等基础设施建设，开展科学规划和合理布局。例如，在具有人才与技术优势的区域，建设人工智能中心；在电力资源充沛稳定、地质条件优越、气候适宜的地区，建设大型、超大型数据中心。

9.4.3　拓展新技术赋能市场监管数字化的应用场景

发挥数字技术赋能市场监管数字化的关键，在于将应用场景的拓展落实到具体实践中。

如上文所言，新技术在监管数据采集分析、信用评估、智能审批、风险研判预警、分类监管、联合惩戒等方面均具有应用潜力。例如，将区块链技术应用到食品药品市场监管之中，通过将监管对象的所有数据记录在案，可精准监测监管对象，一旦食品药品质量出现问题，即可进行溯源倒查。对于监管部门而言，如何推动新技术应用是必须研习的重要课题。为此，监管部门可将监管实践经验和新技术研发有机结合，推动新技术有效植入市场监管的现实需求中，拓展市场监管数字化应用场景，推进市场监管智能化发展。

此外，监管部门应树立"多元监管""协同监管"的理念，与多个平台企业开展深度合作。近些年，平台企业基于政府监管的压力和商业竞争的需要，积极运用新技术监管平台商家与商品。例如，上海市长宁区市场监管局与大众点评网等平台合作，根据大众点评网的用户评论，制订"餐饮企业食品安全负面评论关键词搜索清单"，包括"腹泻""脏乱差""过期食品"等关键词，并定期对大众点评网提供的数据进行关键词搜索，以加强线下食品安全和线上网络订餐监管，有效采用大数据技术实现精准监管。深圳市市场监管局与阿里巴巴签订"共建网络市场政企协作治理机制合作备忘录"，双方通过建立大数据信息交互通道，共享双方的经营者主体信息、消费投诉信息、违法违规信息、风险监测信息等，将应用场景拓展到守信联合激励和失信联合惩戒等信用监管之中。在新冠肺炎疫情期间，长沙市开福区市场监管局选择与美团、饿了么等平台合作，通过大数据技术挖掘分析平台订单，有效评估食品安全监管中的风险点，实现市场风险提前预警。上述种种合作，有效缩短了市场监管数字化应用的探索周期，快速拓展了新技术的应用场景，促使市场监管智能化水平大幅提升。

9.4.4 提升市场监管数字化发展的要素保障

人力资源是市场监管能力提升的前提和主导性要素，对市场监管数字化水平具有决定性影响。此外，政府作为一个行政组织，维持存续和实现职能，必然离不开一定的资源投入。因此，为切实推进新技术赋能市场监管数字化，必须提供充足的人力与财力支持。

加大监管部门对新技术人才的引培力度，不断提升监管部门对新技术的应用能力。 在新技术人才引进方面，新技术人才门槛高，可替代性较弱，存在供不应求的现象，更容易选择薪酬回报丰厚的企业，而监管部门普通公务员的职位未必受到青睐。《中华人民共和国公务员法》中聘任制公务员制度设计，正是对此类问题的回应。因此，应充分利用聘任制公务员制度，在监管部门设立相应的聘任制公务员岗位，加大与人才市场接轨力度，开具有竞争力的薪酬福利待遇，以吸纳各类新技术专业人才。此外，可设立相应的技术专家委员会，吸纳高科技企业技术领军人才，担任市场监管部门的特聘顾问，协助监管部门大幅提升新技术的应用水平。在新技术人才培育方面，与相关院校加强合作，以需求为导向，采取"订单式"培育新技术专业人才。

在财政经费投入上予以大力支持。 资金预算是监管智能化过程中的重要保障，可为各类智能化监管平台建设和人才培养提供坚实的支撑。只有提供充足的资金保障，才能让数字技术实现赋能作用的最大化，更加广泛地应用于信用监管、精准监管和公正监管等不同场景中。但是，政府财政经费不足以充沛到可满足所有需求。为提高资金的使用效率，财政专项经费的使用应坚持"择优而为"的原则。支持将监管智能化平台、系统和应用能力建设经费纳入各级财政预算予以保障，对于具有快速提升市场监管效能，积极回应公众对安全、品质的需求，抢占全球科技竞争制高点等方面具有诸多益处的技术应用，在财政经费投入上应优先支持。对于确实因资源禀赋差等客观原因造成财力较弱的地区，中央政府部门应加强统筹力度，利用扶贫等多种手段予以支持。

第十章

社会治理：
城乡数字治理日益深入

在社会治理数字化改革的进程中，科技在整个过程中发挥着不可替代的作用。5G、大数据、人工智能等技术正在融入日常的社会管理中，成为现代科技嵌入社会治理的重要载体。数字技术能够通过突破社会沟通的时空壁垒，凝聚多元治理主体，实现协同式社会治理；同时，通过破解信息碎片化问题，诊断出复杂多元的治理事项，实现精准的社会治理。加快推动数字技术在社会治理中的应用创新，对新时代提升社会治理能力和水平具有重要意义。本章对社会治理数字化应用创新的新要求、新形势、新问题做简要概述，并提出发展建议，以便更好地推动社会治理数字化取得更大的发展。

10.1 对社会治理数字化发展的理解和认识

在社会治理变革的过程中，科技是其背后的助推剂。党的十九届四中全会通过的《中共中央关于坚持和完善中国特色社会主义制度、推进国家治理体系和治理能力现代化若干重大问题的决定》明确提出，"完善党委领导、政府负责、民主协商、社会协同、公众参与、法治保障、科技支撑的社会治理体系"，首次将"科技支撑"纳入社会治理体系中。党中央的这一转变，我们不难看出科技将在社会治理应用上攀登新的高度，这也凸显了科技在推进社会治理制度改革上所拥有的巨大作用，彰显了以高新技术为主，提升社会治理能力的正确方向。

社会治理数字化就是要将高科技手段运用到社会治理体系中，将数字技术全链条、全周期融入社会治理，以科技为基础创新社会治理模式，以期提高社会治理在不同场景下的能力，从而使生产力和生产方式得到极大改善，从根本上使社会治理变得更加精准和融洽。以数字技术为代表的高新技术正潜移默化地改变着人们的生活，也促进了社会治理数字化的发展。特别是在"十四五"时期，数字技术将不可避免地成为推动社会治理现代化进程最富有生机、最符合时代发展潮流的手段，如何更好地将数字技术融入社会治理体系，切实提升社会治理智能化水平，是亟待深入研究的理论命题和实践课题。2020 年以来我国社会治理数字化相关文件见表 10-1。

表 10-1　2020 年以来我国社会治理数字化相关文件

编号	时间	名称	主要内容
1	2020 年 6 月 28 日	《中共杭州市委关于做强做优城市大脑 打造全国新型智慧城市建设"重要窗口"的决定》	深入贯彻习近平总书记考察杭州城市大脑时的重要讲话精神，集成应用大数据、云计算、区块链、人工智能等前沿技术，全面汇总整合全市各级各部门的海量基础数据，推动系统互通、数据互通，促进数据协同、业务协同、政企协同，打造直达民生、惠企、社会治理的丰富应用场景和数字驾驶舱，加快形成"一脑治全城、两端同赋能"的运行模式，不断完善城市治理现代化数字系统解决方案，奋力打造"全国数字治理第一城"，努力成为新型智慧城市建设的"重要窗口"
2	2020 年 7 月 15 日	国家发展和改革委员会等十三部门联合印发《关于支持新业态新模式健康发展 激活消费市场带动扩大就业的意见》	不断提升数字化治理水平。结合国家智慧城市试点建设，健全政府社会协同共治机制，构建政企数字供应链，以数据流引领带动物资流、技术流、人才流、资金流，有力支撑城市应急、治理和服务。探索完善智慧城市联网应用标准，推进京津冀、长三角、粤港澳大湾区、成渝等区域一体化数字治理和服务

编号	时间	名称	主要内容
3	2020 年 7 月 19 日	中央网信办等七部门联合印发《关于开展国家数字乡村试点工作的通知》	探索乡村数字治理新模式。促进信息化与乡村治理深度融合，补齐乡村治理的信息化短板，提升乡村治理智能化、精细化、专业化水平。推动"互联网＋政务服务"向乡村延伸覆盖，推进涉农服务事项在线办理，促进网上办、指尖办、马上办，提升人民群众满意度
4	2021 年 7 月 18 日	中共中央、国务院印发《关于加强基层治理体系和治理能力现代化建设的意见》	以习近平新时代中国特色社会主义思想为指导，坚持和加强党的全面领导，坚持以人民为中心，以增进人民福祉为出发点和落脚点，以加强基层党组织建设、增强基层党组织政治功能和组织力为关键，以加强基层政权建设和健全基层群众自治制度为重点，以改革创新和制度建设、能力建设为抓手，建立健全基层治理体制机制，推动政府治理同社会调节、居民自治良性互动，提高基层治理社会化、法治化、智能化、专业化水平

10.2 数字技术赋能社会治理的变革作用

数字技术作为第四次工业革命的重要成果给社会治理提供了新的方案和新的路径。在空间维度上，数字技术可以突破地域的限制，将之前传统治理的短板补齐，并且释放出巨大的治理效能。在时间维度上，信息是否能够及时传达、处置结果是否有效是数字化社会治理的特征，而数字技术恰在处理数据和数据流通的速度方面具有独特的潜能和优势，将使社会治理的速度得到改善。

10.2.1 通信网络推动社会治理愈加泛在智慧

5G 网络、物联网、宽带网络是信息流动的"高速公路"。如果信息高速公路建好了，则可以扩大社会治理的覆盖面，实现社会万物互联、广泛连接、智能感知，全方位地把控社会的各个方面，将之前触及不到的方面纳入管理。以城市治理为例，随着 5G 大规模部署和物联网的广泛应用，全面感知、交叉互联、智能判断、及时响应、融合应用的"数字孪生城市"已经形成。数字孪生城市可以推动数字城市与现实城市同步规划、同步建设，使城市空间结构和基础设施得到极大的改善，即使在资源消耗总量减少的情况下，也不会对城市的运行造成不利的影响。同时，5G等数字技术以其特有的技术优势可以改善地区的经济发展水平，提高人口的融合汇聚能力，开创网络化共享、协作开发的新局面，已初步形成社会治理新模式。

10.2.2 大数据推动社会治理愈加精细科学

大数据应用于社会治理中，不仅能够丰富信息的获取渠道，保证数据的真实性与实时性，还可以提升社会治理的精细化，使治理成本随之降低。如今，面对风险监测、政府办公、公共服务、紧急情况响应等社会治理数据日趋海量化的发展趋势，利用大数据技术可以使治理决策的前瞻性、科学性、合理性得到有效的保证，使传统的"依靠经验治理"向"依靠数据精准治理"转变。

新冠肺炎疫情暴发后，我国政府能迅速控制住疫情，除了政府的努力以及人民的配合，其背后也有大数据技术的助力。在大数据技术的支撑下，政府能及时掌握风险数据库和风险分布地图，快速处理突发紧急事件、精确评估灾情、快速联合处置。

在反贪反腐建设方面，大数据的重要作用也得到凸显，纪检部门可将群众举报的问题和明察暗访发现的问题等归集成数据库，从数据中提炼有价值的信息，将廉政风险点进行总结，进而颁布相关措施，从而防微杜渐，以此来开展防腐败斗争，减少腐败事件的发生。

未来，随着人们对于大数据技术及应用认知的进一步加深，政府的舆情预警、决策水平、社会互动水平将不断提高，以大数据为基础的社会化数字管理将在人类社会中发挥愈加重要的作用。科学的分析、决策、处理将成为常态化，社会治理的精准程度和预防性将得到极大的提高。

10.2.3　区块链推动社会治理公信力有效增强

在众多数字技术中，区块链技术是一项非常热门的高新技术，它本身具有的战略性和前沿性为社会治理路径创新带来新的机会。例如，能从组织结构、主体地位、社会信用、治理效率等方面解决数据泄露和信任危机等，驱动社会治理创新。从此次新冠肺炎疫情中我们可以看出，基层社会治理尤为关键，区块链技术具有共识性、可信性、共享性、自发性等优势，其多重特性与基层社会治理"公共性信任"的价值追求相契合。借助区块链能建立信任网络，适用于多环节、多方协同参与的场景，促进社会管理从单元向多元的转换。

10.2.4　人工智能推动社会治理愈加协同高效

人工智能是社会治理现代化改革进程中的主要着力点，共治、法治、标准、规则逐渐成为数字化治理的标签。社会治理体系在人工智能时代也有了转变，以往政府组织、社会组织和经济组织主要担任社会管理的职责，而如今每个个体都能作为管理主体参与到社会治理中，进一步提升了社会治理的政治认同感和凝聚力。作为一项辅助技术，人工智能可以在一定程度上缓解政府在及时有效回应公众多样化和个性化需求方面的压力，从而改善社会治理的服务水平与效率。例如，运用人工智能可以更加便利、智能化地对公路、铁路、电力、通信、桥梁等基础设施进行管理，以人民群众的切身利益为出发点，进一步提高公共设施的服务水平，使其能够更好地满足社会公众的需求。以 5G、云计算、大数据等高新技术为基础，将人、机、物更好地串联在一起，实现三者之间的有效互动，能进一步提升公共设施的综合服务水平。

10.3　数字化变革社会治理的发展趋向

21 世纪，新兴产业异军突起，科学技术发展迅速，以新一代信息技术为推动力的数字化变革正在世界各地迅猛发展。数字化变革不仅为传统产业注入新生机，也给各国政府在社会治理体系的搭建上提供了更多的选择。近年来，世界各地对于社会治理数字化变革的影响给予了积极的关注，并且很多国家将社会治理数字化作为国家数字战略的关键支点，对其投入了大量的人力、物力、财力。

10.3.1　数字化引领系统治理和源头治理

如今，政府需要考虑如何运用数字技术搭建适合本国国情的框架，将高新技术更好地融入国家治理体系之中，二者的融合对社会治理体制的全局性和系统性变革具有深刻影响，并且能够保证"事后治理"向"事前预防"转变。数字技术的蓬勃发展，不仅赋予了社会治理方式更多的变化，而且能够支撑起构建完备的整体治理框架，以科学、规范、有效的方式，引导有关部门对社会治理进行深入思考，开展社会治理数字化发展总体安排和系统筹划，以便充分展现我国特色社会主义治理体系的优势。同时，政府事务、监测预警、风险管控等基础能力在数字技术的支撑下，可以更加主动、精准地识别并分析问题，减少以往治标不治本的现象发生，助推社会治理重心从以救济为目的向以预防为目标转变。

10.3.2　数字化驱动社会治理模式呈现平台化变革

当前，社会治理体系平台化发展的趋势越来越明显，一些平台（例如，微信、支付宝等）方便了人们的日常活动，社会治理的一部分关键信息和节点已经逐步向数字平台转移，对于服务的过程、组织框架和外部的社会治理都有着很大的提升，并且有利于实施数字化协同治理和柔性化办公，这将进一步推动精简政府机构的步伐，推动政府机构的扁平化改革。通过数字化治理平台，部门与部门之间缺乏沟通的现状将会得到明显的改善，信息共享、数据互通、业务协同的局面将得到有效缓解，并且可以通过平台将社会的各个方面串联起来，为构建全方位覆盖、协同化办公的社会治理体系打下坚实的基础。政府部门通过搭建有效的信息传递渠道，建立快速响应的反应机制，减少了信息在中间层级的流动，加强了决策的及时性。

10.3.3　数据开放共享正加速构建社会治理共同体

数据现今充斥于人们生活的方方面面。通过数据的挖掘、集成，提炼出有价值的信息，对于政府、社会组织、公众等主体都非常重要。在现代化治理体系中，社会个体不再只是单纯的信息提供方，而是转变为社会治理主体，在数据分享者的基础上多了一个新身份。社会个体将基于他们的群体利益和价值观努力营造出人人有责、人人尽责的社会治理新局面。如今，面对社会各个主体对于各种数据的渴求，各个政府部门正在加紧制定数据确权、流通和交易等政策，力求建立规范、可靠的数据管理和交易体系。随着数据开放程度的进一步扩大，除政府之外的各个管理主体都可以通过分析数据获得所需的信息，这无疑有利于开创主体之间开放合作的新局面，且主体之间的交流也会随之增多，有效的沟通机制将初步形成，多元主体参与社会管理的协同机制将进一步完善。在社会治理数字化设定标准日趋完善的情况下，以数据为基础的多功能社会治理框架逐步被搭建起来。

10.4　各地社会治理数字技术创新应用竞相涌现

近年来，各级政府积极推动数字技术与社会治理深入融合，并在改革实践中涌现出一批值得推广的典型做法和经验，为后续推动社会治理数字化发展提供良好的借鉴。

10.4.1　人民内部矛盾逐步疏导调节

信访工作是党和政府为了倾听群众心声而构建的信息窗口，同时也是党和政府落实群众工作的重要手段。江苏省镇江市根据自身发展和群众需要，将"智慧信访"平台融入信访业务法规知识树，并在其中添加智慧辅助功能，帮助群众更好地运用"智慧信访"。一是该平台运用大数据技术，通过智慧识别等技术手段，将信访事项归集分类，实现信访事件的智慧判断、一般事件的自动办理、群众咨询的自动回复和政策法规的自动推送，实现信访事项办理、办结全过程"可查询、可跟踪、可督办、可评价"，并与手机信访App、社交软件等互联互通，使群众足不出户也能得到满意的服务，真正实现"让数据多跑路，群众少跑腿"。杭州市余杭街道充分利用流程自动化机器人和人工智能自然语言技术，实现街道和乡村信访工作的全程线上办理，在平台进行线上办理、数据化运作及存留电子档案。二是在社会矛盾纠纷调解应用中，各省、市、区（县）因地制宜地开展多种尝试，将人民调解、行政调解、司法调解有机衔接，多渠道化解矛盾纠纷，提升调解效率。吉林省运用区块链技术实现线上跨身份、跨部门、跨系统的诉讼运作，实现多方达成可信协作、可信诉讼协同，实现案件在审判执行过程的自动化办理，大幅降低当事人的诉累，减轻法官劳动，提高司法效率。浙江省舟山市定海区司法局依托省人民调解大数据管理平台，实现基层联动一体化人民调解，将自上而下分级过滤处置矛盾纠纷的全程跟踪闭环运行落到实处。

10.4.2 社会便民服务愈加便捷高效

各级政府采用现代科技实现对传统社会治理技术、手段、设备的改造升级，无缝对接社会便民服务，让政务服务渠道更便民、让服务供给更高效。**一是以微信等为代表的即时通信技术已深嵌社会治理实践之中。**重庆市南岸区搭建三级微信督办群，让市民实现在微信公众号进行"线上"点单，借助"互联网＋智慧城管"打通"信息壁垒"，实现了问题发现早、督办落实快、问题解决质量高的便民服务，大大提升了便民、利民、惠民水平。深圳市坪山区以微信端"@坪山"为基础，收集和分析民生诉求数据，开展政民线上互动，升级完善民生诉求系统，推动系统从事件受理分拨的单一平台逐步向综合能力平台转变。**二是部分地区开始探索以"一网统管"平台实现区域协同治理。**上海市推出"一网统管"系统，汇集 50 多个部门的 185 个系统、近千个应用，市、区、街镇三级联通的局面初步构建，覆盖经济治理、社会治理、城市治理的城市协同体系初步形成。广东省"数字政府"建设正逐步从"一网通办"向"一网统管""一网协同"延伸，筹备建设省级"一网统管"基础平台"粤治慧"，实现对省域整体状态及时感知、全局分析和智能预警。**三是政务新媒体让便民服务政策宣传更加有效。**各级政府紧跟时代潮流，贴近公众生活与喜好，用"时尚"的直观方式宣传政务信息。截至 2022 年 7 月，全国政府网站共 85890 个，其中地方 82674 个，国务院部门 3216 个。

10.4.3　社会治安防控日趋协同精准

以数字技术增强社会治安防控的协同性与精准性，是提高社会治理效力的有力保障。重庆市梁平区的香漫林小区布设了包括物业管理、图像识别、云广播、高空抛物监测、车辆管理在内的多种智能社区产品，覆盖个人、家庭、社区等多个场景，打通个人、家庭与社区的联系，为保障业主公共安全提供有力支撑。上海市宝山区大场镇推出"平安智慧社区"，以视频网和感知网对辖区所有小区视频监控进行联网全覆盖，代替传统安防的"高空鹰眼系统"。成都市锦江区研发"群哨智能电子红袖套"设备，该设备将定位、指挥调度、报警求助、蓝牙通话、应急照明等功能进行整合，提升了社会治安群防群治智能化水平。5G 技术以大带宽、低时延、高速率等特点进一步提升了"智慧警务"应用效能，让公众生活更舒心、社会治安更放心，助力公安部门提高社区安全监管水平。山东省烟台市公安局利用大数据、云计算、5G 等技术，将监控录像拍到的海量画面转到后台，将数据进行比对分析，为警方破获案件、缉拿犯罪嫌疑人提供关键证据；兰州市"智慧警务"平台安装在兰州黄河河道及两岸，实时采集所有动、静态画面，实现高清监控无死角全程实时回传；

深圳市基于自身发展的需要，以5G等科技为基础形成智慧派出所的新兴警务模式，在该模式下实现利用无人机进行巡航、警用摩托车巡逻、可视化处理等功能，形成让犯罪分子无所遁形、警察无处不在的新兴安保格局。

10.4.4　公共安全维护日渐完备有序

近年来，以"雪亮工程"为代表的公共安全技术应用广泛普及，这些公共安全技术可以帮助识别社会风险，降低社会治理成本，升级公共安全能力，提升"流动性社会"治理现代化水平。济宁市兖州区以网格化管理信息系统和"雪亮工程"视频系统为技术支撑，创新"综治中心+"，不断拓宽"雪亮工程"应用范围；成都市郫都区依托"大联动·微治理"平台，对"雪亮工程"、人脸识别、"天网"探头及环保、学校、医院、商场等视频数据资源进行"云整合"，有效提升公共安全视频数据利用率；广东省东莞市开发使用统一的"智网工程"信息系统，实现政务数据资源、公共安全视频资源的大汇聚，建立"二标四实"基础数据体系，为公共安全提供有效的数据支撑；浙江省温州市根据自身所处的临海位置及群众需要，建设了应急管理智慧化系统，绘制了智慧应急"一张图"，将一些自然灾害纳入智慧应急系统，使群众能够及时规避台风暴雨、洪涝灾害等。另外，生产经营、道路交通、海洋渔业船舶、城市燃气等诸多领域也被纳入其中，初步形成"空天地海一体化、部门数据一体化、二维三维一体化、预警决策一体化"的大数据库和应急管理数据中心，对应急风险精准智治，大幅提升预测预警预报和指挥救援能力。在应对台风"黑格比"的防御工作中，智慧应急"一张图"发挥了重要的作用，为防汛防台指挥决策、抢险救援提供了科学高效的技术支撑。

10.4.5　城乡基层社会治理日新月异

基层是国家运行的基础，因此，基层管理在国家治理体系中尤为重要。近年来，各级政府以智慧城市、智慧社区应用为重点，推动城乡基层治理数字化水平大幅提升。**一是智慧城市为保民生、保稳定、保增长积极贡献力量。**以"城市大脑"与各类 App 为代表的应用软件技术为基层社会治理添光溢彩。例如，天津市滨海新区中新天津生态城探索以智慧城市运营中心为大脑，形成主动式、预防式和前瞻式的创新城市社会治理，以多种智慧应用支撑智慧城市构建。浙江省杭州市以资源整合和信息共享为支撑的城市"大脑"，构建"大脑"中枢、部门系统和区县平台"三位一体"的架构体系，力求破除行政业务协同"数据壁垒"，实现跨领域、跨区域和跨层级的数据归集与互联共享，为上层数据智能应用提供基础数据支撑，实现各级各部门的信息共享和工作联动，100 余个数字驾驶舱有效支撑基层社会治理。**二是智慧社区深入民心，城乡基层是社会治理的基本单位。**例如，新冠肺炎疫情期间，社区防疫系统顺势而变，转换了过去的协作模式，将社区群众组织起来，在疫情防控期间形成了一道坚实的防线。成都市郫都区按照"街巷定界、规模适度、无缝覆盖、动态调整"的原则，将全区优化调整为区综治办牵头的一张网、589 个网格。网格结构的科学划分确保了"每一寸土地都有人管，每一项任务都有人落实"。江苏省南京市栖霞区通过微信等社交软件实行网格化管理，由社区党组织主导，居委会、驻区单位、社区居民、社会组织和物业单位等多元主体参与，打破社区与居民之间的时空阻隔与信息不对称瓶颈，打破党群、干群之间的时空与心理隔阂，使党群、干群关系更密切。吉林省农安县面向不同群众，建立起包含指挥版 App、政务版 App 和民生版 App 在内的、全县统一的"农安长安"工程软件平台，让群众登录获取公益信息、监督举报、法律咨询、一键求助、信访诉求等要求变得灵活便捷。

10.5　阻碍数字技术在社会治理应用中的关键瓶颈

随着社会的发展、科技的进步，数据已经成为 21 世纪最重要的资源之一。因此，利用数字技术对数据进行比对分析、精准定位问题所在，成为加强社会治理的主攻方向。目前，大数据、人工智能、区块链等数字技术被广泛应用于智慧城市、公共事务管理等社会治理领域中，社会治理的数字化改革进程正在加速推进，但各项技术的开发并没有真正意义上成熟，各项应用仍处于探索阶段，要真正实现数字化治理还面临诸多阻碍。

10.5.1 数字技术应用社会治理的边界不明晰

虽然数字技术已遍布社会的各个角落，但对于如何使用这项高新技术，社会公众仍存在疑虑。我们在实地调研中发现，对于数字技术融入社会管理中，人们普遍存在两种顾虑：一是数字技术的应用可能会导致个人信息的泄露；二是对数字技术缺乏了解，担心贸然接触会带来不可控的损失。这两种情况从根本上说明了在数字技术的安全方面存在漏洞，在数据采集、管理、使用等方面出现了制度的真空，导致社会公众对于此类技术充满疑虑。因此，如何去除对于新技术应用的恐慌，是政府要着手进行的重要工作之一。

数字化社会治理并非将线下业务弃之不顾，相反，社会治理数字化追求的是"从线下到线上""从线上到线下"的双向拓展，这使社会治理的内容和内涵覆盖的面积较之以前更广，在这个过程中，社会和政府的关系也在潜移默化地发生改变，二者的距离无疑会变得更近，边界被进一步打破，这也给政府留出职能重构、制度重建的空间。但是关于如何改善政府、社会组织及个人之间的有效联通、互动和协同，从而重新界定主体间的权利和行为边界，成为数字技术时代社会治理中的一项新课题。

10.5.2 数据碎片化掣肘社会治理数字化发展

数据是社会治理数字化的关键要素。通过打破"数据壁垒"，浙江省杭州市对 12 万余名租房职工的 6000 多万元"租房补贴"实现"秒兑现"，顺利在网上协调解决了民事纠纷。即便如此，部门内各机构不同职责和权力也会导致平台在建设过程中面临多重领导，标准不统一，功能同质化，数据分散存储于不同的职能部门、街道、区政府等情况，数据共享机制尚未建立，数据共享依旧存在障碍，部门之间的"数据孤岛"情况有从"小孤岛"演化为"大孤岛"的趋势。特别突出的是，大多数地方基层信息化基础相对薄弱，很多业务尚未在线化、数据化，基本处于"缺数、少数、无数"的局面。在数字素养不足、技术能力有限等因素的影响下，基层工作人员一般以"一对一""点对点"的传统形式记录与报告，"重采集、轻分类、难使用"的现象较为突出，也使数据难以在不同部门间有效流动。

10.5.3　数字技术融入社会治理的协同性不足

数字化转型意味着社会治理向着更加智能化、精细化的方向迈进，但也意味着需要新一代信息技术与社会治理体制实现更深层次的融合。技术与治理体制融合在理论和实践方面依旧欠缺，因此加快厘清新一代信息技术与社会治理体系的关系并且搭建足够广阔的协同融合空间至关重要。社会治理涉及的范围广、领域宽、主体多元，相比在行政方面的应用，社会治理对于数字技术有着更高的要求，它需要在开放性、协同性、整合性方面更加突出才能满足社会治理的数字化要求。它具体体现在以下两个方面：一是在线政务服务功能并不完善，各地区各部门的政府门户网站的整合程度存在明显的差异，如何将线下办理事宜有效地转移至线上以及有机整合平台服务事项是现阶段面临的主要任务；二是社会治理的公共参与已从一种理念变为一种现实需求。新一代信息技术带来社会连通性的增强，有利于公众参与。目前，仍有一些地方政府对于社会治理有着片面的认知，认为社会治理依靠政府的管理职能，而常常忽略社会组织和公众的力量。在数字化治理体系中，政府、社会组织、公众等主体纷纷占据重要的地位，以政府为单一主体的模式已经不再适用于如今这个时代。对之前的社会治理来说，政府更多是依靠制度设计追求行政效率和服务改善，因此政府和其他主体之间的联系在一定程度上有所削弱，其他主体的作用受到了很大的限制。正因为如此，政府在社会治理方式选择上仍然以实现社会管控为主，从而限制了数字技术在社会治理领域的应用范围和可能性。而现代化治理体系需要推动政府实现自上而下的数字政府、智慧社区建设与城乡社会内部活跃的社区公共平台、自媒体等链接匹配起来，使公众关注的各类热点、重点、难点，拥有更便捷、更有效的表达渠道、空间、平台和机制，真正促进垂直和平行两个方向的数字化融合。

10.5.4 社会治理数字化亟须有效的约束机制

社会治理数字化发展给人们带来了便利，但同样也会产生一些负面影响，因此政府、公众越来越强调科技向善的重要性。由此可知，约束技术应用的负面影响是未来的必行之路。第一，社会治理数字化转型意味着要搜集数据、提炼信息，需要构建公共与私人边界的多重界定机制。从界定主体看，法律体系、政府部门、行业协会、平台企业、社会大众等都是重要的研究方面；从界定内容看，新一代信息技术参与社会治理的程序、方式、权限有必要予以明确。第二，社会治理的数字化转型涉及平台企业在治理中的角色问题，需要构建政府、平台、社会的良性互动机制。如何加强和创新平台治理，既发挥平台企业在社会治理中的积极作用，又避免公共价值的缺失，是构建政府、平台、社会良性互动机制的关键。第三，社会治理的数字化转型可能面临技术自身的局限性问题，需要构建多层次的技术防护和社会干预机制。信息技术产品往往携带自身的技术属性，可能带来治理灵活性的下降，难以应对各种复杂情境，技术应用的"最后一公里"需要更具弹性的制度予以保障。第四，基于数据和算法形成的信息检索、信息推送等，可能与社会的价值导向等存在偏差，影响社会治理的文化基础，需要一定的算法审计和社会干预。

10.5.5　技术对社会治理作用的认识有待加强

人类社会的每一次重大进步背后都有科学技术的助力，数字技术对于社会治理的影响也是十分显著的。《智慧社会》一书中指出，"世界似乎在一夜之间变成一个人类与技术共存的联合体，它既拥有无与伦比的力量，也具有前所未有的弱点"。数字化对于社会的影响远不止人们头脑中想得那样简单，它的作用贯穿很多方面。例如，一些政府部门对于数字化具有的能量不以为然，对于一些新的问题仍使用旧的观念去处理，有的问题明明可以使用更加科学的方法进行分析决策，但其依旧习惯于凭经验做决策；一些政府部门可能又会走向另一个极端，即过于依赖技术。从表面来看，计算机是智能化、数字化的，为人们解决问题提供了很大的便利。然而，人类社会的治理归根结底要以人为本，数字化社会治理或许足够理智，但是如果完全依赖智能化、数字化，就会失去社会治理的内核。因此，政府部门并不能唯科技论。当然，不能唯科技论不是贬低技术的作用，相反，科学技术是第一生产力，而人类是具备情感的高级生物。社会治理不能只单纯地追求数字化，冰冷的算法和数据自然不可能完全替代人类，最终还要坚持以人为本。因此，在社会治理方面要依靠技术但不能依赖技术，如果政府过分依赖大数据提供的信息，很容易对社会发展规律产生误判，从而导致一些决策失误。

10.6　加快推进社会治理数字技术应用创新

当前，数字技术在融入社会治理的过程中面临很多困难，其中，最大的挑战来自观念层面、机制层面及制度层面。要破除人们的旧观念只能徐徐引导，不能过于急迫。数字技术带来的挑战，需要政府等群体找到适合本地区的解决方案，从而清除社会治理创新中的障碍，形成数字化社会治理的崭新局面。

10.6.1 强化理念创新，消除观念壁垒

看待数字技术在社会治理中的作用不能浮于表面，要从完善治理体系，改善治理能力的角度出发。要及时更新观念，只有在新的社会治理价值理念下，数字技术才能加快融入社会治理的步伐。要树立协同治理的理念，在建设数字政府的同时，将社会治理与服务职能有机整合，充分挖掘社会的内在潜力，在政府、市场和社会之间寻求平衡点，促进三者的联系，营造相互制约、相互促进的关系。要丰富新时代"枫桥经验"内涵，依靠数字技术的优势加大力度改善城乡基层的治理模式，加大网格化综合服务管理平台的应用，强化平台在基层党建、诉求表达、外部监督、民情联络等方面的功能。要深化全国一体化在线政务服务平台，搭建高度一体化和弹性化的公共服务供给体系，为公众提供个性化、多元化、高品质服务。要强化"以人民为中心"理念，重点围绕行政管理、司法管理、城市管理、环境保护、食品安全、社会综合治理等社会治理的热点与难点问题，关注人民群众的切身需求，划重点、定目标、有节奏地推进社会治理数字化的建设，让广大人民群众在社会治理数字化的模式下有更多的体验感和幸福感。

10.6.2 增强机制创新，消除机制壁垒

完善公共数据共享使用机制。对于公众来说，一些数据的公开可能会给他们的生活带来麻烦，然而一些数据的公开对于社会整体而言会有显而易见的好处，因此合理安排数据公开的权限或为数据公开划分等级非常重要。要按照数据全生命周期来进行制度设计，建立用"数据说话、数据决策、数据管理、数据创新"的社会治理机制。对于社会热点、公众聚焦、风险防控等社会难点，要强化数据的挖掘和分析；结合物联网、区块链、人工智能等前沿技术，构建数据聚合、大数据处理、建模分析与预测的有效机制。

构建网络社会风险预警机制。数字化在预防风险方面也发挥了很大的作

用。各级政府依据数字技术的优势建立风险预警系统，着重在交通出行、特殊场合安检及城乡治安等人流量巨大的场合等保持关注。使用天眼、云计算、图像识别等前沿技术，形成舆情监测、联动处置为核心的社会治理风险防控体系。加快整合平台和应用软件的步伐，尽早实现功能兼具，努力向社会大众宣传，推动系统联动，提高平台的实际应用效果。

10.6.3　加强法治创新，消除制度壁垒

为了确保合理使用数字技术，各级政府需要及时制定相关的政策保证数字技术能够运用在一个合理的区间。**一是将制度标准作为顶层设计的重要组成部分**。对于安全、标准等方面的规则制定要加快推进。在制定规则时要分轻重缓急，将力量着重分布在数据标准体系的建设上，并在网上政务等方面设立相应的配套设施。**二是建立数据规范**。对于数据采集、使用等涉及信息安全的领域要尽早完善相应的法律法规，对数据使用的权限要加以约束，不能毫无节制地随意滥用，要加强对个人信息的保护，强化政府、平台等信息搜集方的责任意识并在数据使用方面赋予公众更大的话语权。**三是强化考核评估**。加强对数字技术的应用领域、应用程度和方式进行评估、审查和规制。

第十一章

公共服务：
服务体验更加智能便捷

随着数字技术在经济领域的深入应用，公共服务数字化不断加快发展。"互联网＋政务服务"的飞速发展彰显了公共服务数字化发展的惊人速度。如何以数字化手段打通公共服务供需两端，实现公共服务价值共创，推动公共服务朝着均等化、普惠化、高效化的方向发展，是一项重要的历史课题。对此，本章深刻剖析数字化发展的典型模式，理性研判公共服务数字化发展带来的种种影响及其内在机理，认真分析公共服务数字化发展的现状和不足，推出相应的推进路径，以期为新时期公共服务数字化发展贡献力量。

11.1 公共服务数字化发展的典型模式

11.1.1 运用数字技术提升公共服务效率

数字技术在公共服务领域最基本的功能就是提升服务的效率，而数字技术并没有辜负大家的期望。目前，公共服务中深度融入数字技术，数字化应用的范围较人们想象得更加广泛。例如，新冠肺炎疫情期间，数字技术为我国有序推进复工复产提供了新的方案和思路。全国一体化政务服务平台实名用户已超过 10 亿人，汇聚 1 万多项高频应用标准化服务，各地的省级平台均设置了"跨省通办"专区，我国电子政务在线服务指数全球排名提升至第 9 位。截至 2021 年年底，在省级行政许可事项中，平均承诺时限压缩超过 50%，网上审批和"零跑动"比例达 56.36%，90.5% 的事项实现网上受理和"最多跑一次"。数字技术有力支撑常态化疫情防控，健康码普及和使用达到了前所未有的程度，截至 2021 年 12 月，全国政务服务一体化平台"防疫健康码"累计使用人数超 9 亿，累计访问量超 600 亿次，建立"一省一码"跨地区互认机制，持续优化升级"通信大数据行程卡"，累计查询超 250 亿次。截至 2022 年 11 月，全国建成 1700 多家互联网医院，7000 多家二级以上公立医院接入区域全民健康信息平台，260 多个城市实现区域内医疗机构就诊"一卡（码）通"，2200 多家三级医院初步实现院内互通。这些应用充分体现了数字技术在公共服务领域的效率优势和显著作用。

11.1.2 公共服务运营向市场化方向发展

公共服务运营向市场化方向发展的模式主要分为两种类型：一是政府业务外包，以企业运营提供公共服务；二是公共部门与企业形成合作伙伴关系，以 PPP 模式为政府缓解资金困境，提供破解之道。

政府业务外包是指政府将一些后勤服务和并不涉密的工作以政府或有关单位作为发包方，按照一定的规则公开择优选取承包主体，减轻政府负担，使其集中精力做好更加重要的事务，以期为企业、市民和社会组织提供更加优质的服务。在公共服务领域，由于政府数字化的复杂性以及缺少相关专业人员储备，政府机构会将原本公共机构运行的业务交给专业公司运营，但数据的所有权仍归政府。项目外包能够解决政府部分资源不足的问题，为社会公众提供优质的服务，同时有助于推动政府职能转变，进一步深化机构改革，实现政府管理运行机制和管理方式创新。

PPP模式是指政府部门与企业合作，利用企业雄厚的技术积累，采取利益同享、风险分担的合作模式，共同提供公共服务，丰富公共服务内容，提高公共服务质量和效率。例如，丽江市与百度云携手合作，打造"智慧丽江"城市大脑，聚焦党建政务、文化旅游、公共服务等重点内容，让线上数据流通更顺畅，让线下管理更精准。在PPP模式中，数据产权大多由政府所有，也有部分归企业所有。

11.1.3 商业化服务冲击或替代公共服务

基于数字技术的商业模式创新发展，部分公共服务开始向商业服务转化更迭或部分替代。例如，为唤醒"沉睡"的科技资源，提高公共机构购买、运营和维护科研设备的利用率，北京市科学技术委员会联合中国科学院、清华大学、北京大学等单位，共同建设"首都科技条件平台"（现已迁移至"北京市政务云平台"），将科研仪器设备向社会各界开放共享，改革政府投入方式，探索形成以财政资金为先导、市场化运营为基础的运行机制，在一定程度上将科研设备公共服务转化为商品服务。再如，以往在商厦购物时顾客一般会刷卡消费，现在大部分的顾客会使用微信、支付宝、云闪付等方式付款。例如，在城市公共交通领域，有的公共服务已经完全被商业服务取代，同时创新者开始进入行政垄断行业。共享单车以分享经济模式在一些区域取代了由政府出资经营的城市公共自行车出行系统，并以规模化普及和绿色出行为特点实现了商业利益与公共利益的共赢。

11.2 公共服务数字化发展特点和影响因素

11.2.1 数字技术和数字创新影响各有侧重

数字技术是互联网时代的产物，在社会发展与市场需求的影响下产生的一种科学技术。从学术概念上说，它是一种可以将各种信息（例如，图像、文字、声音等）翻译为计算机可以读取的语言进行加工、存储、分析以及传递的技术。数字技术的优势主要体现在以下3个方面。第一，数字技术能更加精准地聚焦公共服务需求，使公共服务的需求主体更加具象，将"不确定的多数"变成"确定的多数"，提高公共服务市场化的可能。第二，公共服务的提供需要集体行动，社会生活的网络化创造出易于沟通的社会环境，有助于公众对公共服务的供给是一种满足集体需要的活动；网络化的生活形成更加易于沟通的社会环境，有助于促成公共服务群体性发声。第三，公共服务智能化发展，能够及时感知、高效回应公众需求，降低公共服务成本。

商业模式创新和业态创新是公共服务数字创新的两大领域，旨在培育符合新经济发展方向的特色商业模式和新型业态。政府服务运维众包以信息技术升级应用为基础，改变某些公共服务的属性，颠覆传统公共服务业态。商业模式创新可充分发挥市场机制的作用，提高公共服务供给总量，完善供给结构，促使供给主体更加多元、供给方式更加多样、供给质量更加优质、供给渠道更加精准，有效缓解基本公共服务长期存在的规模不大、发展不均衡、质量不高问题。其缺点在于公共服务市场化过度可能会导致社会福利缺失，需要政府监管及时、到位、精准，否则会影响公共服务质量。

11.2.2　服务可盈利性是决定市场化的关键

数字服务的可盈利性是公共服务供给中市场和政府关系转变的关键因素。公共服务具有难以定价和难以获利的特点，所以不是所有的公共服务都有利可图，公共服务只有找到合适的商业模式才可以进行市场化发展。其中，典型案例就是共享单车。自行车共享作为一种新兴事物，通过政企合作，在校园、居民区、商业区等人群密集场所提供自行车共享服务。共享单车企业凭借消费需求大、支付快捷便利等优势，以技术改革和运营模式创新，部分代替了原有的公用自行车系统。从表面来看，共享单车盈利的可能性在于企业运营的背后有利于形成更多的产业合作。从本质来看，共享单车这种新兴经济模式必须是可盈利的，否则就会被市场淘汰。但是共享单车如果想盈利，其运营模式就必须科学合理、清晰明确。在多数公共服务领域，适当的盈利性可以增强经营主体的责任感并使其具有可持续性。未来，随着数字创新的不断发展，一些公共服务向商业化、盈利化发展，将促使公共服务数字化转型不断加速。

11.2.3 利益冲突成为决定制度成本的砝码

公共服务市场化不仅可以适应现代经济社会的需求，促进公共治理模式积极转变，还重塑了政府、市场和社会三者之间的关系。然而，公共服务的"公益性"与市场的"私利性"之间的矛盾，使公共服务市场化产生了多方利益冲突。利益冲突是普遍存在的，不同之处在于解决利益冲突的机制。公共服务领域通常是以社会制度厘清不同主体的职责分工，合理界定政府、市场和社会的边界，使不同群体的利益得到保障。因此，制度成本也决定公共服务市场化的一大要素。创新者进入公共服务市场对垄断行业易造成冲击，利益冲突的大小与公共服务市场化的成本息息相关。制度规范有利于增强政府公共服务能力，加强市场规制，促进公共服务市场化发展。公共服务与民生息息相关，如何在资源有限的条件下，协调不同利益攸关方，是市场化过程中难以回避的问题，也是衡量制度改革成效的重要标准。

11.2.4 影响与挑战并存、加剧未来不确定性

数字技术不仅可以提高政府内部决策和执行效率，也可以促进政府扩大影响的范围，使政府与市场的关系发生改变。同时，市场化的制度成本由利益冲突决定，因此，并不是所有的技术和创新都能使政府边界发生改变，只有影响到交易成本才会对其产生影响。

公共服务数字化效率优势显著。一方面，因为相关企业凭借数字化进一步降低了生产成本，承担了可能发生的风险，所以数字化提高了公共服务的

经济效益。另一方面，数字化具有潜在的社会效益，它不仅能够促进新技术开发，鼓励企业在创新中相互竞争，还有助于减轻政府财政的负担，其至有利于促进环境保护和可持续发展。

公共服务数字化面临监管挑战。在公共服务市场化过程中，隐藏着垄断、寻租、服务产品质量和信息系统安全等方面的风险，需要政府对其进行有效监管。因此，各级政府应理性看待公共服务数字化发展和转型。

11.3 数字技术影响公共服务的内在机理

11.3.1 数字化减少公共服务供给信息的不对称性

信息的不对称性和外部性可能会导致公共服务提供中的供需不匹配、创新动力不足、服务评价困难、市场失灵等一系列问题，公共服务数字化转型可有效缓解上述现象。数字技术的运用不但可以拓宽社会主体及市场主体参与公共服务供应的渠道，也有利于缓解因信息不对称带来的问题。数字化减少公共服务供给信息不对称主要表现在 3 个方面。**第一，精准捕捉用户需求。**政府数据与社会数据融合共享，实现了全方位、全流程和全系统的数据归集，准确锁定特定公共服务的使用者，使公共需求更加清晰明确。**第二，驱动服务质量提升。**公共服务数字化将需求主体与监督主体合二为一，实现用户与政府互动，以量身定制和及时响应的服务供给形式，解决原有公共服务"黑箱"问题，促使公共服务评价由原先的"意识驱动"向"数据驱动"升级，触发公共服务优化提升。**第三，打造公共服务联合体。**在数字时代，数据成为价值创造的关键要素，开放数据和政府运作之间形成正向的反馈循环，使公共服务具有"创新"和"适应"能力，同时开放数据可以支持各类公共服务主体之间的联合行动和共同作业。

11.3.2　网络化提高公众参与集体行动的可能性

网络发展不仅为公共服务供给提供了主动吸纳公众意见的路径和机会，增加了公共服务系统的公开透明度，还为公众表达意见提供了更加多样化的参政议政渠道，增加了公众意见进入公共服务供给系统的可能性，使网民参与集体行动成为影响公共服务供给的重要力量。网络缩小了公众与公众、公众与政府机构的时空距离，可实现跨时间、跨地点、跨领域的交流和互动，使人际交往频率和密度越来越高，进而推动形成利益趋同的主体聚集。同时，数字化时代的到来使公众可以通过网络自由发表公共服务数字化发展的意见和建议，参与公共服务供给相关决策。每个人都可以对公共服务问题进行及时反馈，促进相关问题的高效解决，公众通过互联网参与公共服务决策。网络将人与人、物与物、人与物连接起来，共享公共服务资源，使公平意识深入人心，每个人都处于平等地位，进而实现公共服务供给方与需求方的有效沟通。

11.3.3　智能化压缩公共服务供需匹配交易成本

政府提供公共服务的最终目标是满足其管理范围内公众的服务需求，但由于信息不对称和公共服务需求偏好表达不明确，自上而下的服务供给模式很容易出现公共服务供给与公众需求不匹配的问题。公共服务数字化发展可以促进服务供需双方主体信息交互，使交易成本趋零，从而降低公共服务成本，在预算范围内可提供更多、更好的服务。同时，公共服务智能化可以依托其强大的数据采集功能和数据分析能力，尽可能多地收集相关数据，并通过数据分析预测用户需求，及时发现、快速响应用户需求，进而不断优化公共服务供给，确保公共服务供给主体针对不同的用户采用相适应的方法，满足不同用户的个性化需求和差异化需求。数字技术改变了服务供需双方的互动模式，减少了供需双方面对面服务，增加了移动终端自助服务，在政府授权和市场机制的双重驱动下，用户可以利用互联网、物联网、大数据、云计算、人工智能等新技术对现有零碎、空置的公共服务资源重新进行组合和分配，进而使公共服务资源的利用更加高效、精准。

11.4　公共服务数字化发展现状

11.4.1　公共服务供给能力有效提升

我国公共服务供给逐渐向数字化转型，数字技术创新与公共服务相结合不仅带来了公共服务供给领域的新模式，而且带来了公共服务供给的新业态。同时，我国也十分重视公共服务供给。国家统计局 2016—2020 年国家财政一般公共服务支出显示，除 2020 年和 2021 年较 2019 年稍有回落，其余年份公共服务支出每年增长近 2000 万元。在数字赋能和国家支持双重因素的影响下，我国公共服务供给能力逐年提升。在数字技术推动下，政府可以通过不同的部门、不同的层级进行数据信息的辨别、分析、预测，并以此作为基础精准施策的依据，这样不仅能够确保公共服务资源分配的公平和高效，还能明显增强政府各个部门的协同交流和共同决策的合作性，保证公共服务供给的高质量、高效率、高水平。同时，也能有效减少影响公共服务效率的不利因素，例如信息不对称等。在具体实践中，物联网、大数据等新技术构建的远程医疗、远程教育等平台不仅可以有效扩大公共服务供给的区域范围，而且可以攻破不同地区、城乡之间因经济发展水平和治理能力差异而造成的公共服务获得性壁垒，促进跨区域、跨城乡公共服务合作与共享。在长期的实践中，我国利用数字技术有效增强公共服务供给能力，大大提高了人民群众的满足感、幸福感、安全感。2016—2021 年国家财政一般公共服务支出如图 11-1 所示。

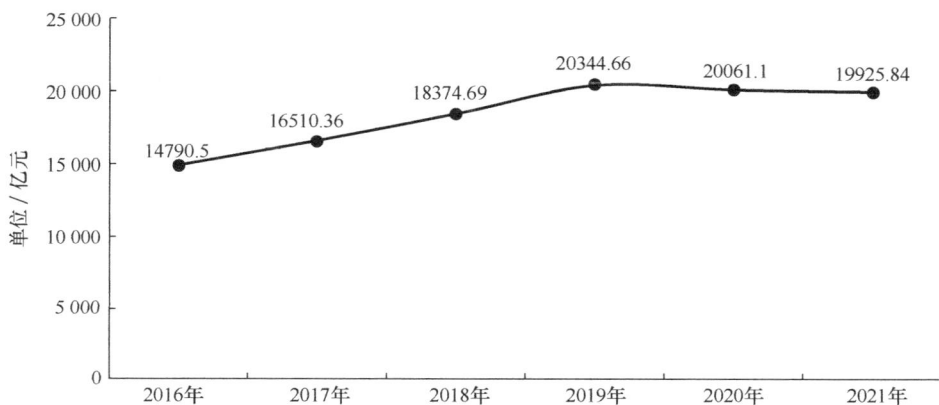

图 11-1　2016—2021 年国家财政一般公共服务支出

11.4.2　公共服务渠道日益协同多元

数字化不再拘泥于传统的线下服务，而是使公共服务渠道日益多元化。以往政府通常是数据的发布者和传递者，拥有大量的数据，存在政府与社会间数据不对称的现象。随着公共服务数字化的发展，政务微博、政务微信、政务 App 等多种互动渠道竞相涌现。公共服务政策制度经过政务新媒体官方平台发布，形成网络"大喇叭"效应，网民可以看得见，有些网民可以选择转发、推动公共服务信息及时传播，使之在很短的时间内获得很多人的关注。同时，政务新媒体可提供公共咨询服务。政务微信是在政务微博兴起后的另一条政府和群众及时沟通的"高速通道"，各类"服务号""订阅号"更加有利于服务群众，为群众提供便利服务。政务 App 是目前公共服务供给的又一形式，实现打通服务"最后一米"。前两者主要侧重于政民互动和信息传播，微博和微信打破了政府网站单一信息源，使人们可以主动了解政府信息，同时政府也能更快地了解群众的想法，再修正、调整利民政策，促使群众在公共服务供给管理中发挥重要作用。政务 App 把改善和保障民生作为重中之重，主要集中于交通、信息传播、医疗等重点民生领域，便于实现不同类型的公共资源配置优化和高效率应用，给解决民生问题带来全新技术和途径。

11.4.3 公共服务需求日益丰富多样

党的十九大报告中明确提出，"中国特色社会主义进入新时代，我国社会主要矛盾已经转化为人民日益增长的美好生活需要和不平衡不充分的发展之间的矛盾"。我国经济社会稳步发展，人民生活水平逐步提高，对公共服务供给水平提出了更高的要求。我国公共服务供给资源日益丰富，人们的选择越来越广泛，开始追求个性化、社交化的公共服务，习惯于从互联网获取信息，这就要求公共服务供给顺应时代发展潮流，提供个性化服务，使用政务新媒体发布信息等。同时，公共服务需求也存在明显的地域差异、年龄差异和群体差异，不同地域、不同年龄段、不同生活条件的群体，对医疗、教育、养老、抚幼、就业、文体、助残等公共服务领域的需求程度不同。随着数字技术在公共服务领域的广泛应用，人们的需求可及时传至公共服务供给端，并希望得到相关部门的迅速响应。公共服务供需两侧已进入高度互联状态，供给端应进一步发展公共服务数字化，优化传统服务方式，推动公共服务供需更加匹配，以满足人民对美好生活的向往。

11.4.4 数字应用创新日趋活力倍增

互联网、大数据等数字技术的高速发展，极大地改变了人们的生活方式。与此同时，数字应用在公共服务中迅速发展，催生了大量应用场景，提供了新方法、新产品、新概念、新业态。例如，浙江省的"最多跑一次"是数字技术在政务服务应用创新中的重要一步，引领政务服务在线化发展，提高服务工作效率，给人们带来便利快捷的体验，努力实现"最多跑一次"甚至"一次也不跑"的目标，让人们在家就能把事办好；江苏省通过"不见面审批"与政务服务网建设相结合，避免了群众办事难、找人难的问题，一切为了群众的便利，营造了安心、放心、省心的政务服务环境；杭州市打造的"1353"政务数据共享体系，累计收集数据399.49亿条，发布亲民便利服务接口662个，有力地保证了政务服务的高效运行。上述应用实践为其他城市提供了公共服务数字化发展模板，公共服务数字应用虽然为人民群众提供了更高效、更优质的服务供给模式，但是目前还存在信息传递单向化、需求感知不精准、反馈不及时等问题，还需要公共服务与数字化的深度融合加以解决。

11.5　公共服务数字化发展难点

11.5.1　线上线下融合有待深化

公共服务数字化显著的特点就是将部分公共服务从线下转为线上，将信息以数据的形式存储，政府与公众沟通更加及时高效。线上线下融合是公共服务数字化创新的方向，对推动公共服务发展具有同样重要的意义。首先，目前线下平台仍是提供公共服务的主要场所，受到时间、地点等因素的限制；其次，虽然线上公共服务平台处理事务速度快、效率高，但当前未能把全部事项纳入线上；最后，线上线下平台拥有相互弥补彼此不足的关系，需要进一步加大融合力度。但目前公共服务线上线下融合还存在以下问题。

一是线上线下建设各自分割，建设主体认识存在分歧。一些线下办事处认为线下服务和处理事务是主要方式，缺少提供线上服务的能力与动力。线上的公共服务平台则认为线上处理事务是时代走向，实体办事大厅可以被取代。同时，线上线下服务平台的创办思想和侧重点有所不同。目前，线上公共服务平台建设强调大而全，对服务的精度、深度、效度等侧重点要求较低，而实体大厅着重服务效果和监管力度。

二是线上线下服务平台各自为政，二者监督管理方式及考核标准相对差

异较大。线下公共服务大厅将现场监督与规则制定有机结合；线上平台以电子监察为主，可是数据传输需要时间，不能及时同步更新，所以导致线上电子监管效率有待提升。在考核方面，实体大厅侧重考核办事的准确度和效率高低，线上则侧重平台功能和事项内容，很难形成二者合力监管的工作方式。

三是线上线下平台服务资源与范围各不相同，服务侧重点和标准不统一，实体大厅与线上平台服务资源的更新与服务时效不同。

11.5.2 "数字鸿沟"带来数字困境

数字技术的创新与发展促进了全球经济水平的快速提高，也导致了数字鸿沟的产生。如果一个人缺少计算机相关的基础知识，会在一定程度上无法使用数字化产品和服务。数字技术应用发展的局限性导致这部分群体的数字化公共服务供给被忽视。例如，中国有 2.74 亿老年人手机用户，而近 1.4 亿老年人却没有体验过智能手机带来的一系列便利。例如，一些老年人"不会扫码无法乘车""不会预约无法看病"。随着网约车服务的普及，老年人无法获得必要的交通服务；医院逐步通过网上预约挂号，老年人看病存在一定的挂号困难；老年人去银行不会使用自动取款机，取不出养老金；不会手机转账、在线支付，给正常生活消费及网上购物带来不便，如此种种给老年人带来的精神负担、心理压力，极大地影响了老年人的晚年生活，增加了老年人"触网"负担。因此，现有公共服务数字化模式需要从整体角度思考，兼顾不同群体间差异，争取消除现有服务痛点、难点，进而提高公众对公共服务供给的满意度。

11.5.3 城乡地域差异仍然较大

党的十九大报告提出，在全面建设小康社会的基础上，到 2035 年要基本实现基本公共服务均等化。为了实现这一目标，需要实现城乡之间的协调发展，确保基本公共服务均等化，要充分发挥政府的功能支撑作用，从根本上实现城乡生存性服务、发展性服务、基础性服务均等化发展，最大限度地缩小城乡基本公共服务之间的差异。目前，城乡公共服务数字化差异主要体现在以下 3 个方面。一是我国部分地区基本公共服务供给总量受限，农村基本公共服务的供给明显不足，个别农村地区居民甚至还无法享受到城市居民能够享受到的基本公共服务。二是人才不足约束服务质量改进。各地在推进城乡融合发展的过程中，普遍存在的问题是农村地区建设公共服务平台普遍存在人才短缺及人才流失的问题。三是基本公共服务供给绩效不足。与快速增长的财政支出和经济体量相比，政府在基本公共服务领域内的投资与其相差较远，特别是在部分民生与公共安全领域，投资增长更加缓慢，难以充分满足城乡居民对基本公共服务的内在诉求。

11.5.4　跨部门联动协同需求提升

跨层级联动、跨部门协同可充分发挥公共服务科学精准供给。只有跨部门无缝隙合作，才能实现公共服务供给精细化，提高服务效率，提高服务质量。公共服务涉及不同部门分工管理，不同公共服务部门地域上相互分散、在管理上相互分立、工作流程上相互分离，形成功能相互独立、责任界限明显的"烟囱式"组织体系，不同组织因部门利益、信息不对称、技术标准不统一、路径依赖等因素各自为政，致使公共服务机构之间难以实现有效协同，服务转换成本极高。

11.6　公共服务数字化发展对策

11.6.1　坚持理念创新，推动政府角色优化调整

公共服务数字化转型需要支持公共服务供给中强化数字技术创新应用，利用数字化、网络化、智能化再造业务流程，创新公共服务供给模式与运行机制，实现公共服务供给全面数字化升级。数字化创新不仅是一种技术

创新，而且是一种理念和思维的创新。数字化思维正在引发新的社会变革，推动公共服务理念创新。公共服务数字化创新理念的关键在于以人为本，让技术更好地服务人民。政府的数字化思维强调民生价值导向，以公众需求为出发点，以满足人民美好生活需要为目标，推动城市的公共服务整体规划、功能设计、项目安排等；同时，政府的数字化思维也强调民生服务，推进关系到人民切身利益、生命财产安全的项目建设，强调人民最需要什么、群众最期盼什么，就谋划推出什么，为人民提供更加便捷的生活、更加安全的环境、更加便利的服务。公共服务机构应坚持技术为人民服务的理念，让数字技术真正为人所用、为民服务、造福于民，是公共服务数字化变革的核心。公共服务数字化理念创新要体现人文关怀、考虑人民需求、公众感受，以实现人的全面发展和全体人民的共同富裕为最终目标，满足人民群众对美好生活的殷切期望。

11.6.2　坚持数据驱动，建立协同联动发展机制

坚持以数字化改革为牵引，推动多行业、多领域、多部门业务与流程的精准高效协同。首先，要加大政务服务、市场服务和志愿服务的整合力度，破除跨部门、跨区域、跨业务的"数据壁垒"，推进不同公共服务供给部门数据共享和业务协同。其次，要树立"全生命周期管理"理念，以"微改造""微治理"为突破口，解决群众关心的问题，实现群众办事"最多跑一地"、矛盾纠纷"全链条"解决。最后，要推进各级政府信息系统互联互通，实现跨区域、跨部门、跨领域数据互联互通和共融共享。例如，社区居民有需求，通过手机终端在相关平台下单，由党员包楼到户，网格员接单上门服务，解决群众的急难愁盼问题。"大数据赋能网格化，好机制落实铁脚板"，从下单、接单和评价的全过程，做到办实事、解民困、听民意。推动公共服务向农村延伸、社会事业向农村覆盖，健全普惠均等、全民共享的公共服务体系。注重城乡发展均衡，构建城乡一体的基本公共服务体

系。继续加快城乡统筹、均衡协调、融合发展，持续支持医养结合的养老服务体系建设。通过医共体、医联体建设，吸收优质医疗资源，改善就医环境，有效打通就诊渠道，不断推动公共服务协同联动，加强公共服务设施标准化建设与均衡化布局，加快构建适应城市发展、令人民满意、满足乡村需求的一体化公共服务体系。

11.6.3　坚持技术赋能，构筑公共服务的生态圈

平台是公共服务"价值共创"的有效载体，可以有效聚合不同场景的服务需求，动态适应公共服务的边界变化、内容调整、方式升级，推动数字技术惠及更多群体，特别是特殊困难群体，让弱势群体、边缘人群也能够享受到数字红利，营造既有效率又有"温度"的公共服务供给新格局。从技术创新视角出发，应建设公共服务供给平台，实现公共服务大数据的全生命周期管理和控制，不断完善在线公共服务事项，充分发挥数字技术对公共服务的赋能作用，同时坚持高端人才培养和引进。随着公共服务数字化发展的不断深入，相关技术人才的稀缺问题变得越来越突出。因此，我国应加强公共服务数字化相关人才的培养，完善培养机制，创新教育模式，倡导校企联合培养等方式，以解决人才培养数量不足和质量不高的问题。

第十二章

生态环保：
生态资源环境更加宜居

生态保护能力是衡量生态文明建设水平的重要指标，是一个国家基于生态保护体系来行使生态文明建设能力的重要体现，现代生态保护能力特点主要表现为能提高治理主体推进生态保护时的效率。"生态环境是关系民生的重大社会问题"。党的十八大将生态文明建设纳入中国特色社会主义"五位一体"总体布局和"四个全面"战略布局，党的十九大报告中指出，加快生态文明体制改革、建设美丽中国，并把"污染防治"列为"三大攻坚战"之一。这些政策体现了加强生态风险治理和文明建设的紧迫性与重要性。

自改革开放以来，我国在经济建设领域取得了一系列伟大的成就，但是这种长期粗放型的增长模式给生态环境造成了一定程度的破坏，由生态环保问题引发的群体性事件也不断增长，阻碍了我国社会主义现代化的进程，降低了社会治理的效益和影响了全国人民对于美好生活和美丽中国的向往。在此背景下，如何有效地治理生态环境是个亟须解决的重要理论和现实问题。随着数字时代的到来，互联网、人工智能和大数据等数字技术的应用、推广和发展在生态保护治理领域产生变革，政府主导的单一管理模式逐渐为新型治理模式取代，这标志着我国对传统生态保护治理模式在不断地进行反思与修正。

12.1 生态环保数字化的内涵

厘清"生态环保"概念，有利于进一步探究现代化生态保护体系。生态保护是指治理主体为应对环境危机、解决环境问题、改善环境现状，进行调控、管理，最终达到行动目的的整个过程。生态保护与"生态建设"和"生态管理"等概念不同，有其独特内涵，主要体现在主体、动力、运行方向等多个方面。**一是主体多元化**。传统生态建设与管理模式主要为政府这单一主体，而生态保护政策则由政府、企业、公众等各类主体一同贯彻。**二是动力多源性**。不同于传统的由政府施加压力强制推广生态管理和建设，生态保护的动力来自多个主体间的共赢、协商和责任等各个方面。三是运行多向性。生态管理或建设的方针策略由上级规定，下级通常以"自上而下"的运行方式贯彻落实，而生态保护则可以通过"自下而上""自上而下"甚至是"平行推动"等方式，从多个方向推进。值得注意的是，生态环保在我国的政府职能领域囊括的领域较多，包括从生态环境保护、水利保护、自然资源保护、气象预测以及绿色低碳循环发展等内容。

根据现在的治理现状，生态保护的主导性力量仍是政府，市场、社会仅是补充性力量。总结国内外现有的研究成果，生态保护是在国家治理体系和能力现代化视域下，传统政府单一主导的生态管控模式向"党委领导、政府负责、公众参与、社会协同、民主协商、法治保障和科技支撑"的多方协同治理模式转变。充分发挥多元主体在生态保护过程中的作用，进而形成协同效应以此优化治理绩效是其重点。生态保护数字化转型是数字政府建设的一个重要领域，是生态保护治理技术和模式创新创新的结合统一，既包涵数字政府建设的一般性特征，又聚焦生态保护方方面面和全流程的信息技术应用。基于此，生态保护数字化转型的重点是通过现代数字技术（例如人工智能等）手段来逐步提高生态保护的数字化、智能化水平，全力解决各级政府部门反映较多的生态保护、"数字壁垒"、"数据孤岛"以及"数字鸿沟"的问题。

12.2　生态环保数字化发展现状

12.2.1　生态环境监测感知能力不断提升

全国多地通过物联网、人工智能等技术，充分发挥卫星遥感、全球定位系统、红外探测、视频监控等数字技术的优势，初步建立天地一体、陆海统筹、信息共享、上下联动的生态环境监测体系，对山水林田湖草等要素进行实时监测，实现全要素数字化、网络化、智能化治理。特别是物联网技术在生态环境监测中的应用日趋广泛，物联网深度内嵌生态环境监测，有效推动生态环境监测体系现代化。生态环境监测物联网技术应用就是通过物联网技术在线实时监测影响环境质量的因素，对环境的污染程度和污染变化趋势加以明确，进而实现环境预警和环境质量管控。

物联网技术在生态环境监测中通常的应用领域包括 3 个方面：一是水环境监测，掌握水源水质状况、污水处理效率或污水排放污染物浓度等；二是大气环境监测，在物联网技术的应用下，能够实现大气环境的多角度监测；三是重金属专项监测，将物联网技术应用于矿山开采、工业生产排放的重金属监测中，能够实现对重金属的动态自动监控，一旦重金属含量超出预定值，系统会及时预警，实现重金属监测的目标。环保大数据能积极号召各个单位与大众参与环境监测，从本质上提升环境监测的系统性与完善性。我国在国家层面形成由 1400 余个城市环境空气质量自动监测站、2700 余个地表水环境监测断面、1800 余个水质自动监测站、1500 余个海洋环境监测点位、近 8 万个土壤环境监测点位构成的生态环境监测网络，由国家级监测机构统一监测和运维，实现了有效信息实时采集、高效传递，使污染源监控、环境质量检测、监督执法及管理决策等环保业务趋向精细化和具象化。

12.2.2 生态环境数字化应用成效日益凸显

1. 数字技术助力生态环境保护触达各个角落

全国各地纷纷投入生态环保数字化建设，并取得一定的积极成效。例如，江苏省的"环保脸谱"直观地展示了地区环境质量和企业环境守法情况，福建省的"绿盈服务平台"助力乡村生态振兴，济南市的"环保智脑"助力济南生态环境监管等。

江苏省的"环保脸谱"包括政府"环保脸谱"和企业"环保脸谱"，二者均通过脸色表情和星级评价具体呈现。以"脸谱"的方式直观展现地方政府和企业履行生态环境保护责任情况，并建立"线上发现、及时整改—线上跟踪、及时调度—线上督查、及时销号"的"非现场"监管模式和"一码通看、码上监督"的公众参与模式。截至 2022 年 11 月，企业"环保脸谱"系统开展试评估和"脸谱化"的污染源企业超 22 万家，为生态环境保护履职绘就"动态晴雨表"。

福建省的"绿盈服务平台"建设基于生态云的基础架构，构建面向乡村生态环境治理的新型基础性平台，运用生态环境大数据，汇聚生态环境质量、问题短板、百姓关注的环境问题等多源信息，并落实到全省各个行政村，量身绘制村庄生态环境画像，建立一村一档，服务村庄生态环境自检，精准提升乡村生态环境建设水平。

为推进济南市生态环境治理体系和治理能力现代化进程，济南市生态环境局匠心打造智慧环保综合监管平台——"环保智脑"，初步形成"监测准确、解析快速、监管严实、考评客观"的闭环监管体系，各项创新做法在实践中取得了明显成效。一是全国首创出租车走航在线监测系统，实时掌握道路扬尘污染水平，助力精准治理道路扬尘。二是利用分布式无源智能电量监控技术，完成 324 家企业环保电量智能监控。三是搭建颗粒物在线溯源解析移动监测平台。四是开展环境监测大数据分析，智能识别数据异常，形成提前报警、排查反馈、汇总分析、通报督办的闭环处理机制，大幅提高对局地环境污染问题快速响应和处置的能力。五是建成全市生态环境大数据中心，极大地提升了济南市生态环境感知、分析、管理、决策等环节的精细化、智慧化水平。

2. 数字技术助力自然资源实现全局整体"智"治

2020 年自然资源部网络安全与信息化工作要点指出要初步形成一体化的自然资源政务管理信息化支撑体系，全国不少地区参与了自然资源一体化建设的相关实践积极探索。

南京市智慧规划资源 1.0 成效初显。在推进全周期的规划资源一体化政务服务工作实践中，南京市规划和自然资源局形成行政和技术双轮驱动的信息化工作机制，打造了"互联网 +"政务服务一体化系统，形成业务互通、数据共享、规划和自然资源大统一和全覆盖的数字化管理模式。其成效体现在突出系统谋划，完成"智慧规划资源"顶层设计；立足基础设施，聚焦数据治理，基本建成安全高效全市统一的规划资源"一张网"；强化能力统筹，打造开放赋能的国土空间基础信息平台；全面深化改革，建成一体化全业务的"互联网 + 政务服务"系统；围绕便民利民，开展数据共享和应用；强化创新驱动，构建兴业惠民的智慧城市底板；坚持标准引领，建立彰显南京特色的国际标准等 8 个方面。

安吉县积极推进自然资源数字化管理。安吉县自然资源和规划局以"智慧规划、智能审批、动态监管、精准治理"为目标，围绕"山水林田湖草"生命共同体，在统一数据标准的基础上，通过搭建县乡镇一体数据交换平台、内部协同业务系统及自然资源"一张图"系统，最终形成"全业务、全要素、全过程"自然资源数字化管理"智"治平台，并结合浙江省数字化改革、应用提升要求和创新治理，迭代升级为自然资源数字化管理平台，实现自然资源全生命周期指挥管控。该平台有效缩减了业务办理时间，建设用地审批全流程从原来承诺的 408 个工作日缩短为 104 个工作日；多个环节改为即来即办模式，取消核发用地批准书等环节，实现新批土地、标准地"零资料"提交、"码上直办"。另外，平台试运行后，通过自然资源"一张图"智慧决策应用，优选出200个优质土地资源存入"两山银行"，助力实现自然资源从"绿水青山"到"金山银山"的价值转换。

3. 数字技术助力水利协同治水实现新的突破

各地水利系统积极践行新时代治水思路，抓住数字化赋能新机遇，乘势而上、强力攻坚，加快水利数字化转型步伐，推进水利高质量发展取得新突破。浙江省作为水利部智慧水利先行先试5个试点省之一，承担数字流域、工程建设系统、工程数字化管理、水电生态流量监管、一体化水利政务服务5项试点任务，涌现出一批智慧水利先行建设点，例如，宁波"智慧水利"赋能防汛防台，助推水利高质量发展；桐乡AI智能水位感知系统助推"智慧水利"建设等。

宁波市水利局"智慧水利"建设有效支撑水利高质量发展。该平台不仅打通了各领域内的业务数据，还建立了市县两级共建共享共用机制，重点在水旱灾害防御、河湖管理、水利工程管理、水资源管理、水文管理、公众服务6个方面强化数字赋能，为水利高质量发展插上科技的"翅膀"。针对水资源管理，平台整合了宁波市50座水库及62座水厂的数据信息，构建了"水库—水厂"供需预警分析模型，可按照不同来水频率，计算期末蓄水量、可供水天数等分析结果，20秒内生成调度方案，为城市联网供水调配、跨区域引水调度提供科技支撑。针对河湖综合管理，平台通过对市、县、乡（镇）三级河流进行分级分段，全面掌握宁波河湖总体情况，为河道执法、审批、规划建设提供依据，还可依托项目智能视频分析技术，对试点河道展开智能巡查。以甬新河为试点，机器巡河能在3～5分钟实现对整条河道的巡查，发现问题自动报警，较以往的人工巡河，其效率可大大提高。

桐乡市水利局"智慧水利"一期项目初步实现一体化监管。通过智慧水利一期项目建设，桐乡市已实现全市闸站远程监控操作的全覆盖，推动水利监管的网络化、数字化和智能化。人工智能水位感知系统通过安装人工智能双目视频水位枪机以及开发水旱灾害防御模块，实现动态图像与水位数据的精准获取，智能联动水泵的启停，使市、镇、村三级防汛管理单位能够实时监测水位的动态变化，确保水利设施的正常运行，增强"智慧水利"的智能化、自动化水平，有效提高工作效率。依托数字水闸的远程智控全域化，桐乡市的水利人员在应对台风"烟花"的过程中，足不出户就可以通过计算机、手机等终端远程了解泵闸站的运行情况并进行预排，累计排放涝水 2318.5 万立方米，并且全市圩区农田无受淹情况。

4. 数字技术助力气象预测预警更加精准有效

智慧气象是气象事业发展的总体目标，而数字化转型则是气象领域现阶段及未来一段时间内为达到阶段性目标而必须进行的具体工作路径和工作过程。例如，福州市气象部门以需求为导向，在极端天气的"生命线"上，彰显数字应用价值。福州市从"城市大脑驾驶舱"的"1.0 气象模块"到"气象精灵 2.0 版本"，再到致力于"五个一"建设（一网感知全局、一键智能预警、一图辅助决策、一脑指挥联动、一体服务全域）的 3.0 时代，打造数字气象示范城市。气象灾害时常让城市的供电、供水、供气、通信、交通等"生命线"系统受到影响。2021 年，"气象精灵"入驻福州市防汛抗旱指挥部、交警支队，让 15 个部门三大类数据实现共享交换，构建基于"互联网 +"的气象灾害防御协同管理体系。"气象精灵"是福州市气象局重点打造的气象预报预警服务数字化智慧平台，融合 300 多个气象监测站、多波段雷达监测网等综合、立体、实时的分钟级数据。"气象精灵"还具有智能分析、分区报警功能，当数据触发天气预警阈值时，平台指示灯会闪动报警，同时智能预报兼具靶向预警功能，如果发布暴雨红色预警，则系统会自动圈定范围，向相关街道区域住户发出提示短信。同时，福州市人工影响天气工作依旧依托数字新密码"气象精灵"，打造智慧气象人工影响天气业务系统，实时监测人工影响天气作业条件并自动判别预警，便于业务人员科学开展人工影响天气作业，推动人工影响天气工作从快速发展到高质量发展。

12.2.3 数字技术推动生态环保实现创新发展

目前，生态环境保护工作正面临"攻坚期、关键期、窗口期"叠加而形成的复杂形势。从总体上分析，我国生态环境质量总体出现了稳中向好的趋势，并持续向好的方面发展，但成效却缺乏稳固性。现阶段迫切需要环境科技支撑，解决环境治理技术、设备、材料等关键问题，促进创新成果转化支撑管理服务，实现科学治污、精准治污、依法治污。在此背景下，科研人员将许多高新数字技术结合，例如，物联网、大数据等与生态环保各个环节相结合，为生态环保创新发展提供坚实基础。加强各地区数据互联互通、信息共享，构建跨部门、跨层级、跨地区的数字化生态环境协同治理体系。以大数据技术为例，相关部门通过对海量数据信息进行汇总和实时共享，构建生态监管、污染防治的支撑堡垒。环保大数据技术的应用，能够使生态环境保护工作人员全面、及时地了解和掌握环境污染信息，并及时发现生态环境保护工作中存在的问题和不足，使防治工作更具针对性、高效性、可操作性，使科学治污、精准治污、依法治污得以实现。大数据对生态环境保护作用显著。监管方面，环保大数据在智慧型环保监管领域中可以提升环境监管工作的效率，增强环境监管工作的整体力度，逐步提高环境监管系统的协同性、共享性与高效性。在治理方面，以环保大数据为引导，能直接提升环境治理方式的先进性与科学性，为环境治理工作提供科学精准的指导意见，增强环境治理工作的效率与质量。

12.2.4 生态环保数字化创新模式层出不穷

环保 PPP 模式为生态环保数字化的资金困境提供破解之道。环保 PPP 模式以破解政府供给模式存在的弊端为目标，有利于帮助解决政府财政危机及破除垄断性环保服务供给。社会资本的引入不仅可以拓广资金获取的渠道，减轻政府财政压力，还能盘活社会存量资本，提供可持续的多元化环保服务。与此同时，社会资本的先进经营理念和专业环保技能有助于突破行业准入限制，引导环保服务供给市场的有序竞争，进而为公众提供优质、高效的环保服务。PPP 模式引入环保数字化领域后，改善了环保服务供给现状。2017 年年底，财政部 PPP 项目库入库环保项目金额总计为 1.9 万亿元，占比约为 20%，仅次于市政工程与交通运输类项目；2018 年第四批 PPP 项目示范名单中共计入库项目 396 个，环保类项目 186 个，环保类项目占比约为 47%；2019 年，环保类项目增至 728 个，位列前五，且由垃圾焚烧、污水处理项目延伸到海绵城市、土地修复、大气污染防治等领域。这一剧变与相关政策性文件的支持密切相关。国家政策的强力推动、生态文明建设的需求及公众对于健康良好环境的需求，使环保数字化领域公私双方蕴藏巨大的合作可能，这让 PPP 模式成为热点。

12.3 生态环保数字化发展趋势

12.3.1 生态环保数字化治理日趋协同高效

生态文明建设是功在当代、利在千秋的德政工程，污染防治已成为新时代中国必须解决的一个社会问题。随着数字政府建设成为社会发展的必然趋势，生态保护数字化转型的脚步日益临近，功能强大的系统设计和关键技术创新将为生态环保数字化建设提供有力的技术支撑。新技术在生态环境保护中的应用将从根本上解决现有环境数据破碎化、局地化、平面化和不确定性等瓶颈问题，使污染预警、质量预报和风险管理将更加准确高效。生态环境保护数字化将越来越智能，逐渐从信息化、智能化向数字化、智慧化过渡。在监督管理方面，由分散管理向集中管理转变、由粗放管理向精细管理转变；在监测预警方面，由传统监测向"空天地一体化"监测转变，由环境质量、污染源监测向生态状况和环境风险转变，由人工防范向智能防范转变；在决策支持方面，从现状分析向预测预报和风险评估转变，从浓度监测、通量监测向成因机理分析转变，从事后应对修复向事前预测预防转变。生态环境保护数字化将连接更多主体，逐步实现跨层级、跨地域、跨系统、跨部门、跨业务的协同管理和服务，增强发现问题、分析问题和解决问题的能力，提高生态环境监管精细化、科学化、法治化水平，服务生态环境的综合管理与决策。

12.3.2 自然资源数字化应用日趋智能精准

自然资源数字化是国家数字化发展的重要组成部分，也是"数字中国"建设的基础支撑。自然资源大数据联通了国家政务服务和监管平台，进而组成了统一的国家信息化平台，有效推动了国家治理体系和治理能力现代化。因而自然资源数字化对于实现自然资源治理体系和治理能力现代化具有重要意义，目前的形势提出了全覆盖的多维自然资源数据底板的要求，完成"地上地下、陆海相连""空天地一体化"相互关联的自然资源数据平台，建立统一的自然资源数字化框架为自然资源统一调查监测、国土空间规划和自然资源资产负债表编制、资源配置、离任审计、资源市场及产权管理等提供一些基础数据，有助于解决自然资源系统要素关联、国土开发适宜性评价、资源环境承载力等前沿和热点问题研究，这也为自然资源科学发展、利用提供新方法、新思路和新技术。

12.3.3 水利气象数字化发展日趋融合联动

智慧气象与智慧水利的融合应用为高水平防汛抗旱提供有力的决策支撑。气象、水文站网协同规划、共建共享，可提升水雨情监测密度；气象监测预报和水利监测数据交互，可实现水旱灾情更精准的预判和更有效的防范；水利、气象利用各自专业优势进行联合分析、联合预报预警，可提升研判的科学性、针对性，为防汛抗旱、防灾减灾决策指挥提供更加科学可靠的依据；深入开展小流域山洪预警工作，可增强灾害预警时效和预警服务的针对性，可提高小流域山洪灾害防御能力。气象大数据是水文分析预报的前置条件，气象数字化模式的发展也需要从水文分析获取更多的反馈。数字化改革的不断深化将进一步打破部门壁垒、数据壁垒，进一步搭建交流平台，实现多领域优势互补、协同治理。

12.3.4　绿色低碳数字化转型日趋广泛普及

如今数字技术早已应用到企业生产、人们生活的方方面面，数字经济与实体经济深度融合，是实现生产方式高质量、绿色化发展的重要手段。一方面，数字经济可以有效改进生产工艺的流程、提升生产过程管理的精准性、提高设备运转效率，以智能协同的管理模式提升节能减排和生产效率；另一方面，数字经济可以优化资源配置的效率，通过工业互联网、人工智能、大数据等数字基建设施完成不同行业和企业间的各种资源要素融通和共享从而提升资源配置效率。此外，数据是数字经济最重要的生产要素，发挥数据要素的价值，加快融合数字经济与实体经济，可以有效优化传统产业结构和优化创新生态系统。"双碳"目标下，科技创新与数字化转型成为企业赢得竞争力、实现可持续发展的重要抓手，各级政府部门需要仔细考量科技发展趋势，制定清晰的战略，并协同利益相关方共同应对这些优先发展事项。

12.4　生态环保数字化发展有待解决的问题

12.4.1　生态环保数字化制度体系不健全

随着一系列生态环保政策和数字化政策的出台，我国环保数字化进程得以加快推进。同时，我国生态环保制度建设由点到面，全面发展，虽然在机构整合、法律法规、政策布局3个方面收获颇多，但很多制度并不能适应如今生态环保数字化的新局面，难以满足新时代中国生态环境建设要求。生态环保数字化制度体系建设的不足主要体现在以下 3 个方面。**一是立法强、执法弱。** 我国环保立法进入快速、高产的发展阶段，立法成果颇丰，在环境环保的主要领域基本可以实现有法可依。然而，在环保法律的执行中，执法授权不够明确、执法人员紧缺以及公众对环境执法存在误解等外部因素会引发立法强、执法弱的问题。**二是广泛性强、针对性弱。** 一些制度的针对性不强，共性多而特性少，即没有为特定地区、发展阶段和产业的发展现状细化制度，同一制度对不同区域环保产业发展产生的效益不一，因此在一定程度上制约了生态环保数字化进程。**三是形式强、实效弱。** 部分单位只注重形式而不注重效果；在政策法规的施行上，对上和对下的监督难度不一，等等。

12.4.2 生态环保数字化运行机制不完善

生态环保数字化运行机制的不足主要体现在监管机制和生态环境数据共享机制两个方面。**一是数字化转型驱动下环境监管机制不完善。** 目前，我国环境监管存在"重企业环境信息披露，轻政府信息公开"的弊端。没有相对完善的制度体系保障与实效性、安全性检验来协助环境监管实现数字化。**二是生态环境数据共享机制有待健全。** 尽管日益强大的大数据中心基本已经建立了部门间横向数据交换渠道，但在其数据按需共享和数据时效等方面还不能匹配日常业务管理的需求，部门间业务数据交换共享仍需推进。随着各级"智慧城市"相关措施的落实，各省市、各区及街镇对纵向数据共享的需求越来越迫切。数据只上流不回流的现状不利于推动基层环境治理"智慧化"进程，也造成了各级对业务系统重复开发却无法打通的局面。生态环境数据社会共享服务质量有待提高，数据的公开范围还不能满足公众对生态环境治理的参与需求。

12.4.3 生态环保数字技术创新受制约

生态环保数字技术是生态环保数字化转型的基础支撑，只有科技持续创新才能为生态环保数字化不断注入活力，但高新技术在生态环保数字化中的应用还处于初级阶段，生态环保与高新技术的融合创新仍需突破。应用广泛的生态环保数字技术包括环保物联网和生态环境大数据，本节将主要从这两个角度分析生态环保数字技术的不足之处。

环保中的物联网系统在使用过程中要收集各种污染物的多种信息，不同类型感知终端所采用的通信方式不同，输出数据结构、标准不统一，导致环保物联网在建设过程中面临着巨大的挑战。此外，环保物联网系统对感知设备的可靠性、稳定性、能耗和制造成本等方面要求较高。生态环境大数据的建设与应用发展到现在也面临很多挑战。一是目前尚未建立统一的生态环境监测体系，在数据导入数据库之前，部分检测设备并没有进行统一联网，并且底层数据冗杂，这极大地影响了数据的真实性。二是从政府的角度来讲，数据壁垒仍然存在，大多数省市都搭建了自己的检测监督平台，建立了大气、水、土壤等资源的监控数据库，但是也存在数据库众多、数据来源单一以及统计口径不一的现象。三是技术能力还有待提升，精细化支撑力度不够，自主研发实力有待提升。

12.4.4　生态环保数字化应用面临挑战

生态环保数字化是数字政府的重要组成部分，是智慧化治理在现实中应用的具体体现。但是我国生态环保数字化应用仍然处于初级阶段，其局限性主要体现在以下 5 个方面。**一是生态环保数字化的理念尚未完全深入人心。**虽然近年来环境保护受到公众和政府的重点关注，但是除专业的环保人士，部分官员和社会公众对于具体环境治理策略和治理方法缺乏清晰的认知和理解。**二是系统兼容性和一体化程度低。**我国在环保数字化建设领域尚未颁布统一的技术标准，各模块的功能容易出现互不兼容的情况。三是人为破坏和**干预时有发生。**全方位的监控和传感器经常遭到一些违法排污企业的抵制和破坏。**四是执法和处置能力较弱。**从当前环保数字化发展的战略规划和总体框架来看，生态环保数字化的应用领域主要集中在环境信息的搜集、处理、应用、在线办事等方面，对于环境执法和环境处置等方面的数字化改造仍然欠缺。

12.5 生态环保数字化发展对策

12.5.1 完善生态环保数字化制度体系

体系是各个要素按照一定结构形成的整体性系统，完善一个体系需要多方面、多层次的实践路径。当前，完善我国生态环保数字化制度体系的实践路径需要全方位、多层次、立体化的体制机制建设的有机统一。首先，整体性路径建设要从中国特色社会主义制度体系出发，全面涵盖政治、经济、文化、生态、社会等领域，加强生态环保数字化与其他领域制度建设的联动、互助、协同，同时在制度设计过程中充分尊重个体、群体、群落间的复杂差异，使生态环保数字化通过中国特色社会主义制度的整体构建转变为更具有操作性、实践性、物质性的建设力量。其次，生态环保制度体系在建设过程中，需要政府、非政府环保组织、公众等各方力量的全面参与和相互配合。最后，要准确把握数字化改革的思维理念、重点任务、路径方法，进一步优化制度机制、方式流程、手段工具，全面提升各项工作的科学化、精准化、协同化和高效化水平。坚持目标导向，打造闭环平台，以"实用、管用、体现特色"为目标，依托生态环境保护综合协同管理平台，进一步集成生态环境领域各类数字和平台系统，以此驱动生态环保数字化体制改革。

12.5.2 健全生态环保数字化运行机制

健全生态环保数字化运行机制是生态环保数字化有序发展的基本前提。首先，要健全事中事后监管机制，实现"用数据监管"和智慧赋能，政府可以依托全方位监管得到的数据信息,将传统依靠"拉网式"人力检查发现违法行为的监管模式,转变为建立在数据分析基础上、及时精准打击的数字化监管模式,优化监督数据信息的汇集、研判与处置机制。其次,要改善生态大数据的共享机制,着力促进环保大数据中心的升级迭代,打造"进、管、算、出"的数字底座,实现生态环境部门数据纵向共享交换。从顶层打通"数字化转型"一贯到底的标准化架构,统一配置数据交换服务和开放数据接口,减少基层生态环境保护业务系统"多头开发"和"上下不接"等瓶颈问题,以更大力度赋能城市最小单元生态环境管理。最后,要建立健全环境保护联动协作机制,强化环保部门与公安机关、司法行政机关、检察院和法院的联系,推进刑事司法与环境行政执法的协作力度,深化和完善联合办案以及定期会商的制度,切实加大对环境违法犯罪行为的打击力度。

12.5.3 深化生态环保数字化应用发展

我国生态环保数字化的发展应从改进城市环境治理的理念与思维、合理地搭建和优化生态环境数字化硬件系统、研发和使用更高级的数据处理功能、改善环境保护的执法模式等方面开展。

首先,改进城市环境治理的理念与思维,各级政府需要把协调一致和互联互通的环保数字化核心思想逐渐贯彻落实到环境治理的实践中,推进环境治理从传统人力环保向生态环保数字化阶段过渡。

其次,要合理建设和发展生态环保数字化硬件系统,各城市投资生态环保数字化硬件的时候需要注重系统的兼容性与性价比,应强调系统的应用性。

再次,要开发和使用高级数据处理功能,依托大数据和云计算等先进数字技术深度分析环境数据,引入智能化信息发布、使用和辅助决策系统,将生态环保数字化应用落到实处,实现数据同"互联网+"技术的高效对接。

最后,要改进环境执法模式,在现有的分布式环境传感器系统基础上不断提升环境处置能力,增设车载环境监控系统和环境监控无人机,一次弥补分布式环境传感器系统的不足。一方面可以有效地避免外界的破坏和干扰,更为准确、高效地获取第一手环境资料;另一方面还能协助工作人员快速、机动地应对环境突发事件,提高环境突发事件的应对能力。

"数据赋能"：
数字政府建设的关键议题

第十三章

数据治理：
激活政务数据潜藏价值

党的十九届四中全会首次将数据纳入生产要素的范畴，激发了全社会对数据的广泛关注。2020年，《中共中央 国务院关于构建更加完善的要素市场化配置体制机制的意见》公布，该文件明确提出"加快培育数据要素市场"，并对政务数据共享开放利用提出要求，促使政务数据治理正式提上日程。2022年10月，国务院办公厅发布《全国一体化政务大数据体系建设指南》（国办函〔2022〕102号），提出各地区各部门要加快推进全国一体化政务大数据体系建设的决策部署。在此背景下，分析政务数据治理的形势，思考政务数据治理的着力点、切入点、关键点，对政务数据要素价值释放具有重要的实践价值。本章在总结国内外文献的基础上，基于全局视角阐述了政务数据治理的内涵，分析了开展政务数据治理的战略价值，总结了我国开展政务数据治理的良好基础和优势条件，剖析了政务数据在采集、开放、共享、应用等方面所面临的阻碍，解读了基于国际数据治理研究所的数据治理理念建立的政务数据治理模型，提出了下一步构建政务数据治理体系的对策建议，以期为加快推进政务数据治理提供参考。

13.1 政务数据治理的概念

2004 年，国外学者基于公司实践提出了"数据仓库治理"，开启了学界对数据治理的研究。通过梳理大量的文献，我们发现对政务数据治理的研究有的侧重于理论，与实践结合不紧密，有的侧重于实践，缺乏一定模型理论的体系。为了增强理论与实践的结合度，本节对政务数据治理的相关问题进行了详细的研究，在联系实践的基础上建立了相应的推进模型，以期对实践带来更多的启发和借鉴。

为兼顾理论与应用研究，实现理论与应用研究相衔接，综合国家相关文件对政务信息资源和政务信息系统的权威定义，本节提出的政务数据资源是指政务部门在履职过程中采集、加工、交换、使用、处理的信息资源。其中，政务部门是各级党委、人大、政府、政协、纪委监委、法院、检察院及其直属各部门（单位）。从广义来讲，政府数据与政务数据在内涵上是一致的。从狭义来讲，如果将政务数据按党委、人大、政府、政协、纪委监委、法院、检察院等不同领域来细分，则政务数据可以包括政府数据。具体选择"政务数据"还是"政府数据"，需要结合具体的场景、语境，不能一概而论。本节所描述的政务数据治理是政务部门为释放政务数据价值在组织机构、政策标准、法律法规等方面所研究制定的一系列制度规则。所谓的"治"是为了"用"，数据治理是数据价值释放的前提，数据全生命周期存在的问题是数据治理的对象和解决目标，数据要素市场的培育发展迫切需要数据治理加以正本溯源。国家相关文件对政务信息资源和政务信息系统的定义见表 13-1。

表 13-1　国家相关文件对政务信息资源和政务信息系统的定义

名称	时间	来源	定义
政务信息资源	2016 年 9 月 5 日	《政务信息资源共享管理暂行办法》	• 政务信息资源是指政务部门在履行职责过程中制作或获取的，以一定形式记录、保存的文件、资料、图表和数据等各类信息资源，包括政务部门直接或通过第三方依法采集的、依法授权管理的和因履行职责需要依托政务信息系统形成的信息资源等

续表

名称	时间	来源	定义
政务信息资源	2017 年9 月 22 日	国家标准《政务信息系统定义和范围》	• 政务部门是指政府部门及法律法规授权具有行政职能的事业单位和社会组织 • 政务信息资源是指由政务部门或者为政务部门采集、加工、交换、使用、处理的信息资源，包括政务部门依法采集的信息资源；政务部门在履行职能过程中生产和生成的信息资源；政务部门投资建设和外购服务获取的信息资源；政务部门依法授权管理的信息资源
政务信息系统	2017 年9 月 22 日	国家标准《政务信息系统定义和范围》	• 政务信息系统是指政务部门应用信息技术支持政府管理与服务职能的信息系统 • 政务部门是指中共中央、全国人大、国务院、全国政协、最高法院、最高检察院及中央和国家机关各部门，各级地方党委、人大、政府、政协、纪委监委、法院、检察院及其直属各部门（单位）
政务信息系统	2018 年1 月 3 日	《政务信息系统政府采购管理暂行办法》	• 政务信息系统是指由政府投资建设，政府和社会企业联合建设，政府向社会购买服务或需要政府运行维护的，用于支撑政务部门履行管理和服务职能的各类信息系统，包括执行政务信息处理的计算机、软件和外围设备等货物和服务

13.2　政务数据治理面临的一些问题

13.2.1　数据应用水平有待提高

事实上，我国数据治理尚处于发展初期，很多人还对数据治理认识不足。面对新冠肺炎疫情这场突如其来的重大公共卫生事件，政务数据应用发挥的作用稍显不足，政务数据利用率有限。在新冠肺炎疫情初期，除了传染病疫情和突发公共卫生事件网络直报系统（以下简称"直报系统"）所掌握的数据，其他领域数据发挥的作用有限，通过数据应用改进决策的成功案例不多。其中，表现较为突出的是密切接触者测量仪、口罩预约、健康码等少量终端应用，为有效应对新冠肺炎疫情、推动复工复产发挥了积极作用。如果宏观经济调控、社会管理、公共服务、市场监管、生态环保等职能领域都能得到数据的有效支持，无疑将为政府面临的各种难题提供强大助力。但相对于新冠肺炎疫情期间互联网平台在生鲜电商、在线医疗、在线教育等领域的强势崛起，政务数据应用在新冠肺炎疫情中折射出一些短板，主要体现在应用范围不广、应用能力不高、应用模式不成熟。大多数地方政府的政务数据应用水平不高，数据建模、算法设计等专业知识掌握得不够，大部分处于想用不会用的状态。针对纷繁复杂的政府决策环境，反思政务数据应用存在的不足，对推动政务数据价值释放尤为重要。

13.2.2　数据共享流通有待提升

新冠肺炎疫情期间，密切接触者测量仪通过打通交通、铁路、民航等多部委数据，帮助公众查询探测是否与感染人群有接触；口罩预约通过共享多部门数据，实现稀缺资源的高效分配；健康码通过汇聚卫健、工信、交通、海关、民航、铁路等相关数据，依托国家政务服务平台，在短短 2 个多月，实现了全国大部分地区"一码通行"。两年多的政务信息系统整合共享工作推动政务信息系统互联互通取得突破性进展，政务数据共享的通道基本建成。即便如此，数据共享协调机制还不够健全，大量政务数据供需衔接不畅依然存在。数据运营机构的定位不清，数据共享交换的管理部门既是"运动员"又是"裁判员"，数据共享相关方的权责不清。政务数据标准不一，数据口径不同和格式多样，使数据跨部门、跨层级共享乏力。另外，政务数据与社会数据融合共享尚处于初级阶段。许多互联网企业通常向其他单位提供数据的意愿很低。虽然政务数据与社会数据对接融合是国家数据治理能力的战略支点，但理论对实践的指导价值还有待进一步提升。

13.2.3 数据开放质量亟须改善

随着数据开放的不断推进，相关工作重心由建平台向用平台转变，数据质量成为当前数据开放面临的首要问题。开放数据的格式多样，有的不能直接机读，相关人员在使用前需要花费大量的时间进行格式转换，侧面降低了数据的使用效能。也有一些开放数据的颗粒度不高，某些场景的应用价值不高。例如，新冠肺炎疫情期间很多城市开放了患者的信息，却不包括旅行出行、接触人群、家庭关系等重点相关信息，无法满足公众对疫情数据的迫切需求。数据管理机制不完善，开放数据的时效性、准确性、一致性得不到保障，数据出处不明，无法从源头确保数据质量。开放数据对促进数字经济发展、释放就业岗位等方面潜力巨大，反思数据开放质量存在的种种问题对充分发挥数据开放、对经济社会发展的促进作用大有裨益。

13.2.4 数据采集意识亟须升级

数据采集是政务数据产生的源头，对数据整个生命周期价值实现具有决定性影响。从采集方式来看，政务数据采集手段的在线化目前仍然较为滞后。在疫情防控时，很多地方手工填表不仅低效，而且增加了疫情扩散的风险。政务数据种类繁杂、来源多样，数据采集时效性、准确性不高的现象较为突出，相同数据重复采集也很普遍。另外，公众到政府办事时，经常需要填报同样的数据，不同部门填报采集的数据很多不能重复利用，降低了数据的使用率。

13.3 构建政务数据治理模型

政务数据治理的对象不同，所对应的工作复杂度和难易度也不同，采用的数据治理模型也会有所区别。目前，业界普遍认同的数据治理模型来自国际数据管理协会（The Global Data Management Community，DAMA）、国际数据治理研究所（Data Governance Institute，DGI）、英国高等教育统计局（Higher Education Statistics Agency，HESA）。其中，在DAMA 数据治理模型中，数据治理是数据管理的一部分，更侧重通过计划、监督和执行等活动，以确保数据管理决策处于规范、有序和可控的状态；DGI 数据治理模型在确定数据治理组织机构的基础上，明确数据治理愿景、目标、策略和流程；HESA 数据治理模型来自高等教育领域，更适合解决高等教育行业的数据治理问题。DAMA 数据治理模型和 DGI 数据治理模型逻辑清晰、考虑全面，被很多学者引用借鉴。需要注意的是，数据治理模型不能忽略行业的独有特征，即组织的唯一性。目前，尚未有一个模型能适用于所有的数据治理活动，不同的数据治理模型有不同的侧重点，有不同的适用领域，但是不同的数据治理模型都有一定的参考借鉴价值。即便是同一行业的不同组织的数据治理模型都具有其自身特点，在治理过程中应具有一定的可拓展性，可以随着组织的变化进行相应调整，太多详细的模型在实施过程中容易限于自适应性弱的情景，从而增加了数据治理工作的复杂程度。

我国政务数据治理模型的构建必须立足国内政务数据的内涵、环节、问题，才能对政务数据治理实践产生价值。鉴于国内政务数据的行业独特性，DAMA 数据治理模型和 DGI 数据治理模型并不能直接采用，但是它们在理念和逻辑上却有一定的参考价值。鉴于此，本节在对已有数据治理模型进行消化吸收的基础上，针对国内政务数据所关注的重点，秉持实用易用的原则，设计了相应的政务数据治理模型。总体来讲，政务数据治理就是通过一系列数据治理活动，以提升政务数据质量、确保政务数据安全、促使政务数据价值得以有效释放。政务数据治理模型如图 13-1 所示。

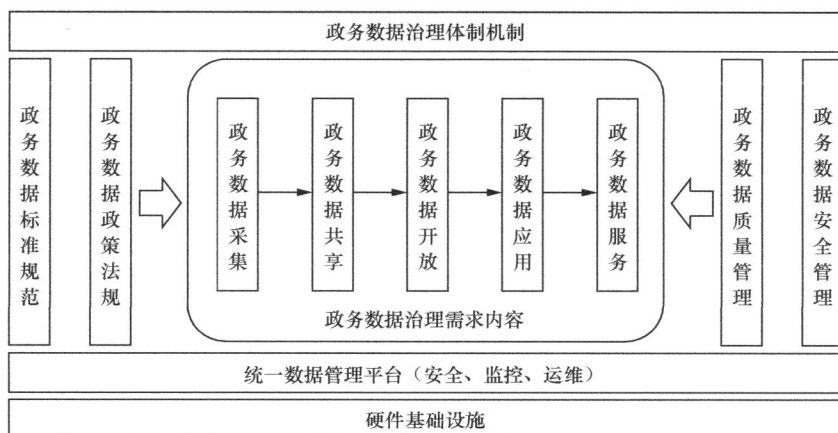

图 13-1　政务数据治理模型

国内外数据治理框架比较见表 13-2。

表 13-2　国内外数据治理框架比较

模型名称	提出者	定义	构成要素	差异分析
DGI 数据治理模型	国际数据治理研究所	数据治理是对数据相关事项做出决策的工作，是与信息相关的决策和问责制度体系，根据商定模型执行，确定实施者、实施步骤、实施时间及实施方法	包括规则与协同工作规范、人员与组织结构、流程 3 个部分。清晰化，明确目标，确定范围与着重点，确定成果的衡量标准	DGI 认为，数据管理和数据治理是相互独立的。数据管理是确保通过数据治理制定的政策和实践能有效地促进相关数据工作的进行
DAMA 数据治理模型	国际数据管理协会	数据治理是对数据资产管理行使权力和控制的活动集合（计划、监督和执行）	包括十大功能要素与七大环境要素。数据治理的重点就是解决十大功能与七大要素之间的匹配问题	DAMA 认为数据治理与数据管理是相互独立的
HESA 数据治理模型	英国高等教育统计局	HESA 数据治理模型是由高校制定的发展规划和长远的战略目标共同指导的	该框架是为解决高等教育领域数据治理问题提供理论模型和方法指导	HESA 数据治理工作具有独特性，不适用通用的治理模型

13.3.1 健全政务数据治理体制机制

政务数据治理是"一把手"工程，相关工作的顺利开展离不开"一把手"的高度重视和鼎力支持。政务数据治理要进一步完善政务数据治理组织体系，建立由高层领导牵头的数据治理委员会，形成数据治理跨部门协调机制，理顺政务数据采集、共享、开放、利用、销毁全生命周期的权责体系；建立首席数据官制度，专门负责政务数据治理工作，促进政务数据价值实现。数据治理投入产出不呈正比，是阻碍政务数据效能发挥的一大阻力。探索建立利益相关方激励补偿机制，吸引各类主体参与政务数据治理，让相关方按贡献获取适当回报，从而增强数据治理相关主体的积极性。

13.3.2 厘清政务数据治理需求内容

政务数据治理需求是政务数据治理的核心，面向政务数据存在的问题，合理确定政务数据治理的方向。通过问卷、调研、访谈等形式，了解政府、企业、公众等不同主体对政务数据治理的需求和期望，深入剖析政务数据采集、共享、开放、应用、服务等不同环节存在的痛点与难点，诊断清楚政务数据存在的问题，结合政务数据发展的要求，明确政务数据治理的范围和对象，确定政务治理的目标和内容。

1. 规范政务数据采集

遵循合法、必要、适度原则，按照数据采集标准，规范采集政务数据，按照"一数一源、一源多用"的要求，实现政务数据一次采集、共享使用，实行"多元校核、动态更新"，及时校核、维护、确认数据，确保采集数据的准确性、完整性、时效性。

2. 加快政务数据共享

加快建立人口、法人、电子证照和空间地理等基础数据库，结合政务部门需求建立相关主题数据库。数据提供方应按照"共享为常态、不共享为例外"的原则，及时共享政务数据，没有法律、行政法规或者党中央、国务院政策依据，原则上不得拒绝其他单位提出的共享申请。数据使用方应根据履职需要申请共享数据，明确共享数据的具体应用场景，在政务数据使用过程中应严格遵守法律法规和授权使用的方式、范围和期限等，不得以任何形式提供给第三方。政务数据管理方统筹协调数据共享工作，建立数据使用方提需求、数据提供方响应、政务数据管理方统筹管理并提供技术支撑的数据共享机制，着力打破"数据壁垒"，保障数据及时提供、有效流转、有序共享。

3. 推进政务数据开放

依据国家关于公共数据资源开放的政策要求，推动交通、医疗、健康、民政等民生服务领域扩大数据开放范围，提升开放数据质量，为数据开发利用提供更多的数据素材。积极运用差分隐私等技术手段，加大数据脱敏技术研发，提升数据安全防护力度。

4. 创新政务数据应用

围绕"放管服"改革、营商环境优化等重点领域，面向政府决策、社会治理、公共服务等各类应用场景，强化大数据应用开发，加强制度创新和技术创新，提升服务效率，加快数字政府建设，为国家治理体系和治理能力现代化水平提供数据支撑。

5. 加强政务数据服务

积极运用"数据沙箱"、隐私计算、区块链等技术，加快推动数据"可用不可见"，在推动政务数据开发应用的同时确保政务数据安全，提升政务数据服务能力。支持举办政务大数据应用创新大赛，面向不同群体的个性化需求，开发各类数据应用产品，释放政务数据价值。

13.3.3　建立政务数据治理制度体系

政务数据治理涉及所有的地方和部门，不是个别部门的局部需求，要以政策法规、标准规范等为切入点，推动政务数据治理走向流程化、制度化、规范化。对不同部门数据共享互认的问题要在业务、技术、管理、安全等方面，研究制定政务数据标准体系，让各地区各部门的多源数据在同一个话语体系中有效流转，促使数据在复杂环境中保持一致性、规范性，以确保数据在流通中释放价值。对于政务数据共享意愿不强、应用水平不高等问题，要通过政策法规等形式，强化激励机制研究和数据素养提升，积极营造政务数据流通共享的良好氛围。

13.3.4　提升政务数据质量安全保障

厘清不同利益相关方的权责体系，落实相关方的主体责任。建立数据质量提升机制，细化明确数据的责任主体，明确政务数据质量规则，确保数据的真实性、有效性、权威性、准确性。根据《中华人民共和国网络安全法》《中华人民共和国密码法》等相关法律法规，推动数据安全管理、个人信息保护等方面的立法建设，提升政务数据安全保护水平。开展政务数据质量和安全考核评估，提升政务数据可用性，降低政务数据安全风险，加大政务数据安全防护技术研发，加强数据流通溯源研究，确保政务数据合规流通使用。

13.3.5　夯实政务数据治理平台支撑

加快政务数据治理平台建设，强化平台对制度、标准、机制的固化支撑作用，增强数据从创建到销毁全过程的监控治理，定时自动执行政务数据的质量管理和安全防护要求检查，提供问题反馈明细和改进建议，降低人工对政务数据管理的投入时间，提高政务数据治理成效，加强政务数据治理平台监管，增强平台建设运营方的安全防护责任。

13.4　加快推进政务数据治理体系的策略选择

13.4.1　加强政务数据管理能力建设提升

发展一批客观公正的第三方政务数据管理能力成熟度评估机构，以评促优，以评促改，充分发挥评估对数据管理能力提升的重要推动作用。依据 GB/T 36073—2018《数据管理能力成熟度评估模型》对各级行政机构进行评估，提出有针对性的数据战略规划，协助行政机构掌握数据管理方法，提升数据管理能力。鼓励相关行业开展全国性政务数据管理能力普查，了解不同行业数据管理能力，为分领域、分行业推进政务数据管理能力提供参考。推动政务数据分类分级标准，让更多的行政人员掌握政务数据资源图谱建设能力，摸清政务数据家底。开展政务数据全员质量管理，注重数据的可获得性、完整性、时效性、可用性、可信性、可追溯性。

13.4.2　积极营造政务数据治理文化氛围

当前，政务数据治理对数据文化产生了强烈的需求，数据文化有利于固化政务数据治理秩序和制度规则体系，让整个组织体系嵌入数据思维，形成组织成员对数据流程的自觉行动。借鉴爱尔兰、美国、澳大利亚等国家数据文化培育的先进做法，将数据驱动型文化建设作为政务数据治理的组成部分，通过多种渠道宣传强调数据治理与数据文化的相互促进和相互依存，积极营造用数据说话、用数据决策、用数据管理、用数据创新的良好氛围。举办数据应用创新大赛，展示宣传数据应用成效，形成全社会用数据的文化环境。

13.4.3　支持加强政务数据治理理论研究

政务数据治理涉及公共管理、信息技术、法律法规、网络安全等多学科背景，我国目前的学科设置与政务数据治理需求不匹配，通过高校教育的方式培育相关人才很难符合政务数据治理相关的工作需要。进一步加强政务数据治理相关学科建设，鼓励有能力、有条件的专业人员开展跨学科综合性研究，对推动政务数据理论研究尤为重要。鼓励高校公共管理、公共行政和电子政务等专业增加人工智能、大数据等内容的学习，加快跨学科复合型人才能力输出。鼓励高校与各地政府数据治理机构加强沟通合作，加强学生教学实践能力建设，学有所用，用有所学，协同推动政务数据人才建设。

13.5　结论

　　数据作为新时代的"石油"，数据的资源化、资产化、资本化发展之路尚处于探索阶段。虽然经过 40 余年的发展，我国的电子政务发展成绩斐然，各地区各部门积累了丰富的海量数据，但这些"深藏闺中"的数据，正需要通过政务数据治理制度规则的建立完善，进一步厘清数据产权、价值评估基准、配置定价、收益分配等一系列难题，才能将数据的潜藏价值得以有效释放。政务数据治理涉及的主体众多，是一项系统性工程，在具体推进的过程中，要注重强化利益相关方对政务数据治理的认知，推动政务数据治理加快发展，平衡好挖掘数据价值与保障数据安全的关系，联合"政、产、学、研、用"多方协同破解政务数据难题。未来，随着数据要素市场化的不断发展，政务数据治理将在"爬沟过坎"中释放巨大的能量，推动我国数字经济发展迈向更高的台阶。

第十四章

数据开放：
推动政务数据社会化利用

随着信息技术取得长足发展，计算机、通信网络等高新技术与各行各业深度融合，全球数据量每年急剧增长。尤其是最近 10 年，计算机、智能手机等在世界各地普及，新兴市场互联网接入数量持续增长，以及监控摄像头、智能电表等设备产生的数据呈爆炸性增长。根据国际数据公司调查研究，2020 年，全球数据累计达 44ZB。我国也不例外，信息化建设持续推进，数据规模日趋庞大。我国是全球数据量增长最快的区域之一，我国产生的数据总量从 2013 年的 0.8ZB 增长到 2021 年的 15.8ZB，预计未来 5 年，数据年复合增长率高达 29.7%。由此可见，我国将成为全球数据资源大国。如何更好地发挥数据资源的最大效能变得至关重要。2011—2025 年我国数据量增长情况如图 14-1 所示。

美国于 2009 年制定并实施"开放政府计划"，该计划提出政府数据开放的重要议题，形成全球性的政府数据开放运动。2014 年，加拿大根据八国集团《开放数据宪章》制定了"国家数据开放建设规划"，在 3 年内投入 300 万美元，以推进数字经济的发展。自我国实施政府数据开放以来，在各级政府的共同努力下，政府数据开放取得长足发展。面对全球数据开放热潮，我们不禁要问，全球数据开放的特点是什么？数据开放的战略价值有哪些？我们的政府应该如何行动？本章在对上述问题进行细致研究的基础上提出了加快推进我国数据开放的发展建议。

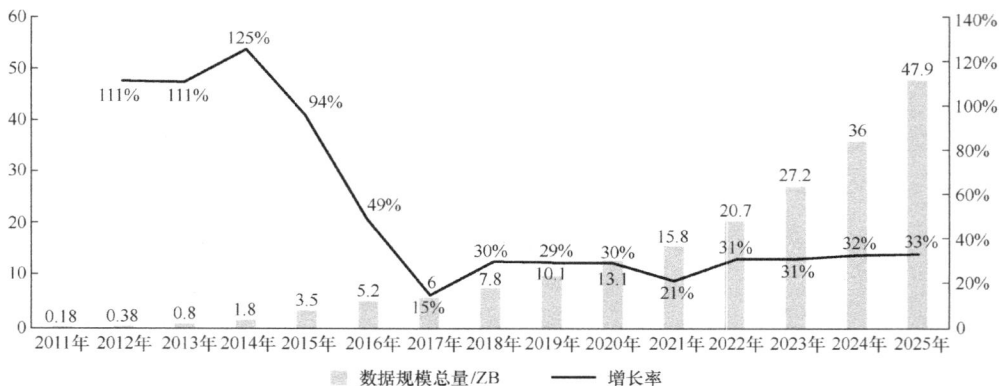

图 14-1　2011—2025 年我国数据量增长情况

14.1　全球数据开放的现状和特点

目前，世界各国积极参与数据开放建设，并且总体上呈现逐步完成计划、以专门网站多格式承载以及满足经济建设发展和公众生活需求的特点。

14.1.1　数据开放已成为世界各国的共同趋势

世界各国已将开放公共数据纳入国家发展战略。《2022 联合国电子政务调查报告》显示，全球有 153 个国家建立了政府开放数据网站。其中，62% 的国家已经开发了元数据词典，57% 的国家允许公众提交数据申请，52% 的国家拥有政府数据开放指南。例如，八国集团一致同意了《开放数据宪章》；欧盟修订了《公共部门信息再利用指令》；美国颁布了《增加联邦资助的科研超过访问的政策》，时任美国总统奥巴马签署了《政府信息公开和机器可读行政命令》；澳大利亚发布了《公共服务大数据战略》，利用公共服务来促进大数据发展，辅助公共政策的制定。全球各国部分政府数据开放政策见表 14-1。

表 14-1　全球各国部分政府数据开放政策

国家	年份	具体举措
美国	2009 年	发布《开放和透明政府备忘录》，为公众提供更多公共数据资源，引导公众参与政府决策
	2009 年	开放政府公共数据资源分享网站
	2010 年	发布《开放政府计划》，该计划指出按照公开、参与、协作 3 项原则，促进建立公开、透明的行政机构
	2012 年	发布《数字政府：建设 21 世纪更好服务美国人民的信息平台》，该文件提出构建国家层面的政府数字信息化 3 个战略目标、1 个概念模型和 4 项战略措施
	2013 年	发布《开放数据政策——将信息作为资产进行管理》，明确开放数据对国家发展的重要性，制订美国数字政府的战略计划
	2013 年	发布《政府信息公开和机器可读行政命令》，政府数据应具备公开、机器可读的属性
新加坡	2006 年	发布"智慧国 2015"规划，从基础建设、政府服务、科技研发和法规制定等方面出发，深化公共数据环境的改进及其在企业应用和政府服务中的实施
	2012 年	公布《个人数据保护法》，以避免对国内数据以及来自境外的个人资料的非法使用
英国	2009 年	英国首相提出将增加其他领域的公共数据，并在"一站式"网站上发布
	2010 年	英国政府开放数据门户网站正式投入使用
法国	2011 年	法国政府就开放数据政策发表正式说明
	2012 年	时任法国总理让 - 马克·埃罗在公共行动现代化部际委员会首次会议上说明了法国开放公共数据的基本原则
	2013 年	法国政府出台《八国集团开放数据宪章行动计划》，在行动计划中，法国政府做出了若干承诺，保障开放政府数据政策的制定
澳大利亚	2013 年	发布了《公共服务大数据战略》，其目标是促进各政府服务部门利用大数据分析助力服务革新，制定更加科学合理的公共政策，保护公众隐私不受侵害
加拿大	2011 年	发布"开放政府战略"
	2012 年	发布"开放政府行动计划"
	2014 年	在国际开放数据日，根据《开放数据宪章》发布其开放数据行动方案
印度	2012 年	实施了国家数据开放政策，用来促进公众、企业使用政府开放数据，并构建"一站式"政府数据门户网站
日本	2013 年	发布"日本再兴战略"，提出政府数据开放

14.1.2　以经济和民生需求为导向开放

数据开放使各政府部门、企业与公众使用政府公开的数据，满足其经济建设需要，促进数字经济发展和科技创新，创造实用化产品，帮助公众适应社会环境。从大部分国家的公共数据开放网站来看，占比最大的是关于经济建设发展、公众生活所需的开放数据。例如，美国新的数据开放门户将金融、商业和安全等六大原始数据集扩展到农业、交通、教育等20个类别。与经济建设发展、公众生活所需相关的数据集增加量尤为明显，方便公众调用数据集进行程序开发，许多数据集还为开发者提供调用数据的应用编程接口，在加拿大下载量最高的10个主要数据集中，有9个来自加拿大公众和移民部。

14.2　数据开放极具战略意义

数据开放，可以有效释放政府数据对经济社会发展的带动作用，促进经济增长，创造新行业，促进科技创新，增加就业机会，推动数字经济实现高质量发展。

14.2.1　数据开放促进经济增长

数字信息科学技术迅猛发展，当前社会正逐步向数字经济迈进。数据只有流动才能实现增值，数据开放有利于社会各界复用政府数据，释放乘数效应和溢出效应，激发经济增长潜力。麦肯锡研究院发布的《开放数据：以流动信息释放创新力和效率》报告显示，开放数据带来的经济价值为3万亿～5万亿美元，让世人第一次了解到开放数据的巨大经济价值。英国作为公共数据开放领域的先驱者和领军者之一，迄今为止依旧将数据开放当作发展重点，不断挖掘数据开放的潜在价值。据统计，公共数据领域每年为英国带来的直接经济效益约为 18 亿英镑，如果加上间接经济带来的效益，其估值可以达到 68 亿英镑，可为全球个人位置数据服务提供商贡献 1000 亿美元。

14.2.2　数据开放催生新兴业态

对数据资源的充分利用，有助于在生产过程中创造改进新的工具、操作、工艺等，同时公共数据开放必然会促进新行业的产生。随着实体建模、仿真分析、系统分析等相关学科的深入发展，企业可以通过公共数据进行消费者偏好分析，优化自身商业模式，满足消费者个性化需求。数据开放之初，美国政府向公众、各机构提供气象、全球定位的免费数据；企业利用公众数据开发出新的产品与服务，例如，导航系统、天气预报、灾害预警、精密农业工具，提高了美国公众的生活和生产质量；美国旧金山的一家气候研究公司利用政府采集的数据（例如，气候、土壤）描述信息技术平台，为农民生产提供保障，后被某家美国农业巨擘企业高价收购。江苏省南京市推进"智慧医疗"建设，利用公共开放数据推进医疗服务、健康管理、预约挂号智能化，包括在多个市区平台上自动归档和更新医院电子病例文件，实现与公共卫生、医疗安全、医疗监管、基础医疗卫生机构及其相关单位交换和共享数据，节省了患者的时间投入与经济成本。

14.2.3　数据开放促进科技创新

科技创新和技术进步推动社会可持续发展，而公共数据是科技创新和技术进步的基本，同时公共数据也具有强大的引导作用，提高科研的研究基础，避免重复劳动。芬兰教育文化部发布的《开放科学与研究路线图》认为，开放科学数据为每个想参与科学研究的人提供了大量的机会，同时也提供给他们能够共享研究成果的通道与平台，知识的开放大大促进了科技创新与进步。联合国教科文组织发布的《开放获取开发与推广的政策指南》指出，开放共享能够促使科学研究效率获得大幅提升，实现跨学科综合研究，并提高研究成果的可见性、影响力。欧洲科学院联盟在发布的《21世纪开放科学宣言》中，呼吁在科学研究中开展国际合作，促进欧洲科研技术进一步提升。

数据开放能够为五类人带来模式创新。**一是数据提供者。**基于数据处理、应用的优点，开发数据增值服务，获取商业效益。例如，2008 年，德国统计局利用开放数据在额外咨询服务方面获利增长 95%。**二是数据整合者。**向特定地区、领域收集相关数据，以应用程序接口费用或向外提供数据服务提供增值开发服务。例如，开放企业汇总了全球 81 个国家和地区的公司注册数据，并记录了 6000 多万家公司的数据。**三是数据开发者。**数据开发者是指设计、销售网页应用或移动应用的公司或个人开发者。例如，美国纽约有 70 个地铁软件在使用公共数据。**四是数据增值者。**这是指基于政府开放数据向最终消费者集成开发数据服务或产品的组织。**五是数据赋能者。**在保证收益和得到授权的前提下，数据赋能者把向数据提供商、消费者提供的平台和技术供第三方公司和个人使用。

14.2.4 数据开放增加就业机会

数据资源的深化不仅改变产业结构，还影响就业结构。数据共享也将使服务产业（例如，数据增值服务、文化创意服务）得到进一步发展，进而产生新业态。例如，加拿大仅"空间地理数据基础设施"一个项目每年可支持 12% 的直接就业增长率。只要公开人力资源和社会保障数据，将有效消除人才与企业之间的"信息鸿沟"。求职者可以获得招聘信息，企业也可以找到合适的人才。例如，我国山东省基于数据开放，构建方便快捷的就业环境，完善数字化灵活用工共享平台，打造人才供需数字供应链。在促进公共数据开放建设的过程中，为解决就业困难问题，很多地方鼓励自主就业、分时就业、发展微经济等就业方式，支持使用灵活的用工形式，创造新的商业形式，实施新业态成长计划，同时，倡导科学灵活用工，鼓励线上招聘、面试、选拔等就业服务新方式。

14.3　我国数据开放发展现状

为了满足日益增加的信息服务需求，促进信息服务相关消费，支持软件产业和信息服务业的进一步发展，我国各地积极推动公共数据资源开放，并取得显著成效。

14.3.1　数据开放政策不断完善

总体来看，我国处于数据开放稳步发展期，不少基础性、关键性数据仍然被封存起来，这在一定程度上阻碍了全社会数据开放的进程。同时，尽管已经有许多数据对外开放，但缺乏统一的标准，数据收集往往困难重重，数据使用效率低，地方政府和企业之间的数据平台相互独立，导致数据无法交换和共享。为加快深化公共数据开放发展，我国发布了多个国家级文件。2017 年，中央全面深化改革领导小组会议审议通过《关于推进公共信息资源开放的若干意见》，要求促进公共数据开放，提升规划布局，强化信息资源集中，继续推进信息惠民，突出数据大国、大市场优势，推动公共数据在应用方面的创新，致力于推动重点领域公共数据的共享，发挥经济价值和满足公众需求。2018 年，中央网信办、国家发展和改革委员会、工业和信息化部联合印发《公共信息资源开放试点工作方案》，确定在北京、上海、浙江、福建、贵州开展公共信息资源开放试点，针对当前开放工作中存在的平台不联通、数据应用不到位、管理不规范、安全性不强等主要难题，从建立标准相同的开放平台、规定开放范围、提高数据质量、促进数据使用等 6 个方面进行试点，形成可复制的经验，逐步在全国普及。2013 年以来我国公共数据开放相关政策见表 14-2。

表 14-2　2013 年以来我国公共数据开放相关政策

时间	文件内容
2013 年	国务院印发《关于促进信息消费扩大内需的若干意见》，提出要促进公共数据资源的共享、开发和利用，推动市级事业单位、公共服务单位等机构开放数据资源
2015 年	国务院印发《促进大数据发展行动纲要》，明确提出"推动政府数据开放共享"整体要求
2016 年	《政务信息资源共享管理暂行办法》出台，中国政府数据开放快速发展
2017 年	《关于推进公共信息资源开放的若干意见》发布，提出公共数据开放发展新方向
2018 年	印发《公共信息资源开放试点工作方案》，提出对公开数据开放进行为期两年的试点

14.3.2　数据开放平台日益健全

公共数据开放平台是国家政务信息化的核心应用设施，也是非涉密公共数据开放的主要枢纽和重要通道。自 2017 年以来，国务院和各级政府依托国家电子政务外网，积极推动国家、省（自治区、直辖市）、市、县（区）公共数据开放平台建设。国家公共数据开放体系加快构建，截至 2022 年 10 月底，21 个省（自治区、直辖市）建成了省级数据开放平台，提供统一规范的数据开放服务。2017 年到 2021 年，全国省级公共数据开放平台由 5 个增至 24 个，开放的有效数据集由 8398 个增至近 25 万个，政府数据开放平台日益成为建设地方数字政府与公共数据治理的标准配置。

14.3.3　数据开放效益初步显现

在数据开放制度体系方面，各地政府围绕数据开放已经出台了相关法律法规和鼓励政策，设计出切合当地经济、文化特色的数据开放管理制度体系。例如，天津、上海、浙江等省（直辖市）皆已颁布了具有针对性、精细化的地方政府数据开放规章和标准性文件，促使标准规范切实落地。

在数据开放监督管理方面，各地政府纷纷成立具备公共数据开放的职能部门，保障数据开放在安全环境下稳步发展。

在数据开放创新方面，为促进我国数据开放环境日益向好发展，上海、江苏、安徽等省（直辖市）大力举办形式各异的数据开放创新应用大赛。工业和信息化部资料显示，在数据开放的助力下，2017 年到 2021 年，我国数字经济规模从 27.2 万亿增至 45.5 万亿元，总量稳居世界第二，年均复合增长率达 13.6%，占国内生产总值比重从 32.9% 提升至 39.8%，成为推动经济增长的主要引擎之一。数据开放促进数字经济蓬勃发展，因此，加快推动政府数据开放显得尤为重要。

14.4 我国数据开放存在的重点问题

14.4.1 数据开放制度有待健全

数据开放体系是通过支撑数据开放过程中的数据、技术、资金、法规、运营等一类因素体系的总称。以电子政务网络与政务云等基础设施作为数据开放体系提供基础架构，以政府各单位的开放数据作为数据开放体系提供内容核心，以组织及制度体系作为数据开放体系提供保障。根据当前国内切实需求，完善数据开放体系，制定符合需要的数据开放制度尤为关键。只有按照切实可靠的工作计划和相关政策指导，才能尽快建立有效的数据公开制度。在政策法规建设方面，尽管已经发布了政策性文件以促进公开数据开放，政策目标也十分明确，但是缺少强大的制度约束，国家暂时还未出台具有针对性、合理性的数据开放政策法规。在政策法规实行方面，有些部门缺少对公共数据开放重要性、开发潜力的明确认识，缺乏将本部门所掌握的数据与其他部门、公众或机构共享的意愿，许多地区还未出台相关政府数据开放规划文件。在数据开放安全方面，数据开放涉及每一个公众的信息，因此，保障公众隐私安全显得尤为重要，在数据开放中应落实《中华人民共和国个人信息保护法》，维护好个人信息权益。

14.4.2 数据开放质量有待提升

我国开发建设数据开放平台的地方政府日益增多，但是还未做到对公共数据的全面开放，开放的类别、范围的覆盖面不够大，所开放的数据在表达、格式等方面没有统一的标准，数据不能做到及时更新，数据更新的频率缺乏保障，动态数据的占比较低，数据的采集、整理难度较大。各部门对于数据开放平台的建设形式、内容参差不齐，数据的质量没有统一规范。依赖手动维护数据且未做充分校验，导致开放的公共数据缺乏准确性，并且数据开放在国内的推行时间较短，数据开放平台建设还处于升级优化阶段，平台部分功能、构架尚未实现，一些政府机构能够采集和获取的数据质量不高，对于公众所关心的核心数据大多尚未公开，不能满足公众对公共数据的需求。同时，公众提交的数据使用、咨询申请，平台不能及时给予明确回复，公众对平台的使用体验不是很好，导致未能真正达到数据公开平台的建设目的，不能切实发挥数据资源的潜在价值。

14.4.3 数据开放价值有待挖掘

数据开放的实现可以为政府提供全面深入的数据信息，促使政府借助数据做出科学合理的决策。但同时政府也应将信息透明化，通过数据开放平台展示给公众，促进数据信息的二次利用。目前，全国 80% 的有价值的数据由各级政府部门掌握与拥有。因此，政府作为主导数据开放利用的中坚力量，对于调动公众、企业参与公众数据开放的作用就显得尤其必要。目前，各级政府已经出台相关政策对参与数据开发挖掘的相关机构进行鼓励与支持，科学引导社会力量挖掘政府开放数据的有效价值，其主要表现为举办形式多样的创新活动。例如，在上海等地区开展数据开放创新应用竞赛等活动，致力于推动公共数据开放的发展和建设。但有关统计显示，近年来，全国 80%的地方政府没有举办过此类活动，引导公众、企业参与数据开放活动的主导作用没有被充分发挥出来，针对数据、运营、创新、保障、商业融合的数字应用创新气氛并不浓厚，企业和公众参与意愿不足。

14.4.4　数据开放技术有待创新

数据开放促使信息技术不断创新，持续刷新着人类认知，数据开放已成为数字经济发展的主要动力。一方面，政府与互联网企业数据交换类型相似，但技术实现上存在明显差距。根据数据提供者与用户的类型，借鉴网上信息共享类型划分，高层次的政府数据开放属于不同系统之间交换数据，即政府开放系统与数据应用的程序直接对接不需要人介入；低层次的政府数据开放属于按照人的查看习惯展示数据，可以同时开放给程序和人，即人工和程序调用同时存在。互联网企业的开放平台通过接口方式开放数据，人工一般不介入，属于系统与系统对接的类型。可以看出，政府和互联网企业的数据开放对象都包含系统程序，低层次的政府数据开放较多考虑人工阅读的需求，高层次的政府数据开放与互联网企业的数据交换模式相同。另一方面，互联网企业的平台开放程度高于政府信息系统的开放，具有一定借鉴参考价值。互联网企业数据开放平台起步较早，目前发展较为成熟。谷歌、脸书、亚马逊、淘宝、百度等开放平台均形成明确的平台技术路线，具有稳定的技术支撑和开发服务能力，可以为政府数据开放提供技术层面的指导。因此，我国需要进一步强化政府数据开放技术创新，提升技术研发实力。

14.5　我国加快推进数据开放的应对之策

从目前全球参与数据开放的国家来看，既包括美国、英国等发达国家，也包括印度、巴西等发展中国家。我国数据开放优势并不明显，据"开放知识基金会"发布的"开放数据晴雨表"结果，在被普查的全球 100 多个国家和地区政府中，我国综合排名从 2013 年的第 35 位提升到 2020 年的 24 位。

对此，我国有必要多措并举，加快政府数据公开步伐，大幅提高政府数据的公开水平。

14.5.1　跟踪各国数据开放的做法和经验

我国应选择部分发展中国家及发达国家作为学习对象，对数据开放进行比较基准调查，明确各个国家的行动和策略，包括与数据开放相关的法律法规、标准规范等。例如，英国在公共数据开放领域的建设与发展过程中一直处于"领头羊"的水平，英国能够持续走在世界前列的原因是政府的高度重视，积极鼓励和宣传数据开放。在完成英国数据开放平台的建设与开发后，英国政府制定发布了一系列相关规定，要求各部门定期构建数据开放战略，提交详细的数据应用计划，同时对工作的进展情况进行定期汇报。这种做法能够保证对数据开放平台进行及时更新与维护，使平台一直处于动态优化调整状态。在借鉴多个国家政府数据开放经验的同时，结合我国的发展实际，制定长远发展规划，并在国家层面进行统筹规划，并由各地政府构建详细的、可操作的、可靠性强的推进计划，着眼大局，统筹规划，有利于资源的合理调配，能够尽可能快地稳步实现政府数据开放的整体发展水平。

14.5.2　制定法律法规界定政府数据属性

加强法律法规建设是保证数据公开的核心工作。例如，美国政府在实施数据开放前做了充分准备，尤其是在法律的制定方面，出台了一系列关于政府数据开放的政策与文件，建立了相对完善的法律保护体系，为政府数据开放发展与安全保驾护航。数据开放涉及多个行政部门，因此，要先对公开数据进行分类，明确数据所有权、使用权等法律责任。根据数据所有权，研究开放数据的成本，哪些数据可以免费，需要收集哪些数据。另外，有必要界定数据保密和隐私问题，确定不公开敏感数据的依据。例如，英国在《开放数据白皮书》中明确指出，将在公共部门透明度委员会等部门配置隐私保护专家，确保及时发现开放数据过程中的潜在安全风险，同时及时解决隐患，避免出现经济方面的损失，另外，英国政府还制定了一份详细的用于评估个人隐私影响的手册，为政府各部门在处理个人数据时进行个人隐私影响评估提供参考。

14.5.3　完善政府数据开放制度规则体系

我国政府应形成数据开放的指导方针，确定数据开放的目的。在国家层面进行全面规划，明确行政部门、科研机构、应用开发者等角色的权利和责任，在地方政府层面制订具体计划。目前，大部分地方政府都在为之努力，各部门或机构以相关法律法规为依据，结合当地实际发展状况，已制定出相关数据开放管理办法。例如，2019 年 10 月，上海市正式施行《上海市公共数据开放暂行办法》，这是我国第一个公共数据开放的地方性规章。该办法围绕开放机制、数据使用、平台开发建设、监管保障，首次推进分类分级开放模式，努力规范、准确、高效地管理公共数据，以满足公众对公共数据的需求。制定数据开放目录，说明开放领域和数据清单，以数据目录为抓手，推动各级政府部门加快数据开放。在最大范围内规范统一数据格式，使公众能够高效查询到自己需要的数据，促进公众对数据的二次利用，形成数据开放路线图，明确开放步骤和行动计划，为有效推进全国政府数据开放提供指引。

14.5.4　推动政府数据开放潜力持续释放

在大数据蓬勃发展的过程中，政府数据开放应运而生，并在全球快速发展。公开数据资源所带来的巨大潜力驱动着各国政府大力推进数据开放平台建设，开放政府数据供公众使用。我国应鼓励政府部门、相关企业使用数据进行创新应用，挖掘数据潜在价值，促进数据开发利用，帮助各部门在繁荣经济、改善服务、提升治理能力等方面做出优化决策，实现行政目标。对于企业来说，将公开数据变现、挖掘潜在价值是其一直追求的目标。例如，提供企业信用结构数据的天眼查、提供交通实时数据的高德地图、提供全球财经数据的新浪财经等，这些企业均在特定领域为公众提供具有特色的优质数据服务。数据开放中存在巨大能量，驱动未来社会朝更加全面化、透明化、有序化的方向发展，如果利用好数据开放这一强大引擎，持续释放数据开放潜能，就能创造新业态、促进新发展、激发新动能，为我国数字经济蓬勃发展注入新活力、新源泉。

第十五章

数据共享：
打造政务数据"内循环"

党的十九届四中全会首次提出加快推进数字政府建设，关于数据要素市场化配置的文件也对政务数据共享提出要求。数字政府时代，行政机关成为海量政务数据的生产者、保有者。推动政务数据共享，释放数据协同价值，是提高政府部门监管能力、决策效能、服务能力的不二选择。

新冠肺炎疫情期间，政务数据发挥了不可替代的作用，使政府部门的精准防控和应对成为可能。政务数据共享在健康码、口罩预约、领导驾驶舱、密切接触者探测等方面发挥了积极的作用。政务数据共享是数字政府建设的核心，数字政府的实现必须建立在政务数据无障碍流通的基础上，否则数字政府建设的目标将难以达成。

本章简要界定了政务数据共享的内涵，从组织机构、共享平台等方面解析了政务数据共享发展脉络，反思了政务数据共享在体制机制、质量管理、安全风险、标准规范等方面面临的发展困境，并提出了破解之道。

15.1 对政务数据共享的理解

20 世纪 90 年代以来，国外学者对政务数据共享开展了大量研究，一般围绕政务数据共享中的制度、组织、技术等方面的问题展开论述。2000 年以来，政务数据共享逐步成为国内学者的研究热点。按照目标对象的不同，政务数据共享分为政企数据共享、政民数据共享、政府间数据共享 3 种。其中，政企数据共享是指政务数据与企业数据融合共通，目前尚处于初级阶段，企业在没有明确的潜在利益预期时提供数据的意愿往往不高；政民数据共享在国际上公认的说法是政务数据开放；国内一般将政务数据共享等同于政府间数据共享。从研究文献来看，很多文献将"政务"与"政府"混淆使用，有的学者认为"政府"的概念比"政务"大，但事实上在我国行政体系划分里"政务"的概念比"政府"大，所以很多政策文件在用词方面会采用"政务"；从"信息"和"数据"的关系来看，2017 年是"信息"与"数据"的研究分水岭，早期学术界相关研究多用"信息共享"，2017 年后多采用"数据共享"。

15.2 我国政务数据共享发展历程

从发展时间看，我国政务数据共享有近 20 年的发展历程。2001 年，中国气象局率先发布《气象资料共享管理办法》，开启了我国政务数据共享之路。2002 年，《国家信息化领导小组关于我国电子政务建设指导意见》印发，提出电子政务建设必须促进信息共享，使有限的资源发挥出最大的效益。同年，科学技术部提出了启动科研数据共享工程。2004 年，《中共中央办公厅国务院办公厅关于加强信息资源开发利用工作的若干意见》明确政府信息共享是我国电子政务建设的核心。2004 年，我国开展政务数据共享试点，深化政务数据开发利用。2006 年 3 月，国家信息化领导小组印发了《国家电子政务总体框架》，进一步强调推进政务数据交换共享工作的紧迫性，要求加快数据目录体系编制。从行业来看，得益于科学技术部多年的努力，科研数据共享相对其他行业走在了全国前列。2017 年，我国就政务信息系统整合共享出台实施方案，开启了政务数据共享的"破冰之旅"。经过多年的发展，我国政务数据共享取得了突破性进展。

15.3　推动政务数据共享的重要价值

15.3.1　推进政务数据共享有利于政府决策走向科学化、全局化

构建疫情防控领导驾驶舱，实时整合、共享、汇聚、分析如交通、通信、测绘等多部门政务数据，可大幅提高政府机构的预测预警能力和应急响应能力，提高决策的时效性、精准性、科学性，为防控疫情推动复工、复产、复市、复学提供有力支撑。例如，广东省第一时间建立了防控数据全流程采集、汇聚、共享机制，拓宽数据采集和服务渠道，在短时间内汇聚了 53 个部门 124 类数据，形成疫情防控风险一张图、一张网。浙江省以省域治理"数据池"为牵引，建立了省域治理"数字驾驶舱"，全面增强了政府决策的数据支撑力度。杭州市以深化城市大脑应用为突破口，建成 148 个数字驾驶舱，对各部门、各层级的城市运行数据进行在线实时协同、融合、计算，实现纵向贯通、横向比较、在线监控和智能预警。鉴于政务数据共享对交通管制、境外疫情防控、舆情管控等重大决策制定的重要作用，很多地方政府积极推动政务数据共享采集相关信息，将基层工作人员从填表工作中解脱出来。记录人类经济社会行为的海量数据所形成的数字世界，将促使政府决策带有天然的数据基因。政务数据共享的逐步推进，将使越来越多的政府决策获得数据支持成为可能。

15.3.2　推进政务数据共享有利于经济调节走向精准化、高端化

疫情防控关乎生命，复工复产关系生计。推动企业复工复产，既是打赢

疫情防控阻击战的实际需要，也是经济社会稳定运行的重要保证。对全国复工复产大数据平台、采集电商平台等多渠道来源的数据，进行汇总分析，展现全国各省（自治区、直辖市）、市、区、县和重点行业的复工复产情况，可以辅助各级政府部门了解全貌，提供决策支持，更有效地帮助企业复工复产。海南省发挥税务部门与企业联系紧密、掌握产业链上下游数据的工作优势，充分利用大数据检索，助力企业加强供需对接，此外，海南省还帮助用工重点企业联系辖区内劳动密集型企业，协助调配因停产、减员等因素待业的工人复工，为企业恢复生产经营提供增值服务。人力资源和社会保障部、公安部、交通运输部、国家卫生健康委员会、国家铁路集团联合开展农民工返岗复工"点对点"服务，根据报名情况，组织时间段相近、务工目的地相近的农民工集中时间出行，适时向用工集中地区和集中企业开行"点对点"专车，引导农民工有序返岗复工。为了保障重点医疗物资的调配，工业和信息化部组织开发了疫情防控国家重点医疗物资保障调度平台，主要用于收集、统计、分析、监控、调度各类重点物资企业产能、产量及库存等情况，高效对接和匹配医疗机构防护物资需求、生产企业医疗物资生产原材料和物流资源供给需求，打通供需两端，确保物资有效供应，为打赢疫情防控阻击战提供必要条件。

15.3.3 推进政务数据共享有利于公共服务走向便捷化、个性化

党的十九届四中全会提出，创新公共服务提供方式，鼓励支持社会力量兴办公益事业，满足人民多层次多样化需求，使改革发展成果更公平地惠及全体人民。"互联网＋公共服务"的优势不断显现，以数据共享驱动公共服务能力提升。国务院办公厅会同各地区和国家卫生健康委员会等有关部门，推动建立"健康码"跨省份互认机制，依托全国一体化政务服务平台，实现了各省（自治区、直辖市）防疫健康信息共享、健康码互通互认，全国绝大部分地区的健康码已经实现"一码通行"。杭州健康码与网约车、医疗健康、

电子社保、景区预约、养老服务等城市公共服务深度融合，逐渐转变为守护人民健康的"防火墙"。科学技术部、国家卫生健康委员会联合中华医学会建立新冠肺炎科研成果的专业性交流平台，供科技人员发布成果、发表观点、参与讨论、开展述评，同时鼓励各地、各部门、企事业单位和社会力量研发的相关成果通过该平台发布。"i厦门"系统在成功打造出全国首个口罩预约系统、推出市民口罩预约配售模式的基础上，又推出"团体单位线上口罩购买系统"，实现无接触的全流程线上购买，精准配置紧缺防护物资。线上口罩预约成为不断迭代的数字公共服务产品，从刚开始的个人安全防护与社会心理稳定器，转换成城市运行恢复与企业复工复产的助推器。

15.3.4　推进政务数据共享有利于社会治理走向协同化、现代化

社会治理是国家治理的重要方面，社会治理现代化是国家治理体系和治理能力现代化的题中应有之义。党的十九届四中全会提出，要坚持和完善共建共治共享的社会治理制度，保持社会稳定，维护国家安全。新冠肺炎疫情防控期间，各地积极推动政务数据汇聚共享，开展政务数据深度挖掘和应用，发挥治理模式引领作用，构建区域协同治理的共赢格局。浙江省通过实施"数字＋网格"的精准智控模式，构建智能、精准和协同的跨区域治理网络体系。上海市的"来沪人员健康动态观察系统"在全市公路、铁路、机场、码头等全面应用，引导入沪人员在等待时提前填报，并直接将重点人员信息推送到各区和社区健康管理团队，为入沪人员通行和健康观察带来便利。"粤省事""粤商通"平台和广东政务服务网上线"疫情防控服务专区"，提供疫情线索寻人、个人健康申报、入粤登记、疫情群众监督等群防群治管理。"四川外出务工人员健康申报和查询系统"可以随时随地填报个人信息，查询健康情况，获取并使用健康证明二维码，为四川省外出人员提供健康证明，方便外出务工人员返岗。"家住厦门"共治平台推出的"小区电子通行证"，与疾控监测、医疗机构系统、社区网格数据同步互动互联，并与厦门市健康码

系统同步对接，对入厦人员从入厦前、入厦中、入厦后等多维度进行人员刻画和追踪，最后通过社区网格化精准推送入厦人员信息。北京海关紧密关注疫情动态，综合运用地方政府、口岸联检部门等数据资源，根据国内外疫情发展态势及人员、交通工具流动等特点，动态开展风险评估，做到"精准检疫、科学防控"。以政务数据共享为基础、以大数据应用分析为代表，增强了疫情防控的科学性、有效性。

15.4 我国政务数据共享取得的积极进展

15.4.1 政策制度体系建设日趋完善

党中央、国务院对政务数据共享工作高度重视。2017年《政府工作报告》中指出"加快国务院部门和地方政府信息系统互联互通，形成全国统一政务服务平台"，连续发布两批国务院部门数据共享责任清单，加快发布第三批部门数据共享责任清单，推动数据共享范围持续扩展、政务数据共享共用不断深化。国务院办公厅会同国家发展和改革委员会、中央网信办、中央机构编制委员会办公室等多个部门联合发力，加强统筹规划和整体部署，管理办法、实施方案、责任清单等政策措施，为顺利推进政务数据共享提供了有力保障。国家一系列政策密集出台，为政务数据共享注入强心针，驱动各地积极响应，加快推进本地政务数据共享政策体系建设，为各级政府政务数据共享指明方向。2016年以来政务数据共享相关国家政策见表15-1。

表 15-1　2016 年以来政务数据共享相关国家政策

时间	文件内容
2016 年 9 月	国务院印发《政务信息资源共享管理暂行办法》，明确各部门数据共享的范围边界和使用方式，厘清各部门数据管理及共享的权利和义务
2017 年 5 月	国务院办公厅印发《政务信息系统整合共享实施方案》，提出了加快推进政务信息系统整合共享，促进国务院各部门和地方政府信息系统互联互通的重点任务和实施路径

续表

时间	文件内容
2017年8月	国家发展和改革委员会、中央网信办等五部门联合印发《加快推进落实〈政务信息系统整合共享实施方案〉工作方案》,按照"先连通,后提高"的原则分解任务,确保按时完成"自查、编目、清理、整合、接入、共享、协同"等工作
2017年10月	政务信息系统整合共享推进落实工作领导小组办公室和政务信息系统整合共享推进落实督查工作组联合印发了《关于开展政务信息系统整合共享应用试点的通知》,聚焦20个放管服改革重点领域,在9个地方16个部门开展30个试点示范应用,推进试点地区、部门与共享平台体系的数据对接,打造一批信息共享和业务协同典型应用标杆
2018年	国务院相继出台《进一步深化"互联网＋政务服务"推进政务服务"一网、一门、一次"改革实施方案》《国务院关于加快推进全国一体化在线政务服务平台建设的指导意见》等文件,旨在强调各地区信息化系统的集约化建设和互联互通,有效汇聚、充分共享政务服务数据资源
2019年12月	国务院办公厅印发《国家政务信息化项目建设管理办法》,进一步优化政务信息化建设的审批流程,加强对项目建设投资与运维、绩效评价、审计等的联动管理,以制度推动实现政务信息资源纵横连通、整合共享

15.4.2 组织机构保障体系逐步清晰

自政务信息系统整合共享工作启动以来,各地各部门都高度重视体制机制建设,积极推动政务数据共享各项工作。从国家部委来看,部委基本上都建立了相应的组织领导体系和常态化工作机制,有的部委主要领导带头组织推进,有的部委制订了周密的组织推进计划,将工作计划细化到每周每月。从地方政府来看,自2018年新一轮行政机构改革启动以来,地方政府纷纷成立大数据相关机构,虽然这些大数据相关机构在隶属关系、组建形式、职责界定方面存在差异,但是都具有政务数据共享职能,成为地方推进政务数据共享的主力军。各地政府积极探索政务数据共享工作机制和组织方法,涌现出一些富有成效的组织模式。例如,贵州省建立政务数据共享调度机制,以数据使用部门提需求、数据归属部门做响应、数据共享管理部门保流转为基准,对全省政务数据资源从汇聚、共享、交换、应用进行全过程统一管控,推动政务数据共享交换取得实效。上海市建立了政务信息系统整合考核评价机制,对各委办局政务信息系统整合工作进行年度考核评估,并将评估结果与信息化项目审核衔接，提高了评估工作对整体工作的推动力度。

15.4.3 政务数据共享通道日益畅通

政务数据共享交换平台是国家政务信息化的核心应用设施，也是非涉密政务数据共享交换的主要枢纽和重要通道。自 2017 年以来，国务院和各级政府依托国家电子政务外网，积极推动国家、省（自治区、直辖市）、市、县（区）政务数据共享交换平台建设。目前，依托国家政务数据共享交换平台、全国一体化在线政务服务平台等综合性政务数据共享交换体系，以及公安、税务、海关、信用等各垂直管理行业的纵向数据共享交换体系，各省（自治区、直辖市）可以通过中央级节点实现跨域数据共享交换，在很大程度上缓解了政务数据"条块分割、烟囱林立"的不利局面。截至 2022 年 10 月底，全国一体化政务数据共享枢纽已接入各级政务部门 5951 个，发布 53 个国务院部门的各类数据资源 1.35 万个，累计支撑全国共享调用超过 4000 亿次；全国已建设 26 个省级政务数据平台、257 个市级政务数据平台、355 个县级政务数据平台。特别是在新冠肺炎疫情防控中，及时响应并解决各地区提出的数据共享需求，推动各类防疫数据跨地区、跨部门、跨层级互通共享，目前 31 个省（自治区、直辖市）已共享调用健康码、核酸检测、疫苗接种、隔离管控等涉疫情数据超过 3000 亿次，为有效实施精准防控、助力人员有序流动，坚决筑牢疫情防控屏障，高效统筹疫情防控和经济社会发展提供了有力支撑。在地方层面，各省市依托自建数据中心搭建共享交换平台，在不同程度上实现了省（自治区、直辖市）、市、县（区）各级数据的汇聚共享。例如，海南省政务数据共享交换平台初步实现了省（自治区、直辖市）、市、县（区）全覆盖。

15.5 政务数据共享发展存在的若干问题

基于对全国政务数据共享的调研发现，目前对政务数据共享影响较大的问题主要包括共享机制、共享效能、共享标准和共享安全 4 个方面。政务数据共享瓶颈因素解析如图 15-1 所示。

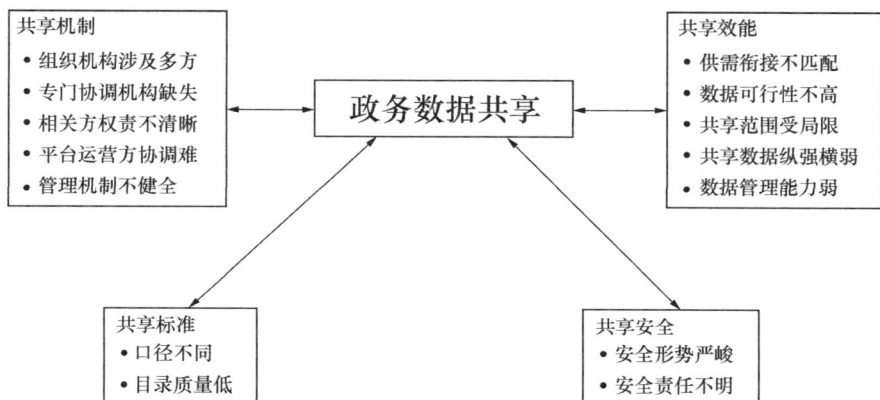

图 15-1 政务数据共享瓶颈因素解析

15.5.1 政务数据共享机制有待健全

政务数据共享机制不健全，是当前导致政务数据共享进展缓慢的主要原因。从组织结构来看，政务数据共享涉及许多委办局，主要角色可以分为平台管理者、平台建设运营者、数据使用者、数据提供者。相关机构的定位不明确，平台管理者既是"运动员"又是"裁判员"，从参与机构来看，有的地方政府设立大数据管理部门来承担相关职能可以很好地解决这个问题，但无论是国家还是地方都缺乏一个协调监管者的角色。在国家层面，政务数据共享涉及中央网信办、国务院办公厅、国家发展和改革委员会等多个部门，缺乏针对政务数据共享的专门协调机构。在地方层面，政务数据共享涉及多个部门，相互配合的体制机制不顺畅，"多龙治水"局面依然存在，制约了政务数据共享一体化和系统性发展。同时，平台建设运营者大多为平台管理者的下属单位或者合资公司，平台建设运营者通常很难协调各委办局。

政务数据共享的管理机制包括监控机制、沟通机制、容错机制、激励机制。没有合理的监控机制，会使数据标准执行不到位；没有合理的沟通机制，会使上报问题回复时效性不够；没有合理的容错机制，会使行政人员的积极性有限；没有合理的激励机制，会使相关主体参与配合的意愿不强。政务数据共享是一项探索性工作，在发生准确性、真实性等问题时，如果不产生重大损失，不是故意为之，应对相关工作人员采取容错赦免机制，从制度上为数据提供者免除后顾之忧。政务信息共享难免会造成数据提供者自身利益的损失，补偿激励机制可以促进不同区域、不同部门、不同层级间共享政务数据，提高政府数据流通度。相关研究表明，应根据共享能力确定合理的政务数据共享收益分配比例，以提高共享协同效率。

15.5.2 政务数据共享效能有待提升

从供需来看，部委平台与地方平台不连通，很多地方政府通过国家政务数据共享交换平台无法获取部委的数据，供需衔接不匹配。在这种情况下，亟须形成上下衔接、有效联动的政务数据共享局面。从技术来看，当前的匿名隐私保护技术使有效信息大量损失，导致数据可用性低，直接影响了部门间数据的使用效能。不同政务数据共享交换平台之间存在纵向数据连续性弱、横向数据相关性弱的问题，大部分数据依然不能共享或只能在有限范围内共享。随着数据要素市场培育的提出，很多政府机构意识到数据的重要性，有意愿探索数据价值开发，却不知从何处着手，数据管理能力薄弱在一定程度上影响了政务数据的共享水平。

15.5.3 政务数据共享安全风险加剧

随着政务数据共享的逐步推进，安全方面的难题和威胁逐步凸显。政务数据包含大量的个人敏感信息，例如个人收入、房产、信用等信息，大多保存在云环境中，如果这些隐私信息被泄露，那么会给个人、企业甚至国家带来不可估量的安全威胁。从共享方式看，政务数据共享交换平台作为政府部门间数据共享的媒介，其安全可信性没有保障措施。在政务数据共享交换平台的环境里，平台服务商具有访问、利用、控制政务数据的能力，政府难以对平台进行有效的监管，一旦发生安全问题，平台服务商与政府之间的责任难以界定。在政府决定将政务数据迁出政务数据共享交换平台时，如果没有平台服务商的配合，则很难做到，这样会导致政府对数据的所有权和支配权受到影响。目前，尚缺乏有效的机制、标准或者工具来检验平台服务商是否实施了安全永久性的删除操作，政府退出政务数据共享交换平台后，相关数据可能仍被完整保存或残存在平台上。不同平台的标准不同，使不同平台的政务数据难以相互自由迁移，例如，如果平台服务商停止服务，则共享交换服务可能也随之停止。数据安全形势愈发严峻，数据融合共享更容易成为攻击目标，甚至引发严重损失。另外，对脱敏数据进行关联分析后，会衍生出更有价值的敏感数据，如果对数据安全级别判断失误，在安全防护力度有限的情况下，政务数据泄露风险加大，责任划分难以界定。

15.5.4　政务数据共享标准有待提高

随着海量数据不断聚集，政务数据共享需求旺盛，数据标准不一，数据口径不同和格式多样等问题日渐突出。数据资源目录是盘点国家数据资源存量的基本依据，也是政务数据共享的基础和前提。由于政务数据标准不同，不同业务系统的数据往往"不在一个频道"，难以达成共识。在国家层面，为了提高国家政务数据目录管理水平，2017年6月，国家发展和改革委员会联合中央网信办印发了《政务信息资源目录编制指南（试行）》，推动各级政府部门编制数据资源目录。经过5年的发展，覆盖国家、省、市、县等层级的政务数据目录体系初步形成，各地区各部门依托全国一体化政务服务平台汇聚编制政务数据目录超过300万条，信息项超过2000万个。但是各领域对数据资源目录的理解不同，目录虽多，但挂接数据少而乱，有的目录下挂接的不是数据而是文件通知等内容，因此，有必要选取一批基础较好的行业、地方政务数据分类分级标准，在提取共性的基础上更新国家政务数据资源目录编制基准。在地方层面，很多地方也启动了政务数据共享相关标准的研制工作。例如，浙江省提出研制政务数据采集标准、分类分级标准、共享标准、交换标准等，对共享的方式、内容、对象和条件进行规范处理。

15.6 政务数据共享的推进框架

为了更好地推进政务数据共享取得更大的成效，各地各部门在推进数字政府建设的进程中，要坚持目标导向和需求导向相结合，以技术创新和数字化基础设施为依托，以数据共享体制机制改革为切入点，以强化考核评估为发力点，合理处理政务数据共享相关方的关系，加快人才培养和法规标准建设，着重解决政务数据共享发展中的软硬件阻碍，力求打破数据瓶颈，让更多的决策在数据的自由流通中更加智能、精准、有效。政务数据共享总体推进框架示意如图 15-2 所示。

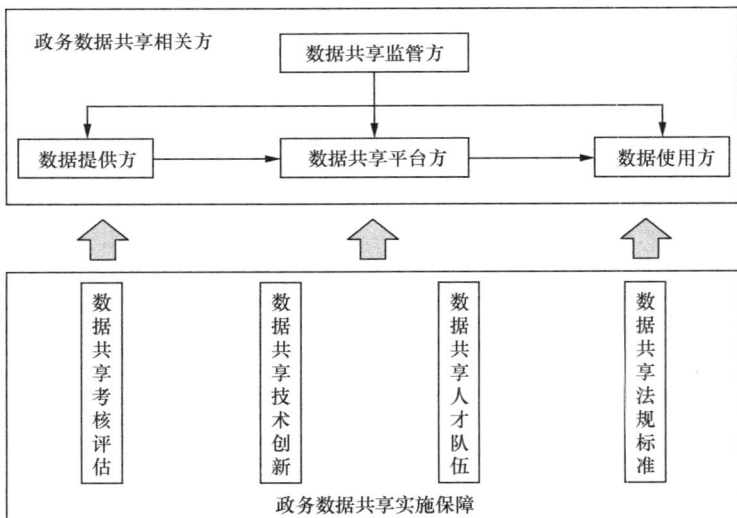

图 15-2 政务数据共享总体推进框架示意

15.6.1 健全政务数据共享体制机制

健全的组织管理体系是政务数据共享通畅的基本前提。建立科学合理的政务数据共享的组织管理体系，能确保政务数据共享有序进行。在组织机构设置方面，以组织职能调整为切入点，形成监管方、运营方、使用方、提供方各种角色健全的组织机构，合理确定不同角色的定位和权责划分，形成政务数据共享协同创新共同体，为政务数据共享扫清障碍。在组织机制方面，以流程优化建立政务数据共享多元化运行机制，以制度规则固化政务数据共享行为。建立政务数据共享监管机制，确保各项举措落实到位，特别是供需双方产生冲突时应及时协调解决，防止数据的提供仅由数据提供方决定。建立政务数据更新机制，确保经济社会发生变化时政务数据可以及时更新调整。建立数据异议沟通机制，当不同部门对数据的真实性、有效性存在异议时，有相应的渠道和机制对数据进行校准、修订。建立容错免责机制，为政务数据共享相关人员消除思想包袱，大胆开展创新性工作。探索建立利益相关方激励补偿机制，吸引各类主体参与政务数据共享，让利益相关方按贡献获取适当回报，增强数据共享相关主体的积极性。

15.6.2 开展政务大数据发展评估

建立政务数据共享评估指标体系，围绕共享程度、共享范围、存在问题等方面及时反映政务数据共享发展进程，了解政务数据资源目录体系、政务数据共享交换平台等关键环节的建设动态，研判政务大数据发展形势，推动建立数据供给侧清单，推进数据共享跨层级调度，形成一批高质量的政务数据动态活化资源目录。围绕软件、硬件、外部攻击等方面，开展政务数据共享交换平台安全评估，夯实政务数据共享通道安全基石。构建政务数据隐私安全评估体系，对政务数据共享中的隐私安全进行评估，增强政务数据共享的隐私安全风险防控能力。开展政务数据全员质量管理评估，注重数据的可获得性、完整性、时效性、可用性、可信性、可追溯性。

15.6.3　加强新技术应用探索创新

在数据共享技术上进一步加强探索，提升政务数据共享的技术应用水平。利用区块链不可篡改、可追溯、时间戳等特点，合理选取政务数据共享工作环节，推进数据上链、跨链互认等技术在政务数据共享中的应用创新，打造全链共享闭环，充分发挥区块链在固化政务数据共享制度机制方面的重要作用。对于敏感性较高的政务数据，可通过数据沙箱等技术手段，在数据不搬家的情况下，满足较为复杂敏感的数据分析应用需求。探索存算分离的政务数据共享环境，依托政务数据共享所在云平台设立超算中心，推出通用数据模型和算法，为政务数据建模分析提供公共计算环境，加快政务数据价值释放。支持围绕数字水印、数据脱敏、匿名化、差分隐私、可信计算和同态加密等数据保护技术，加大研发力度，加强自主创新，提升数据安全防护技术能力。强化国家一体化大数据中心的统筹规划和顶层设计，合理谋划各部门、区域数据中心建设布局，防止形成新一轮的重复建设和"数据孤岛"。

15.6.4　加强复合型人才队伍建设

人才是政务数据共享取得更大成效的基本保障，尤其是政务数据共享涉及的范围广、覆盖面大，涉及的学科种类尤为繁多。加强高校学科设置与政务数据共享的关联度，强化高校教育与政务数据共享实际用人需求的对接，让更多的人才走出校园后就能担当重任。要强化公共管理、数据科学、网络安全等多学科多领域人才培养建设，依托社会资源，开展政务数据共享知识培训，让更多的从业人员提高数据素养，营造良好的数据文化环境。

15.6.5　健全政务数据共享法规标准

法规标准是推动政务数据共享步入规范化的有效途径。加快政务数据共享及相关法律法规立改废，推进数据安全等法律法规建设，推动政务数据共享走向制度化、法制化轨道。围绕政务数据共享相关的标准体系，建立跨区域、跨层级统一认证机制，加速数据交换、数据接口等共性标准研制，加快政务数据跨区域、跨层级互认效率。推动修订《政务信息资源目录编制指南（试行）》，提升政务数据目录管理质量。开展政务数据分类分级，厘清每一条数据的责任单位和责任人，为做好数据安全防护管理打好基础。

15.7　结论

当前，数据共享在疫情防控中发挥了很大作用，例如，"全球疫情地图"很好地展示了疫情态势，为疫情防控提供了有力的决策支撑。回顾政务数据共享的发展历程，政务数据共享不仅是提升政府治理能力的有效举措，更是推动数字政府建设的核心内容。未来在各地各部门的协同努力下，互联互通的数字政府建设将促进更高水平的数据共享。

第十六章

数据运营：
释放政务数据市场价值

当前，政府数据授权运营作为一种来源于实践的新生事物，在国内尚处于探索萌芽期。随着数字技术在政府治理中的广泛渗透应用，数字政府快速发展，沉淀形成海量的政府数据资源。在数据要素化发展的今天，有序推动政府数据授权运营，打通政府数据与社会数据融通流转要道，促使政府数据价值被充分挖掘，释放数字经济红利，撬动数据要素市场规模化发展支点，是政府适应数字化发展的主动作为，更是我国提升综合国力向社会主义现代化国家迈进的必然选择。在理论滞后于实践的情形下，有必要对政府数据授权运营开展系统性研究，为政府数据授权运营提供理论指导，夯实政府数据授权运营发展的理论基础。

16.1 政府数据授权运营的内涵

随着数字技术应用的广泛普及渗透，我国政府累积了海量的高价值数据，如何推动政府数据开发利用、释放数据的潜藏价值成为业界广泛关注的焦点。从范畴来讲，政府数据开发利用包括政府数据共享、开放和授权运营3种形式。其中，政府数据共享仅考虑政府内部无偿交换，可带来一定的社会效益，而政府数据开放和授权运营都属于政府数据向社会流通，可带来巨大的商业价值。

16.1.1　政府数据开放的概念和特点

政府数据开放源起于 2007 年 12 月，30 名公开的政府倡导者在美国加利福尼亚州的塞瓦斯托波尔举行会议，会议制定出一套政府数据开放原则，以便更好地理解政府数据开放的重要性。政府数据开放包括无条件开放和有条件开放。其中，无条件开放的数据面向全社会，所有人都可以免费获取，数据不专属于任何实体机构，不受任何版权、专利、商标或商业秘密法规的约束，数据开放所造成的风险极小；有条件开放的数据则面向符合一定条件的企业或科研机构，且依据开放数据规模考虑收取一定的成本费，数据开放后可能造成一定的风险。在国际上，一般通过许可协议的机制，从法律上确保了开放数据的政府与用户之间的权责关系，为政府数据开放利用提供规范约束。英国、美国、法国、韩国等国家均对政府数据开放授权许可协议开展了丰富的探索研究，并根据数据、数据类型、数据库、软件代码等不同开放对象，提供了不同开放环境下的数据授权利用协议。我国对政府数据开放许可授权的研究不多，大多通过"网站声明"或"版权声明"对数据使用权限做出规定，仅有上海市和四川省对授权协议进行了浅显尝试，且协议内容相对简单，法律约束力度有限。关于政府数据开放是否有偿的问题，国内一直处于研究讨论中。

16.1.2　政府数据授权运营与政府数据开放的区别

政府数据授权运营萌芽于 2018 年，当时我国部分地方和企业开始考虑以政府数据授权运营的形式，推动政府数据价值释放。我国是全球率先探索政府数据授权运营的国家之一，国外大多数国家基于政府数据开放来推进数据增值利用，对政府数据授权运营的研究和实践较少，只有某些领域以数据信托、数据空间的形式构建可信流通环境，促进不同社会主体间数据互信交换。政府数据授权运营，不同于以往政府将数据直接提供给数据使用单位，政府将数据作为国有资产授权给某个主体运营，进而向社会提供公共数据产品或服务。

政府数据授权运营与政府数据开放的本质区别体现在以下几点。一是政府数据授权运营是通过其他单位向社会公众提供数据的，而非和政府数据开放一样直接向社会公众提供数据。二是政府数据开放大多是免费的，不涉及利益分配的问题，而政府数据授权运营向外提供的数据产品和服务基本是有偿的，中间方为了向外提供数据，在数据存储、数据分析、数据安全等方面必然产生大量的成本，同时政府数据授权运营所产生的收益在超过一定比例时，会以国有资产收益按程序上缴国库。三是政府数据开放向社会主体提供的是数据本身，社会公众通过下载会直接接触到政府提供的数据，而政府数据授权运营不会向社会公众直接提供数据，提供的只是数据服务或产品，所谓的数据服务或产品不涉及原始数据的流转，使用方只是使用数据，却拿不走数据。四是政府数据开放不签署许可协议的风险大多是可控的，而政府数据授权运营必须通过法律协议明确数据提供方、数据运营方、数据使用方、数据监管方等不同角色的权利和义务，以有效规避数据开发利用过程中所产生的各种风险。

对比可见，政府数据授权运营与政府数据开放在供给方式、供给对象、供给范围等方面具有显著的差异。值得指出的是，在我国政府数据开放大多是免费的情况下，政府数据授权运营因有所收益，必然会对政府数据开放带来削弱性影响，有必要加大研究推动力度，进一步明确开放与运营两者的范围和边界。政府数据授权运营与开放对比见表 16-1。

表 16-1 政府数据授权运营与开放对比

两种模式	提供主体	运营主体	使用主体	监管主体	是否提供数据	是否有偿	是否涉及利益分配	是否签署协议
政府数据开放	所有政府部门	不涉及	企业或个人	不涉及	是	大多免费	一般不涉及	没有硬性规定
政府数据授权运营	所有政府部门	涉及	特定条件的企业	涉及	否，只提供数据服务或产品	合理收费	涉及，需要考虑国有资产收益上缴	必须有法律协议

16.2　政府数据授权运营的生态价值创造机制

政府数据授权运营涉及多个利益相关方，需要协同各方力量，把握政府数据授权运营不同阶段的发展规律，以数据链打造价值链、生态链，形成政府数据授权运营生态，这对推动政府数据授权运营至关重要。

政府数据授权运营的过程是一个数据生成、授权、利用、作用到反馈的动态循环过程，符合生态链的本质特征。其中，各要素相互作用、相互联系构成生态链的基本模型，数据、利益相关方、发展环境是政府授权运营生态链的基本要素，三者共生共荣，协同推动政府数据授权运营向前发展。政府数据授权运营生态模型如图 16-1 所示。

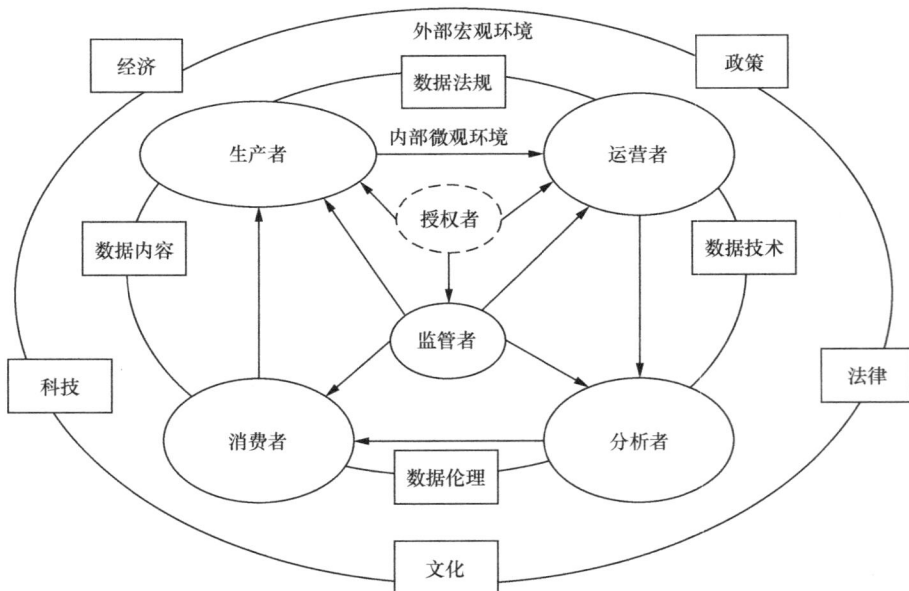

图 16-1　政府数据授权运营生态模型

1. 数据是政府数据授权运营生态的连接点

数据是政府数据授权运营生态中最核心的要素，在生态链模型中充当着最基础的角色，其他要素在数据要素的连接下得以发生联系和发挥作用，形成完整的生态运行系统。

2. 利益相关方构成政府数据授权运营生态链

利益相关方是政府数据授权运营生态链模型的主体，按照不同的职能作用，可以将这些相关方划分为数据生产者、数据运营者、数据分析者、数据利用者及数据监管者等不同角色。

数据监管者是政府数据授权运营的主要推动者，贯穿政府数据授权运营的全过程。监管者通过制定制度标准来约束不同主体的行为，是整个生态体系中不可或缺的角色。

数据生产者是政府数据授权运营的起始环节，是采集掌握数据的第一拥有者，没有数据生产者就没有生态链的流转要素，整个模型也无从谈起，一般数据的产生来源于政府的各个职能机构。

数据授权者是一个虚拟角色，需要数据监管者和数据生产者两方协同推动。确定数据授权对象，执行数据授权程序，是政府数据授权运营的关键环节，对整个生态链具有关键的促进作用。

数据运营者是指得到政府数据运营授权的单位，对政府数据进行运营形成数据服务或产品，是政府数据价值释放和安全保障的实施机构，是生态安全有序运行的"发动机"和"守护神"，数据运营者一般是实体机构。

数据分析者通常是提供数据技术或数据服务的机构、组织或个人，推动政府数据与商业数据融合并创造价值，形成最终的数据产品，例如，数据统计分析报告、移动应用程序等科研成果。

数据消费者是数据产品的最终用户，是政府数据授权运营产生效益的关键环节，处于生态链的末端。数据消费者通过使用数据产品，将使用体验反馈给数据分析者，从而完善数据产品。

3. 内外部环境构成政府数据授权运营的生态环境

政府数据授权运营的生态环境包括内部环境和外部环境。其中，内部环境主要是指对生态链内部产生直接影响的因素，包括数据技术、内容、伦理、法规等；外部环境相对更加宏观，是对生态链产生间接影响的因素，包括社会、文化、法律、经济、政策等因素。

政府数据授权运营价值创造网络。政府数据授权运营生态是一个动态的价值网络，数据在不同主体间流转形成数据链，也是价值产生的过程。从商业角度来看，数据链中包括数据生产商、数据运营商、数据加工商、数据中间商，以及最后的数据消费者，他们相互联系、彼此依存。简而言之，如果将数据看作普通商品，那么价值创造网络就是数据从生产者到消费者，再由消费者层层反馈到生产者的闭环过程，这一过程并不是简单的循环，相反，在循环过程中，数据的作用得到充分发挥，数据价值被挖掘得越来越深。政府数据授权运营生态价值网络如图 16-2 所示。

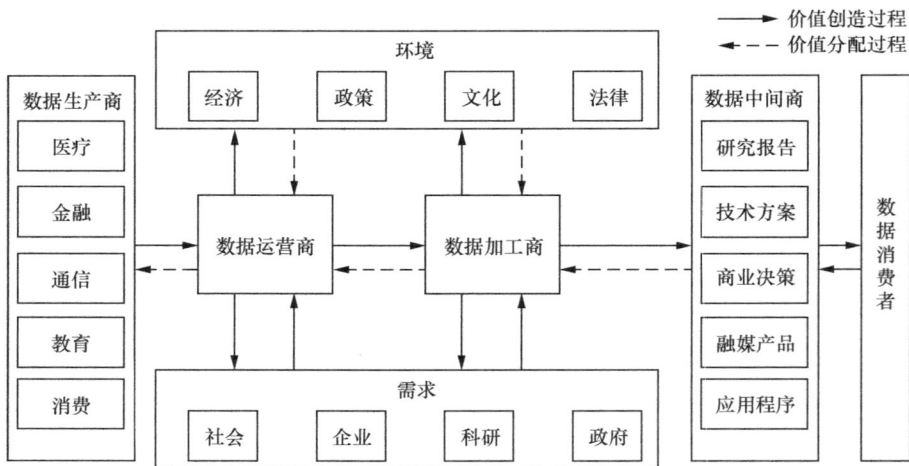

图 16-2　政府数据授权运营生态价值网络

在政府数据授权运营生态价值网络中，不同角色发挥着不同的作用。数据生产商主要是政府部门，是农业、教育、卫生、金融等领域的数据来源地；政府数据采集汇聚后，由政府授权某个机构，即数据运营商；数据运营商再次以数据服务的形式传递给数据加工商，数据加工商在客观环境的作用下以及关联因素的驱动下，对数据进行加工处理，形成基于数据产生的决策、报告、产品与方案等；再经过数据中间商将这些数据产品交付至数据消费者；数据消费者在使用数据产品的过程中给予反馈，这些反馈又会反向流回至数据生产商，这样就形成价值网络。其中，正向流转是数据传递生成价值的过程，负向反馈是价值分配传导的过程。

政府数据授权运营增值实现规律。事实上，政府数据授权运营本身不具备价值，在这一过程中产生的价值来自被授权运营方对数据进行的增值性开发利用。政府数据授权运营增值的实现过程主要经历了以下 3 个阶段。政府数据授权运营价值演化规律如图 16-3 所示。

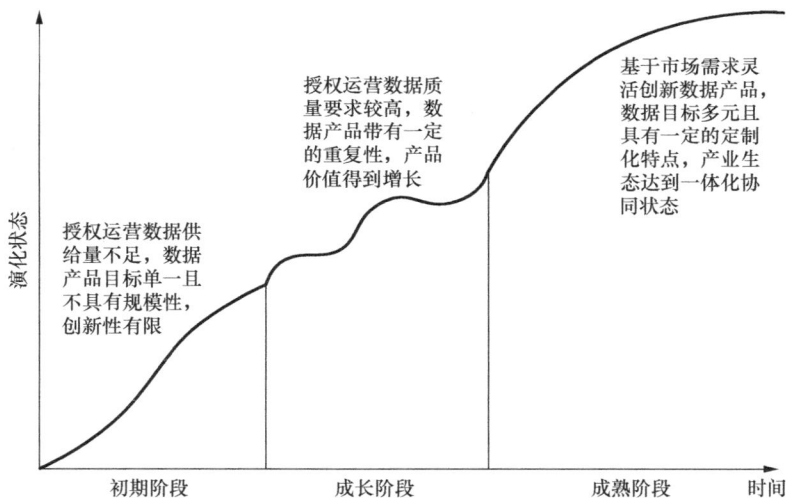

图 16-3　政府数据授权运营价值演化规律

初期阶段：基于政府数据授权运营生成有效数据价值增值模式。在此阶段，政府会积极号召各个部门参与各领域的数据整合汇聚，打破以往各部门间的"数据壁垒"，方便各部门更加容易地获取数据，为之后的授权运营做好铺垫，打下基础。

成长阶段：基于政府数据授权运营形成数据产品的综合效益增值模式。

在此阶段，政府会将汇集好的数据授权给某个单位运营，这些部门得到数据后，将数据交给研发单位或科技企业对其进行开发和利用，从而产生一系列的数据产品，这些产品的产生使数据得到增值。

成熟阶段：基于满足多元化、个性化需求阶段。在此阶段，数据产品会根据数据使用者的反馈进一步优化产品，使数据产品满足了不同用户的需求，提升了服务效率，政府数据价值得到深度释放。

16.3　政府数据授权运营发展困境

16.3.1　观念困境：政府部门的授权意识淡薄

事实上，2021 年我国正式提出"开展政府数据授权运营试点"，在此之前，我国更多关注的是政府数据开放共享。虽然部分地区和部门积极探索政府数据授权运营，并取得一定的进展，但多数机构对数据授权运营的意识不强，对数据授权运营的认识仅停留在文件层面，缺乏清晰有效的推进思路。受传统封闭式行政文化的影响，有些政府和部门认为将数据授权给其他主体运营可能会影响部门的利益和权力，有些政府和部门存在"多做多错，少做少错，不做不错"的顾虑，认为如果不去做，那么就不会有风险。因此，有必要进一步提高各级政府对政府数据授权运营的重视程度，增强各级政府对数据授权运营的探索意愿，形成政府数据授权运营的发展合力，共同推动政府数据授权运营稳妥的发展。

16.3.2　量度困境：政府数据授权范围不明确

政府数据授权运营牵涉数据著作权的许可、转让等产权流转问题，且哪些数据可以授权运营并没有明确的规定。国外对数据开放以分类分级为基础，以明确哪些数据可以开放，我国也可以借鉴此种做法。目前，我国仅有贵州省、浙江省、天津市等少数地方提出开展政府数据分类分级，且分类分级工作刚刚起步，尚未实施落地。虽然有些政策提出以分类方式开展数据差异化授权，但在实践中仍采取单一的授权方式，大多数平台没有制订授权协议。只有科学合理的政府数据分类授权，才能进一步推动我国政府数据价值得到充分利用。如何科学分类，明确数据授权范围，成为影响政府数据授权运营的一大障碍。

16.3.3　规范困境：数据授权与保密法制冲突

早在 20 世纪 60 ～ 80 年代，美国、英国、德国等西方国家就开始出台关于信息公开、数据保护等国家层面的法律。这些法律大多聚焦于个人隐私权的界定和保护方面，强调公众有权要求政府机构提供相关信息，同时，政府也有义务保护公众的个人隐私信息。例如，美国政府在出台《开放政府数据法案》等法律法规的同时，强调开放数据过程中要注意对个人隐私的保护，还制定了金融、健康、教育、通信等专门领域的个人信息保护法律，形成较为完整的个人隐私保护体系。与西方国家相比，考虑到数据开放与隐私保护两者之间的冲突，我国虽然制定了《中华人民共和国个人信息保护法》，但在国家层面没有政府数据开放利用的法律，大多是一些导向性的文本或非约束性的政策意见，因此在政府数据授权运营的实践过程中存在着保护数据授权与隐私保密平衡的难题。

16.3.4　监管困境：数据授权运营监管不健全

高效有序的运营监管体系能够促进政府数据的开放和利用。在发达国家，政府通常会设立相关的数据授权监控管理部门，例如，英国政府数字服务咨询委员会、日本开放政府数据委员会等。我国在数据开放利用方面起步较晚，目前还未有相应的国家层面的数据授权监管平台，即使在地方政府存在授权运营监管部门，但由于跨地区、跨地域，各部门在沟通协作上条块分割，壁垒林立，致使我国海量的政府数据无法发挥整体优势。

16.4 推进政府数据授权运营的有效路径

政府数据授权运营是公共价值释放的过程，与社会数据的商业属性具有本质的差异，推动政府数据授权运营任重而道远，需要把握好两者的区别，多措并举，多方发力，才能更好地推进政府数据价值释放。

16.4.1 制度法规的规范约束

法律法规保障是规范政府数据授权运营最主要的措施之一，各级政府应重视大数据环境下政府数据授权运营法律问题。当前，我国发布了一些与公共数据开放利用相关的政策文件，但各方主体的行为约束性有限，推进工作仍要加强。首先，应针对政府数据开放利用的特点，建立健全从国家到地方的政策法规体系；其次，地方政府要积极响应党中央的战略部署，增强地方政府数据授权意识，从政策上关注政府数据开放利用的对外服务职能和作用，将完善政策法规建设作为战略部署的重要板块。在积极制定规章制度的同时，对数据授权运营中可能出现的特殊情况制定相应的免责条款，并给予一定的容错空间，以便更深入地开发利用数据，将数据的价值发挥到最大。

16.4.2 试点示范的典型带动

政府数据授权运营是一项极具开创性的系统工程，不仅涉及数据授权给谁、如何授权的核心问题，更涉及制度、技术、安全等关键问题，推动政府数据授权运营有序发展是具有时代意义的重大命题。《中华人民共和国国民经济和社会发展第十四个五年规划和2035年远景目标纲要》中明确提出"开展政府数据授权运营试点，鼓励第三方深化对公共数据的挖掘利用"。在医疗、交通、社保等社会关注度高、基础条件较好的领域，优先选择一批经济发达、积极性高的地区先行先试，有利于发挥典型探路的作用，借助试点地区来发现问题，寻找解决方案，梳理共性规律，对后续加快推进政府数据授权运营积累经验，打好基础。

16.4.3　理论研究的基础指导

政府数据授权运营的提出时间较短，理论界对此进行的研究还比较少。国家对政府数据治理从数据汇聚共享迈向了价值深度挖掘的新阶段，但是开展政府数据授权运营不仅要解决好资源配置、行政组织、技术实现等一系列实操问题，更要厘清授权机制、运营监管等各层面的理论问题。政府数据授权运营的实现机制、动力机制、内在机理还有待进一步深度挖掘。国家应鼓励更多的高校、研究机构积极探索政府数据授权运营理论体系，跨学科开展政府数据授权运营机理，从实践中来，到实践中去，提高政府数据授权运营的理论基础水平，从而支撑政府数据授权运营实践走得更好、更快。

16.4.4　产业生态的协同攻关

虽然政府支持是推进数据授权运营的强心针，但政府数据授权运营不只需要政府一方的行动，还需要数据加工商、数据消费者等不同主体的主动作为。"政、产、学、研、用"各方应积极参与政府数据授权运营，协同攻关，共同发展，推动政府数据授权运营生态良性发展。行业协会、产业联盟要发挥好桥梁纽带的衔接作用，积极组织不同层面的团队充分参与交流互动，支持不同单位组织形成优势互补的研发创新团队，为政府数据授权运营贡献各方智慧和力量。加强政府数据授权运营的推广宣传，让更多的人了解政府数据授权运营的意义和价值。

"智赋未来"：
数字技术带来无限可能

第十七章

数字政府产业：
市场规模持续扩大

数字政府产业是电子信息产业的重要组成部分。1993 年，我国提出"三金"工程的设想，即"金桥""金关"和"金卡"工程，由此拉开了"金"字工程建设的序幕。经历快 30 年的发展，随着信息通信技术在政府部门的深入应用，我国数字政府产业规模不断壮大，市场主体竞争实力显著提升。新形势下，认真研判数字政府产业发展现状，理性辨析产业发展所面临的重重阻碍，对未来更好地推动数字政府产业良性发展具有重要的作用。

17.1 我国数字政府产业特征

17.1.1 产业规模逐步发展壮大

"金"字工程在政府信息化领域的推进实施，尤其是"两网一站四库十二金"工程的全面开展，推动了我国数字政府产业从无到有、从小到大不断成长。近年来，政务云、政务大数据、"互联网＋政务"、智慧城市等新技术、新理念在政府信息化领域不断渗透和蔓延，数字化、网络化、智能化成为电子政务建设的新方向，也为电子政务产业蓬勃发展注入了新动力。电子政务涉及的领域众多，每个领域的信息化建设运维都需要投入大量资金，少则上千万元，多则几百亿元，大量资金的投入推动数字政府产业步入发展快车道。在逐利动机的驱动下，大批企业进入数字政府领域开疆拓土，目前，以传统IT厂商、互联网企业、电信运营商为首的市场竞争格局基本形成。据不完全统计，我国电子政务市场规模从 2008 年的 740 亿元攀升至 2020 年的 4033 亿元，年均增长率达 14.9%。预计 2022 年，我国电子政务产业规模达 5034 亿元。2008—2022 年我国数字政府市场规模及预测如图 17-1 所示。

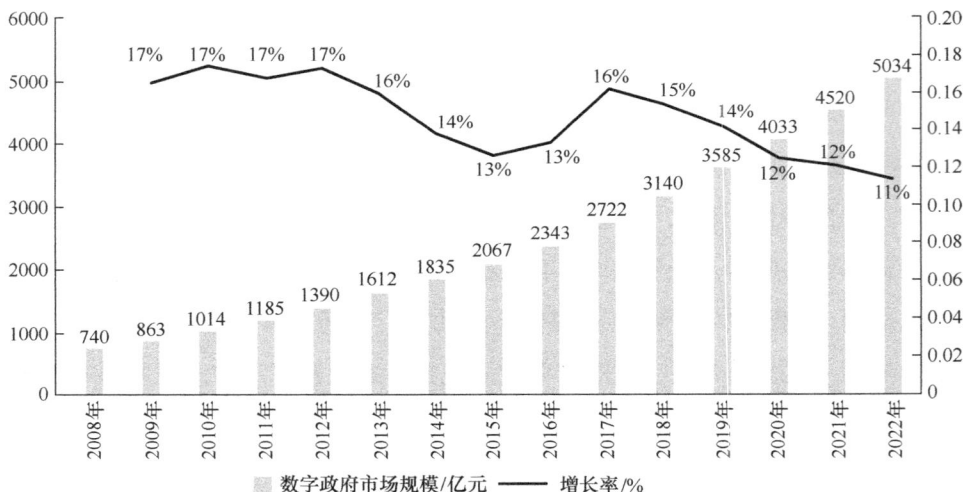

图 17-1 2008—2022 年我国数字政府市场规模及预测

2020 年以来国内部分数字政府项目投入情况见表 17-1。

表 17-1 2020 年以来国内部分数字政府项目投入情况

序号	项目名称	中标企业	中标金额
1	昆明市政务云服务项目	浪潮	1.23 亿元
2	"学在宿城"人工智能＋智慧教育创新应用采购项目	海康威视	1.5 亿元
3	武汉东湖新技术开发区智慧综治中心平台建设（一期）项目	烽火—武汉虹信	1.1 亿元
4	武汉市经济开发区（汉南区）智慧教育规模化应用项目	科大讯飞	4.7 亿元

续表

序号	项目名称	中标企业	中标金额
5	扬州市市域社会治理现代化管理平台项目	软通智慧	1.02 亿元
6	浙江省数字化改革"智慧医保"项目	中国移动	2.97 亿元
7	青岛黄岛区（西区）智慧警务感知分析平台项目	以撒	1.3 亿元
8	重庆市面向重大公共卫生突发事件的智慧医疗（一期）项目	中兴网信	1 亿元
9	阜阳市智慧学校建设项目	新华教育	4.2 亿元
10	广东省佛山市禅城区城市大脑项目	华为	1.12 亿元
11	西安市公安局"智慧公安"大数据智能化建设项目	航天信息	2.8 亿元
12	芜湖市政务云计算中心建设项目	安徽讯飞智元	1.05 亿元
13	海关总署"金关工程二期"大数据云项目	阿里云	8568 万元
14	烟台经济技术开发区新型智慧城市（一期）项目	紫光云	3.12 亿元
15	新疆云计算数据中心	中兴能源	200 亿元
16	宿州"城市大脑"建设（一期）项目	阿里云	8500 万元
17	淮安市智慧城市建设项目	新华三	3.14 亿元
18	青岛崂山区城市云脑区级中枢（一期）项目	东华软件	1.14 亿元
19	宁夏电子政务公共平台项目	阿里巴巴	2 亿元
20	上海市徐汇区城市运行"一网统管"平台建设项目	腾讯云	1.15 亿元
21	浙江政务云项目	阿里云	4.7 亿元
22	惠州市"畅通工程"城市智慧交通建设项目	华海智汇	2.65 亿元

17.1.2　产业链主导角色发生迁移

数字政府不是一个孤立的产业或系统，而是一个产业带动性强、辐射面广的产业链。从产业链来看，数字政府在建设的过程中直接和间接涉及的环节主要有电信运营商、设备供应商、应用系统开发商、系统集成商、咨询培训服务商等。在很长一段时间内，电子政务比较侧重基础设施建设，形成以电信运营商为主的产业形态。电信运营商在承建政务内网、外网、专网的过程中，带动应用系统开发商、系统集成商、中间供应商和其他运营商在内的产业链中下游环节协同共进。在数字政府向以深化应用为主转化的过程中，这种模式正在悄然发生改变，政务云服务提供商、政务大数据服务提供商、智慧城市系统解决方案提供商等新的电子政务市场供给主体日渐显现，尤其是智慧城市系统解决方案提供商在电子政务建设中的作用日益凸显。很多地方政府以 PPP 模式与智慧城市系统解决方案提供商联合成立合资公司，合力统筹协调产业链其他环节，共同推动电子政务各领域全面发展。

17.1.3 产业发展模式日趋丰富

随着信息技术不断创新和产业化发展，我国电子政务产业发展路径也反映出独有的演进规律，其融资模式、建设模式、区域发展模式、资源应用模式日渐丰富多元。从融资模式来看，企业开始以 PPP、BOO[1] 等模式注资电子政务项目，改变了以往数字政府项目完全由政府买单的方式。从建设方式来看，以往 IT 企业大多只是以项目外包的形式参与到电子政务建设环节，如今，IT 企业可以参与从项目的前期规划、设计、建设一直到后期运维等整个过程。从区域发展来看，既有沿海发达地区的渐进式发展，也有中西部和偏远地区的跨越式发展模式。从资源利用方式来看，各地各部门正是通过统一的政务云平台将数字政府软硬件资源由分散化向集约化方向转变。IDC统计，截至 2021 年年底，全国已有超过 65% 的省市通过政务云平台实现了机房、存储设备、OA 系统等软硬件资源的集中建设。

17.1.4 新技术应用创新显著增强

移动互联网、云计算、大数据、人工智能等新技术在政务领域应用创新加速，推动政府服务从线下向线上线下融合的方式转变，推动政府管理从分散管理向协同治理的方式转变。互联网与政务相互融合催生"互联网＋政务服务"新形态，"互联网＋扶贫"推进实现精准扶贫、精准脱贫，"互联网＋教育""互联网＋医疗""互联网＋文化"等有力地促进了基本公共服务均等化发展。云计算可弹性地利用现有资源，提升电子政务基础设施利用效率，

---

1 BOO（Building-Owning-Operation，建设—拥有—经营）。

是解决"IT 黑洞"的有效途径。大数据可以直观地揭示传统技术手段所不能展现的事务关联性，让宏观调控决策更加科学，让微观管理服务更加精准。人工智能通过自主学习并应用人、地、物等情景信息，提供自动识别和智能预测，目前已在防恐反恐、电信诈骗预警、气候预测等领域得到广泛应用。

17.2 数字政府产业发展瓶颈

17.2.1 产业价值链层级有待提升

我国当前的数字政府产业化水平与国外相比，还存在一定的差距，还不能完全满足国内数字政府产业发展的要求。尽管国内路由器、交换机、服务器、存储设备等在不同程度上实现了整机替代，但相关设备使用的 CPU 几乎依赖于英特尔、AMD 等国外企业。针对全国 30 多家企业的 130 多种关键基础材料的调研显示，95% 的高端专用芯片、70% 以上的智能终端处理器及大部分的存储芯片依赖进口。自主创新 CPU 性能及安全可控整机与国外产品还存在较大的差距，例如，基于龙芯 CPU 的曙光、浪潮等品牌自主研发的计算机桌面终端和服务器的性能、可靠性、兼容性，与基于英特尔芯片的计算机桌面终端和服务器相比还存在一定的差距。我国自主研发基础软件的图像处理、事务处理等功能也与国外产品存在差距，基于自主研发操作系统、数据库系统和中间件的应用软件开发环境基本空白。自主可信的信息系统仅具备支持党政办公等简单事务处理能力。因此，推动数字政府产业向价值链高端环节发展刻不容缓。

17.2.2 产业生态体系尚未形成协同发展的局面

发达国家的数字政府产业发展的实践经验表明，只有建立在成功的商业模式创新基础上的技术创新，才是产业化的坚实基础；只有依托技术创新的商业模式创新，才具有更强大的竞争力。数字政府产业是一个"生态链"的概念，"生态链"中各层级的大中小型企业相互依存，围绕市场需求既竞争又合作，产生"借力"和"互动"效应才能实现多赢。当前我国的数字政府正处于由深化应用到整体协同转型的关键期，还没有形成一个真正完善的产业生态链。经过前期探索推进，数字政府产业从 CPU 到整机产品、基础软硬件再到系统集成，产业链雏形基本形成，但上下游产品兼容性有待加强，且安全可控软硬件产品种类有待丰富，应用更新频率有待提升。此外，自主可信数字政府产品应用面临国外产品先行进入、技术路线封锁、使用习惯依赖等阻碍，加之政府用户更注重运营风险，对信息安全隐患重视不够，缺乏应用自主可信数字政府产品的主动性。例如，大多数的数字政府核心业务系统基本由国内企业开发，但都以 IBM 公司的中间件、Oracle 等公司的数据库等国外产品为基础平台。在缺乏下游市场需求拉动的情况下，国内尚未形成具有复杂大系统整合能力的领军企业，数字政府产业生态体系各环节研发和相互协同动力不足，增加了推广应用难度。一方不愿用，不敢用，另一方无法靠应用持续改进，生产和应用之间尚未形成有效互动。此外，企业为保持自身竞争力，缺乏成果开放共享的主动性，大企业与小企业产业分工不明确，产业链协同发展的局面尚未形成。

17.2.3 有效应用不足对评估机制提出诉求

数字政府产业创新和发展的关键在于能够应用于社会治理、产业规划等方面，但目前缺乏有效应用已经成为制约我国数字政府产业形成和发展的瓶颈，这导致上、中、下游各环节产业链参与和投入的热情受到直接影响，数字政府产业发展希望得到的良性机制没有被充分激活。各类产品应用与硬件设备兼容性有效衔接虽然可以实现，但有些应用只能做到"可用"，距离"易用"和"好用"仍有较远距离，仅有电子公文、行政办公等轻量级应用软件发展尚可。随着数字政府应用向智能化发展迈进，数字政府在公共服务、市场监管、社会治理等领域的发展日益深入，对各类创新应用的需求产生了极大的促进作用，只有强化应用创新，才能有效满足发展的需要。在数字政府产品开发企业之间标准不统一、平台不连通、数据不共享、业务不协同、服务不高效等问题突出的同时，目前国际较为认可的体系中仍缺乏能够充分适应我国数字政府发展的评价指标体系，国内也没有统一的指标体系供各级政府、社会各界参照。因此，构建科学合理的政府应用评价模式以及统一的评价标准也成为当前要解决的问题之一。

17.3　数字政府产业优化路径与对策建议

17.3.1　加强顶层设计，制定数字政府产业发展路线图

研究数字政府软硬件关键技术问题，应面向不同应用场景找出核心关键环节，从数字政府规划、投资、建设、运营等领域开展全方位改革，明确突破路径和时间表，落实主体责任，理顺"一盘棋"统筹推进机制。从数字政府网络、数据、应用、平台等层面，以集约共享为原则，打造"一网通达、一云承载、一池共享、一事通办、一体安全"的数字政府发展格局，确保数字政府"一体化"协同运行。支持引导各相关 IT 企业加强技术规划衔接，推动 CPU 与操作系统深度适配优化，推动人机交互模式创新，突破异构资源调度、数字政府平台虚拟化等关键技术，构建完善的数字政府软硬件技术产品体系。在国家层面扶持一批面向数字政府的骨干 IT 企业做大做强，围绕创新链开展兼并重组，提高头部企业资本实力和经营能力，引导企业专注布局某个技术创新、产品方向或专业领域，提升其国际化经营和产业链带动能力。扶持建设一批互联互通、资源共享的数字政府创新创业服务平台，为中小微企业不同环节、不同阶段创新活动提供集成化、市场化、专业化、网络化的支撑服务。通过资本产业、国家保障政策、知识产权制度及国际合作，

在企业融资、上市、税收管理方面形成新的政策机制，营造有利于企业创新、成长、壮大的环境。

17.3.2　深化产用互动，建立发展良性产业生态

加快数字政府应用发展步伐，以应用为牵引，带动数字政府产业加速发展。以市场为导向，以企业为主体，引入市场机制和效益法则，创新数字政府发展模式，逐步推进数字政府产业市场化。支持探索云计算、大数据、人工智能、区块链等新技术在数字政府中的应用，构建互联互通和高效服务的技术应用体系。鼓励各地各部门以"互联网＋政务服务"为抓手，加强保障和改善民生，创新社会管理模式。支持第三方建立完善的应用监督评估体系，开展应用建设成效评估，并将评估结果纳入政府绩效考核。以安全可靠技术和产业联盟为载体，持续开展数字政府联合攻关活动，鼓励引导更多有实力、有意愿、有基础的企业加入产业支撑队伍，增强本地化交付能力，逐步打造"小核心、大合作"的产业生态格局。协调建设数字政府产品版本库和企业信息库，组织 CPU、操作系统等有关厂商逐步形成数字政府跨平台统一操作系统。调动整合各方资源集中建设高仿真验证环境，构建试验系统，打通企业内部研发、协同技术攻关、产用验证反馈等产业化全流程。

17.3.3　增强技术创新能力，夯实数字政府发展安全

政务数据涉及国家安全问题，保证数字政府系统安全是数字政府发展的重中之重。目前，我国信息产业发展迅猛，国内产品还远远不足以满足网络安全的需要。政府应大力扶持国内信息产业的发展力度，以确保相关涉密部门的信息安全。公众的信息安全涉及个人隐私和安全认证问题，这些问题与技术密切相关。目前，我国信息安全具有一定的技术保障，应尽快出台数字政府特定领域的细化要求，提供数字政府安全保护，建立可靠的安全认证系统，并使其在实践中获得公众的信任。

第十八章

数字技术：
颠覆性新技术不断涌现

数字技术是数字政府建设运行的有效载体。随着数字技术的不断发展，互联网、大数据、区块链、人工智能等新技术、新应用不断涌现，为数字政府的建设提供了必要的技术工具。鉴于篇幅所限，本章重点围绕人工智能展开，意在描述数字技术对数字政府的作用机理、发展进程及推进路径。

18.1　AI赋能政务智能化创新研究进展

随着我国数字化进程不断深入，新技术、新场景、新应用为政府数字化变革和管理方式进步带来了更多的想象空间。治国安邦的重点在于基层政府服务，政府公共管理服务的分工日趋细化复杂，政务智能化需求愈发强烈，人工智能技术成为破解人员匮乏、流程不清晰等困境的有力抓手，语音交互技术、自然语言处理、知识图谱和文字识别技术可助力政务服务质量提升，同时提升政务信息采集、存储、处理和反馈速度，合理整合和高效利用政务资源。这些技术的应用使基层政府部门工作高效化、响应智能化、时空智能化，以最大化满足公众需求，提高社会公众的幸福感和获得感。政务智能化目标达成，对政府部门权力运行透明化、业务流程规范化、便民服务体系多终端便利化、数据资源价值最大化和政务服务延伸立体化等政府效能的整体提升具有极大的助力。目前，世界各国纷纷开启及持续跟进人工智能技术工程，美国、英国、芬兰、德国、日本等国家的人工智能应用有了新进展，国内人工智能赋能数字治理也成为各地政府的工作重点，百度、华为、腾讯等互联网头部企业加入"人工智能＋政务"应用市场。在政务智能化浪潮来袭之际，研究政务智能化最新发展动态，厘清发展瓶颈，对加快推动政务智能化发展具有重大的理论价值和现实意义。

18.1.1　各类政务智能技术竞相涌现

国内人工智能应用技术趋于成熟，开始转入规模化应用，代表厂商有阿里云、百度智能云、洞见科技、京东数科、科大讯飞等企业，人工智能应用场景持续优化，政府部门均开始布局数字化转型，促进工作效率提升，从数据、算法、算力3个方面推动人工智能技术日趋完善，开发直面公众、量大而优的智能应用和智能平台，进而推动政府公务的迭代创新和行政改革。

1. 与语音交互技术及计算机视觉技术相关的政务应用日益深入

人工智能在政务系统应用过程中运用和覆盖范围最广泛的是语音交互技术。人工智能赋予机器情景感知和自主认知能力，给予智能体明确的人设，构建机器主动服务于人类的交互模型，利用智能对话机器人服务于有需求的公众。在此基础上，人工智能中的情感计算技术、计算机视觉技术及硬件升级，推动智能对话机器人的定位由工业机器人向服务机器人转变，机器人在视听觉等方面拥有了更强的情感识别能力，理解人类思维、理解情景等功能更加完善准确，实现了与公众体贴有温度的交流沟通。例如，人脸侦测、人脸关键点检测（表情分析、三维人脸重建等）及人脸辨认、人脸识别互动装置应用等人脸识别的技术应用，能够更好地识别被服务者的行为、性格、属性，解析一些与微表情高度关联的难以捕捉检测的心情形式。以竹间智能机器人为例，除了可辨认开心、生气、哀伤等传统多模态心情，还添加了多种情绪辨认，包括中性、困惑、轻视、惧怕和恶感等。竹间机器人能识别 22 种人类情绪，可以精确理解人类意图。

2. 知识图谱技术应用场景爆发，助力政府部门实现认知智能

知识图谱是指知识领域可视化或知识领域映射地图，是显示知识发展进程与结构关系的一系列不同的图形，用可视化技术描述知识资源及其载体，可以有效挖掘、分析、构建、绘制和显示知识及其之间的相互联系。知识图谱技术是实现政务智能化的关键手段。目前，政府部门掌握着海量的重要数据，虽然各级政府部门已经形成海量的数据资源池，但其中非结构化数据占比较大，真正能服务于业务的数据应用较少，需要利用知识图谱技术为政府工作人员提供有效知识，通过关联分析挖掘其中的关系和逻辑，为业务和决策提供支持。例如，知识图谱技术对社会要素的关联分析和模型推算，可用于宏观调控、应急管理、政策实施、城市安防等方面的预测，为政府决策提供有力支撑。

知识图谱能够具备如此强大功能的原因主要有以下 3 个。**一是知识图谱能够增强自然语言理解能力**。据测算，知识图谱具有 16 亿个实体[1]且通常具备多种常见语义关系，可以有效应用于公安、法院等场景，其资源描述框架三元组的表达方式能够帮助服务机器人有效处理语义结构。"知识图谱 + 大数据"延伸出来的交叉验证功能，进一步提高了模型的精准性。**二是知识图谱能够增加人工智能模型的可解释性**。知识图谱通过对实体属性的表达，对其准确归类，能够较好地解释人工智能模型。**三是知识图谱能够提升机器学习的能力**。知识图谱能够结合专业领域、通用领域的知识库，降低机器学习模型对于大样本和先验知识的依赖。

3. 人工智能中台助力政务智能化落地实施

目前，各级地方政府普遍存在"信息壁垒"的问题。在政务监管、政务

1　知识图谱是一种基于图的数据结构，由节点（Point）和边（Edge）组成，每个节点表示一个实体，每条边为实体与实体之间的关系。

办理、移动政务等领域的事务处理过程中，不同政府部门、不同区域、不同业务的系统分散、烟囱林立，各级政府部门的数据无法实现互联互通，影响了政务综合管理效率和数据资源价值开发。因此，传统的"烟囱式"政务系统开发架构已经不能满足现有需求，人工智能中台开启平台化开发的新风向，实现数据接入和数据清理的智能化、便捷化，进一步探索研究模型建立和模型迭代等全周期各个环节的自动化、智慧化，提升资金和人力投入的回报率，为人工智能应用开发提供支持，加快人工智能技术与政府部门工作的良好合作。

对厂商侧而言，厂商需要建立统一的功能性平台，打通政务工作各领域子系统，充分结合城市运营、移动政务等领域的行业特点和专业属性，结合政府政策、政务知识、监管制度和各业务领域办理流程等知识，帮助政府打造海量的政务数据资源库。对政府侧而言，政府采用"自建 + 外包"模式建立监管平台、政务平台、运营管理平台等政务中台，集合统一规范的数据标准和具体政务流程等规则，开拓人工智能技术政务应用场景，提高工作效率。

18.1.2　人工智能赋能政务智能化服务类别日趋多样化

1. 智能问答

传统政务受理过程为受理初审、流转、部门回复、审核，以及最终批复和答复，而智能问答通过机器人自动处理，节省了公众服务受理的全流程时间。智能问答是对用户以语音或文本形式通过多渠道、多终端提出的问题，借助机器人智能识别、响应、回复，如果回复不了，那么再将问题转入人工渠道的智能处理体系。机器人客服主要通过语音识别和文本识别技术，对输入的文本或语言进行文字处理、语义辨别，然后经过知识库匹配后给出最终的回复结果。

智能问答能够大幅节约人力和时间成本，将大幅减轻政府工作量，更好地满足企业或个人的办事需求，是提高政务效能的有力手段。假设全人工流程中每人投入每个案例的时间为 30 分钟，则人工每年处理公众诉求的时间将超过57.5 万个小时。假设智能问答机器人能处理 10% 左右的公众留言，每个工作日按 8 小时计算，每年可节约人工处理留言时间高达 6803 个工作日，节约公众等待反馈时间高达 72 万天。如果更高比例的公众留言由智能机器人处理完成，那么这种效益将能得到明显提升。目前在杭州市和长春市的案例中，智能问答机器人的问题解决率已超过 80%。此外，经过调查发现，各级地方政府陆续开通智能问答机器人服务，主要分布在华北、华东、中南等区域，福建、广东、湖南等地表现亮眼，特别是福建省内所有地市都开通了智能问答机器人服务。

2. 智能搜索

智能搜索的主要应用场景为各大政府网站，主要应用对象为海量的政务数据，涉及服务包括如何对用户进行画像，如何对用户的需求进行识别，以及政务服务数据资源与用户服务的关联匹配。智能搜索是一种典型的工具型产品，在供给端和需求端两端发力，开拓典型应用场景，包括政策文本可视化、政务数据可视化、政务服务逻辑化、系统数据实时化等，从获得的政务资源池中检索出对用户最有价值的信息，为公众和政府部门解决问题提供最大化的便利。例如，智能搜索既可以帮助我们查询地方当年的 GDP 情况，并清晰地描绘其变化曲线，实现政务数据可视化，也可以为用户提供办理身份证等业务有关的办事流程及资源，增强政务服务搜索的逻辑性。

3. 智能审批

智能审批中使用最广泛的是"无感审批"。"无感审批"的基本流程包括分析研判、主动推送、身份认证、办理意向确认、申报信息确认、回收旧证、审批办结、证照送达。典型案例包括深圳市于 2019 年推出的"秒批"和青岛市于 2020 年提出的"无感审批"实施方案。"无感审批"将人工智能与大数据、区块链技术结合起来，构建了政务服务智能立体感知体系，扭转了政府部门与公众的"数据孤岛"局面，实现了政务信息数据共享互认互用的转变，能够对企业和公众的需求进行精准预判、即时感知、定向推送和智能处置，并为企业和公众免费快递审批好的证件、批文。基于政务部门的智能政务服务和"无感审批"工作流程，公众不需要反复提交纸质材料，便可实现在"无感体验"中解决问题，且处理全程可查可追溯。

4.智能推送

智能推送是指依托人工智能推送系统和大数据分析技术，充分利用政府服务数据和用户个体属性数据、用户行为数据等进行深入分析，提高对用户多样性表达的识别能力，主动、智能、个性化地推送符合用户需求的政策信息。目前智能推送的典型应用是政策计算器，可实现在1分钟内"企业／人才精准画像—政策智能匹配——键链接政策兑现平台"的全流程，有利于打造良好可持续的营商环境，打通企业投资及人才引进道路，将"企业与人才找政策"转变为"政策找企业与人才"，快捷、精准地为企业与人才提供服务支持。

18.2 基于人工智能技术的政务智能化面临的挑战

在人工智能赋能政务服务的过程中，保障公众的信息安全和服务对象的合法权益，明晰行政管理部门的职能定位，防范人工智能应用带来的伦理道德和法律风险是政府部门必须解决的关键问题。

18.2.1 行政服务管理体系自身存在不足掣肘智能化应用

一是政务服务数据资源有待整合，亟须破除各区域、各级政府、各政府部门之间的"信息壁垒"。智能化的政务服务系统能够显著提升服务品质和行政部门的运行效率，但在行政管理部门现有的组织架构模式下，不同层级及不同部门之间的信息交互渠道不通畅。各部门中大量的原始数据被分别存放在不同的部门和科室中，各部门信息数据因部门体系不同，数据信息交流存在一定的障碍，导致一些部门之间数据资源无法实现共享，很难调阅、查询，更难以整合，用户难以对服务需求进行统一访问，严重制约了数据资源的使用效果，更制约了人工智能技术的应用。

二是各地区政务智能化水平差距明显，基层政府智能化、信息化水平低。

就智能问答机器人的普及程度来看，东北、西北和西南地区省级政府开通率低于华北、华东、中南等地区，区（县）政府的智能问答开通率较低，且各省差异巨大。我国智能问答机器人的开通率高于 60% 的省（自治区、直辖市）仅有 1 个，占 3%；开通率在 30%～60% 的省（自治区、直辖市）有 3 个，占 10%；而开通率小于 30% 的省（自治区、直辖市）有 27 个，占比达 87%。

三是政务智能化专业人才缺乏。人工智能技术涉及信息技术领域较为前沿的专业知识，代表科技服务的最高水平，需要由相应的专业人才应用、管理专业设备，并在工作实践中总结反思、实现技术创新。人工智能技术是诸多学科领域交叉的数字技术，应用者需要具备丰富的多学科专业技术知识，这要求政务部门工作人员除熟练操作自身现有的业务外，还需要学习、掌握计算机网络等相关专业知识。现有兼具人工智能专业知识与技术应用实践经验的专业人才相对匮乏，人才缺口将成为制约智能化政务发展的掣肘。

18.2.2　人工智能赋能政务仍存在数据安全及场景适配问题

首先，数据是核心资产和竞争优势的源泉，政府部门掌握着海量的政务数据，包含各专业领域的重要数据、企业数据和个人隐私数据，政务数据如何合法合规地应用是当前人工智能赋能政务的关键点。智能化政务服务系统依托互联网技术实现流畅运行，具有开放性特征，且实现政府部门具体服务与管理功能需要收集、存储、分析及应用大量个人隐私信息和企业机密数据。如果政务服务系统缺乏网络安全或程序安全保障，将带来个人信息泄露隐患，使个人隐私遭到侵犯。随着云计算与大数据技术的发展，大多数政务服务部门将收集与应用的数据信息存储在网络云端服务器中，容易被网络黑客攻击并窃取。此外，政务部门的数据资源来自不同的行政管理部门与监管部门，需要通过网络和大数据技术完成整合传递，数据信息的整合过程也面临泄密风险。

其次，政务领域涉及人工智能的应用场景多且复杂，算法模型的可复制性较差，如何在保证安全和应用效果的情况下，选择合适的人工智能应用场景并对其进行复制推广是当前的主要问题，同时还需要注意调解人工智能的不可解释性与场景准确性之间的矛盾。

18.2.3 人工智能应用带来伦理问题和社会问题

人工智能技术体现了人的智慧与技术的完美结合，为社会和产业带来变革，同时，人工智能有关人权种族、责任承担、公共安全等方面的热点事件不断出现，特别在政务服务领域，人工智能应用更应谨慎。人工智能技术虽是智能化设备，但关键在"人工"二字，仍需要由人操控。这些问题主要体现在人工智能技术代替人类行使职能与完成工作任务的过程中，包括人工智能的职业身份是否符合服务资格，带有程序开发者主观感情偏好的智能化设备能否客观公正地处理工作等。

"机器人是否带来失业"的争论早已甚嚣尘上，行政职能改变或将成为必然，例如拍照、填写、复印等工作或面临着被机器人取代的问题。与之相匹配的，机器未来将成为政府工作人员的"同事"，如何处理人与机器人之间的关系也需要加以考虑。"人工智能 + 政务"意味着机器治理、机器审判等工作方式的出现，这是否会对社会公平产生侵害还是一个未知数。假若机器介入执法环节，出现误判后该如何追究责任？此外，机器的情感在本质上也是一种算法和数据的抽取，是一种数字化的匹配，而非偶发性的自然流露，是通过精确计算后的结果，我们会遇到机器天然的人性化缺失和对"有温度的服务"期待的矛盾。

18.3 破解现阶段政务智能化困境的解决之道

18.3.1 加快政务智能化基础建设

第一，完善相关法律法规，明确政务智能化所需的人工智能技术研发与应用双方必须承担的法律责任与权益，规避人工智能技术应用中可能存在的伦理道德风险和法律风险，对该项技术的权利和义务进行明确设定，确保人工智能技术在政务服务工作中有效推行。

第二，全面构建政务服务行为逻辑，梳理服务事项相关的材料清单、处理流程及管理规范、责任部门等信息，全面构建服务事项间的逻辑关系，厘清政府间的数据共享、业务协同等关系，解决数据整合问题，破除人工智能技术应用的限制。

第三，完善一体化政务服务平台，为推进人工智能技术的应用创造条件。针对政务服务部门及监管与事务处理部门缺乏人工智能技术专业人才的现状，确保平台在线服务质量，保障系统运行安全和个人隐私信息安全，加强培养传统岗位工作人员应用人工智能技术的能力和素养，尽快实现人机协同。相关部门应引入网络智能技术设备，政府部门应建立健全过渡机制，加强教育与宣传，制订人工智能人才培训规划，将获得资格认证的人才充实到政务工作中，提高政务部门及行政管理部门相关人员的数字技术应用能力，使其尽快适应新的政务服务模式，驱动行政部门管理水平的快速提升。

第四，打造综合审慎的政务智能发展空间，规范需要严格管控的领域，促进政务人工智能的应用，通过场景竞赛、案例推广等方式，促进政务智能应用的创新活力。

第五，挖掘分析政府网站、政务新媒体平台、互动交流平台、社会管理平台、城市治理平台等的数据资源价值，了解平台用户属性、特征和行为，构建企业、个人特征的精准画像，准确了解服务对象。充分挖掘用户需求，实现政务服务内容和流程的精细化、个性化，使政务服务变被动为主动，真正让企业和个人的受理业务顺利执行。

18.3.2 配套推进"人工智能＋政务"数据治理、技术变革及场景创新

增强人工智能价值释放，加强隐私保护和人工智能研发力度。在人力资

源方面，对政务部门的员工进行安全风险保护意识教育，认真学习并使用《政务网站智能问答（智能客服）机器人评估指标体系》等规范，在日常工作中要认真执行制订的计划，提升数据采集、处理、运行安全系数，强化安保意识。加强网络数据传输，时时做好数据备份，提高安全等级标准，加大对人工智能技术资金的投入力度，根据政务要求建立安全有效的监管惩戒制度，促进整个政务体系人工智能工作安全有效进行。保障网络数据传输的安全，做好数据备份与存储工作，设立并坚决执行数据安全等级标准，加大对人工智能技术发展创新的政策支持和资金投入力度，根据政务处理要求建立安全有效的监管与惩戒制度，确保政务体系人工智能安全、高效地完成工作。重视语音识别技术、信息搜索技术、虚拟现实等前沿技术，加强与科研机构和高校的交流合作，优化对高科技人才的培养与前沿技术成果的转化应用，持续提高人工智能政务服务质量。同时，基于政务服务的痛点及堵点，运用人工智能技术创新解决方案，加强场景应用优化，将人工智能技术融入千行百业，以便提升政务服务人员的获得感。

18.4　结论与建议

作为引领未来的战略性领域，人工智能的算力、算法不断优化、提升，并逐步与大数据深度融合，驱动社会治理、公共服务和城市运行等管理优化效能的提升。与此同时，人工智能技术在政务服务领域仍有非常大的发挥空间，如何充分运用好人工智能技术，把汇聚起来的各类数据用最方便、最简洁、最实用的方式呈现到公众面前，实现让信息"多跑路"，让百姓"少跑腿"的工作目标，依然需要政府与公众等共同努力。

第十九章

"数字底座"：
夯实数字政府发展根基

随着数字政府的发展，信息基础设施由原来的网络向云端迁移，网络和政务云成为数字政府的基础设施，为数字政府的有效运行提供了强力支撑。本章重点介绍政务云的发展，在政务云的推动下，数字政府正朝着集约高效的方向迈进。

19.1 政务云引领数字政府建设模式变革

19.1.1 云技术推动政务系统有效整合

基于云计算技术，各层级和部门资源交由管理部门集中管理，应用单位按需申请应用软硬件资源，并由管理部门稽核分配、动态调配，资源实现充分利用，避免资源闲置与浪费现象发生。

政府部门从全局角度规划、开发政务系统，提高数字政府系统的应用效能，实现政府数字化转型。目前，政府将各级部门和部门业务集中到一起，重点推行政务服务大厅和行政中心，以方便公众办理业务，提升政府服务水平，提高办事效率。数字政府的建成与虚拟化服务系统的应用整合了各个层级和部门的软硬件资源，便于政务问题的集中化处理，从而节省了公共资源和成本，助力政府服务效率的提升。

新时期的数字政府应用需进一步整合移动互联网、大数据等先进技术与产业，通过云平台集中运营和管理各个职能部门独立开发、运行的政务处理系统。云政务既能对各类政务系统、模块进行简单的加法处理，也能通过统一决策和管理完成减法和集聚工作，在各系统间搭建沟通桥梁，建立公共资源共享库，精简冗余内容，向公众提供规范、统一的服务。在提升软硬件设施与人力资源使用效率的同时，数字政府应用能够整合各级政府的数据和业务系统，打破"数据孤岛"，实现各部门信息共享与业务协同。此外，数字政府可基于云计算优势发展、开拓智能化应用，进一步提升工作效率和服务效能。

19.1.2　为信息共享提供平台

在传统的数字政府系统建设时期，各级政府部门都要架设一套服务器，购置数据库，连通网络，开发部门的应用软件，用户界面"五花八门"，虽然初步实现了政务电子化，也提高了政务服务效率，但各部门的服务系统间运行独立，政务数据仅存储在本部门系统的服务器上，部门间存在"数据壁垒"，不能也不愿意共享数据，形成多个"数据孤岛"。后来，云计算技术的应用、政务云系统的建成，为政府各部门数据共享与数据统一架起了桥梁。政务云建设的主要任务是完成云数据中心与存储中心的建设，将各部门各单位的数据汇总至同一中心，消除部门、单位间数据流动和应用困难，顺应了数据共享趋势，顺利完成了影像地图、天气情况、地理信息、社会经济运行情况等基础数据的共享，提升了部门间协同工作，提高了服务公众的效率。此外，汇集的大量数据由专业部门统一管理、分析，数据隐藏价值得到有效挖掘，对整个政府的工作机制产生了积极的影响。

19.1.3　提供更加先进的系统建设运维方式

传统的数字政府系统建设主要分为 4 个阶段，依次为设计申请、软硬件架设、应用开发和运行维护。政务云平台的建设将传统系统中前三个阶段完全交由相关建设机构完成，将运行维护交由专业部门管理，各业务部门不需要从初始阶段着手涉及政务系统，从而减轻了设备老化带来的维修、更换等资金压力和系统管理压力。在统一的政务云管理中，基于各部门的业务需要，可对不同性能的硬件实现有针对性的调度和供应，以满足部门运行要求，从而提高资源利用率。

19.1.4　提供更加可靠的政务安全防护

为保障政府机密文件、公众隐私信息等各类敏感数据的安全，数字政府系统的防护屏障构建工作至关重要。相对而言，传统的数字政府系统存在安全隐患。首先，系统建设标准良莠不齐，不能全面保证安全性。部门间系统安全保障建设预算参差不齐，导致安全设施配备质量存在差别。预算相对充足的部门搭建系统时配备了高标准的安全软件、防火墙等，安全性相对较高；预算不足或安全意识较弱的部门配置的安全软件标准较低甚至配备不足，安全保障能力较弱。其次，系统管理人员专业性不足。多数部门的数据安全由指定人员管理，对数据安全的重要性认识不足，面对安全攻击时难以察觉或束手无策。政务云平台的建设具有较高的搭建标准、更为专业的安全考量和经验更为丰富的专业管理人员，系统和数据得到了统一，最大限度地避免风险事件的发生。

19.1.5　提供更加专业的技术支撑

传统的数字政府系统建设时期，每一级党委、政府、人大、政协等组成部门有上百个，每一个部门都要有一套软硬件设备，至少需要配备 1～2 名技术人员完成运行维护工作，耗费大量的人力、物力，且难以有效保障其专业性。政务云建成后，主管部门可统一规划、建设和管理全部软硬件设施，并由各部门共同使用。例如，按照传统的数字政府系统建设模式，某市及下辖县需配备数千套系统，若建立统一的市级政务云平台，可节省上千套硬件设施与软件设备以及上千人的运维团队，且大幅提升数字政务建设与运行维护的专业化程度。

19.2 在政策效应驱动下，政务云发展进入快车道

我国政府高度重视云计算的发展，从 2015 年到现在，云计算已经 4 次被写入《政府工作报告》。云计算前沿技术赋予了政务云优于传统的数字政府系统的功能特性，包括部署灵活、扩展弹性、成本较低与资源利用率较高等，使其在各级政府部门备受推崇，成为政府数字化转型与集约化建设的重要支撑。目前，我国政务云建设已取得显著成效：在中央层面，国家电子政务外网政务云平台已建成并投入使用，为中央政务部门超 30 项业务部署配备统一、安全的基础设施环境与技术支撑服务；政务云基础支撑能力不断夯实，全国 31 个省（自治区、直辖市）和新疆生产建设兵团云基础设施基本建成，超过 70%的地级市建设了政务云平台，政务信息系统逐步迁移上云，政务云已经成为各地发展数字政府的"标配"。

19.2.1 多项政策文件为政务云发展指明了方向

"十三五"以来，《"十三五"政务信息化工程建设规划》《政务信息系统整合共享实施方案》《"互联网 + 政务服务"技术体系建设指南》《云计算发展三年行动计划（2017—2019 年）》等一系列重要文件，明确了政务云平台建设与应用的重要意义和价值。2018 年 10 月 29 日，工业和信息化部发布《电子行业 15 项国家标准报批公示》，为各级政府部门基于云计算的电子

政务公共平台建设发展制定了标准，包括服务规范、管理规范、技术规范、安全规范与总体规范等，是政务云在标准规范领域的重大进展。

19.2.2 有力支撑数字政府集约化、数据共享和业务协同

政务云支撑数字政府集约化发展。目前，各地政府部门逐步将已建成的信息系统迁移到政务云平台上，整合现有信息系统的运行环境，并通过购买服务的方式完成新系统的建设，确保所有信息系统能够在统一的政务云平台上运行，构建数字化政府集约化建设与一体化建设的发展格局。广东政务云已涵盖 56 个省直部门超 1000 个系统及 21 个地市政务信息系统，并提供 366 种服务，包括但不限于底层基础设施与上级应用软件等。宁夏数字政府公共云平台基于政务民生信息化"一网、一库、一平台加 X 个云应用系统"架构（也称"3+X"架构）进行总体规划，通过企业出资建设、政府购买服务的方式，为全区各级机关事业单位提供大数据、云计算等定制化服务。昆明市已有 39 个部门入驻政务云平台，信息化建设可"轻装上阵"；264 个业务系统迁移上云，享受"一站式"服务，降低了系统分散建设的成本，避免重复投资，提高了资金的使用效率。

政务云支撑数据共享与业务协同。随着政务云平台建设不断完善，政府部门积累的数据也呈爆炸式增长。广州、江苏、贵州等省市充分发挥政务云平台聚合数据、关联分析等数据处理功能，收集、整理并串联起各部门的数据，应用于扶贫、社会救助与综合治税等业务，真正实现了不同部门的数据共享与业务协同。例如，广州市利用政务云平台的信息共享交换系统处理税务工作，基本涵盖所有企业税源，将办税率从 69% 提升至 98%，财政收入每年增加超 50 亿元。江苏省民政部门依托政务云平台构建了覆盖省、市、区、街道、社区五级行政区划、横向到边、纵向到底的民政信息网络体系，整合了 34 个子系统，接入民政部及省级现有系统共计 11 个，涵盖养老、救助及婚姻登记等各项服务信息和大数据，实现了"全业务、全流程、全关联"。

用户可通过场景导航与菜单服务等查找救助渠道、社会组织联系方式、灾害预警信息、行政区划信息等。贵州省政府部门创新开发了"精准扶贫"云平台，提供扶贫、公安与医疗等 17 个部门和单位的数据，确保所需数据能够实时共享与交换，精准识别扶贫对象的吃穿住行与医疗、教育等情况及其面临的生活困难，助力"真扶贫、扶真贫"。

19.2.3　基于政务云的深度应用让老百姓真正享受便捷

随着云计算技术在数字政府系统中的不断更新与实践应用，政务云已基本形成前台支持"互联网＋服务"，后台整合数据资源作为支撑的应用模式，且政务云应用正逐步走向前台，更好地兑现了"数据多跑路、百姓少跑腿"的承诺。截至 2022 年 9 月底，教育部基于云计算技术构建了国家教育资源公共服务平台，整合了大量优质资源与创新应用，惠及学校、师生及家长，共开通学校空间 40 万个、教师空间 1248 万个、学生空间 589 万个、家长空间 534 万个。浙江省研发推出"浙里办"App，截至 2022 年 10 月，完成上线政务服务事项超 3600 项，实名用户突破 6900 万，网上可办率达 100%，掌上可办率达 100%，用户覆盖比例全国第一。"云上贵州"App 提供服务频道、城市频道和部门频道 3 个栏目，群众需求征集和网上办事大厅两个独立服务板块，服务范围包括全省医疗、交通、教育等领域，为省、市、县、乡、村五级提供省政府政务服务中心约 16 万项政务服务。广东政务云开发的"粤省事"小程序从社会保障、残疾人专门服务、户籍管理和交通管理等多项生活应用场景入手，统一收集、管理各业务部门民生服务数据，实现多人群全方位覆盖。居民完成"实人＋实名"身份认证核验后，可办理所有线上民生服务，通过指尖触达的方式解决日常问题，办理流程更加方便快捷。2015 年以来，上海"健康运"平台已覆盖全部共计 241 个社区卫生服务中心和超 1000 家服务站点，投放物联网检测设备 2488 台，日均健康监测约 18000 人次，线上注册人数近 140 万人。用户可通过居民端与医生端的互联网 App 应用完成家庭医生自主选择、健康档案查阅、分诊医生预约及疫苗接种预约等线上服务。

19.3　阻碍政务云协调发展的主要问题

虽然政务云的应用为进一步深化"放管服"改革提供了有力支撑，为各级部门履行职责指明方向，为更好地服务公众提供保障，但在发展过程中仍面临一系列问题和挑战。

19.3.1　信息系统迁移上云存在一定困难

目前，我国政务云建设较为普遍，现存的 334 个地级行政区中，已完成或正在招标建设政务云的行政区已达 235 个，但实际上，很多政府部门的政务云建设滞后于数据中心和业务系统的建设。尽管国家和很多有关部门都出台了相应规定，明确了基于政务云开展业务应用、暂缓新建政务基础设施的发展方向，但将各部门原有的较为分散的基础设施及业务系统完成信息系统整合和迁移上云仍存在较大的挑战，例如，政府上云理念相对滞后、平台安全性保障不足、相关技术保障缺乏等。政府信息系统迁移上云已进入攻坚克难阶段。

19.3.2　政务云生态还需要进一步完善

我国政务云平台的安全可控建设已取得一定成效，云主机、中间件、操作系统等各细分市场领域均已下沉相应的产品和服务供应商，其中，服务器、机房管理、宽带网络已占据了政务云市场的四分之三。现有政务云产品更多集中在基础设施领域，从产品技术水平到服务范围形成差异化竞争仍有一定的差距；涉及核心技术的专用芯片、操作系统等安全要求较高的基础领域，产业链整合能力较弱，政务云的生态体系建设和格局分工调整仍任重道远。

19.3.3　距离实现安全可控还有一定距离

一是安全问题。目前，国内真正掌握核心技术的云计算厂商少之又少，大部分云计算厂商高度依赖海外技术。就商业市场而言，这种做法是可行的，但就政务云市场而言，这种做法未必妥当。一旦攻击者有针对性地利用硬件后台进行攻击，后果将不堪设想。

二是不具备全栈能力。目前，国内的云计算厂商中仅有少数几家能够提供从底层到应用"一站式"云服务。未来的竞争将是全栈的技术与创新竞争，全栈能力好比是一个水桶，如果硬件、软件、网络、云服务任何一块"木板"是短板，都会导致水桶只剩"半桶水"，甚至水桶"没水"。

三是数据共享和迁移问题。目前，各级政府间的数据未实现纵向和横向的互联互通。就纵向来说，由于未实现完全共享，数据容易在各级部门形成"滞留"，一方面上级对基层的实际情况无法实时了解，另一方面需要人工重复报送数据资料。就横向来说，各部门之间容易形成"数据孤岛"，导致办事群众需要开具各种证明，在几个部门之间来回跑。另外，数据迁移也是一个大问题，在换用自主可信平台后，数据迁移工作非常麻烦。

19.4　结论与建议

19.4.1　进一步强化政务云建设的统筹协调

首先，各级政府部门应提高对政务云的认知深度。目前，省级、一二线城市的政务云基础设施建设已基本完成，应加速推进深度应用以检验建设成效。各级政府部门应转变思想，在应用过程中查找政务云存在的短板与亟须完善之处，直面问题，凝聚智慧、攻坚克难，冲破思想观念的藩篱与束缚，打破部门间的"数据孤岛"，实现各部门互联互通。其次，建立统筹协调机制。以现实问题为导向，灵活运用各种工具和手段完成调研工作，深入了解政务云实践应用面临的卡点和难点，集合专业人员开展专项攻关，以持之以恒、锲而不舍的精神逐个攻关、突破，扫除政务云深度应用的障碍。

19.4.2　支持第三方平台开展政务云应用开发

随着数字技术的发展，政务上云已是大势所趋，政府部门如何利用云计算、大数据等信息技术提高信息流转效率、推动各部门数据流通共享是有效开展政务应用和服务需要解决的关键问题。各级政府部门应充分结合社会化第三方平台的力量，推进政务云应用落地，构建良好的政务云生态体系，完成政府数字化转型。网络平台是政府与公众间的连接器，应充分发挥其桥梁作用。例如，在政务民生服务方面，微信社交平台具有无可比拟的优势，政府部门可借助该网络平台，以政务云为支撑，精准定位公众诉求；以数据共享和业务协同为主线，借助人工智能等数字技术工具，实现公众网络入口单点登录，一键解决政务需求问题。此外，政府需思考、解决数据授权的相关问题，在保证数据安全的前提下，将云平台集聚的政府数据依法授权给第三方，并指导、监督其工作，督促第三方高质量地完成数据的开发与使用工作，为公众提供更精准的服务。

19.4.3　积极探索区块链与政务云融合创新

区块链作为支撑数字经济的底层技术，已在物联网、智能制造和供应链管理等多个领域实现落地应用，其公开透明、不易篡改与可溯源的特性加速推进了"一站式"服务、"政务信息公开"等政务云平台公共服务的推广使用。区块链技术研发水平较高的地区可大胆先行先试，探索前沿技术与政务云平台融合发展的应用场景与实施方案，为政务云平台公共服务的腾飞提供强劲引擎。

第二十章

数字政府载体：
政民沟通渠道日趋完善

如今，数字政府建设载体不仅局限于以往的政府网站，政务微博、政务微信、政务应用等政务新媒体不断涌现，为数字政府触达公众提供了更加便捷的渠道。北京、广东等地大力整合政务热线，促使政务热线迸发出无限活力，政务新线成为民生服务送达更加便捷、高效的有效载体。鉴于篇幅所限，本章重点介绍政务热线，描述政务热线最新动向和推进策略。

20.1　政务热线概述

经过 30 多年的发展，政务热线已经成为政府提供公众咨询、求助、建议和投诉等公共服务的重要渠道，是政务服务体系的重要组成部分，也是公众参与和政民互动的重要平台。近年来，政务热线逐步利用大数据技术挖掘政务热线数据价值，以及时、全面地发现公众需求、政府服务及城市管理中存在的问题，对地方政府及部门优化管理、服务、决策等提供强有力的支撑。政务热线不仅是一种政府响应公众诉求的沟通渠道，也为政府绩效管理提供了良好的平台，有助于推行城市治理绩效的行政问责制度、公众监督机制，促进城市治理绩效的持续改进和有效提升。

20.2 政务热线发展现状

政务热线既是政府汇聚公众诉求、感知社情民意的"传感器"，也是政府各部门协作的桥梁纽带。它拥有及时、准确、海量的公众咨询和投诉数据，亟须构建高效的数据治理体系，以解决数据质量较低、深度挖掘效果甚微和安全保护机制不健全等问题，具有较强的代表性和典型性，是研究政府部门数据治理现状与问题的一个重要载体。各城市政务热线因其发展条件的差异，在话务服务和管理上形成不同的发展模式，同时也在大数据、人工智能等新技术应用及数据治理和智能运营上进行了诸多探索。

20.2.1 整体发展全面

党和政府高度重视民生事业，对于具备完善社会管理框架和提供公共服务职能的政务热线始终高度关注。近年来，政府服务化转型步伐不断加快，作为党和政府密切联系群众，及时、全面反映广大群众最直接需求的重要途径，政务热线在全国范围内得到迅猛发展。工业和信息化部有关数据显示，目前我国共有政务热线 5000 余条，实现我国所有城市全覆盖；其中，全国统一的政务热线有数十条（包括 12358 全国价格投诉举报电话、12317 全国扶贫监督举报电话等），各地区自行赋号管理的政府热线（例如 89735900 北京居住证热线、962200 上海松江社区服务热线、12343 西安市社区服务热线、88908890 天津家庭服务热线）更是遍地开花。

20.2.2 功能定位明晰

在现有条块结合管理体制下，除政务服务便民热线 (12345) 等少数综合型政务热线外，我国各政务热线均具有较为明显的行业特色，各热线提供的服务内容和具体管理范围与主管部门职能保持一致，功能定位清晰。例如，12320卫生热线作为卫生系统与社会公众沟通的重要渠道，既向公众传播卫生政策信息与健康防疫知识，又提供公共卫生事件建议反馈和举报投诉窗口；12349社区服务热线面向全国社区居民提供送水送气、代买代购、电路检修等便民维修服务和紧急救援、生活帮助、主动关怀等特色养老服务和政策咨询等。

20.2.3　服务方式多样

以往，我国政务热线大多由传统公共电话服务热线汇总、整合而成，服务方式多以电话沟通为主。随着信息技术的迅猛发展，政府热线服务手段迅速迭代升级，以手机、计算机和网络服务为载体的短信、社区论坛、电子邮件和即时通信软件（文字、语音、视频）等现代化服务方式如雨后春笋般应运而生。此外，我国还设立了现场服务以实现政务热线兼备的信访、投诉和举报等公共职能。例如，苏州市已逐步开通热线电话、短信平台、电子邮箱、"阳光便民"网站、服务论坛、直播室以及微博、QQ即时通信工具等渠道受理并集中反馈公众诉求，构建了简便快捷、方式多样、科学高效的政务热线综合服务平台。

20.2.4　城乡差距较大

当前，我国政务热线建设已实现所有城市全覆盖，多个省市已建成省、市、区（县）或市、区、街镇3级热线接听处置网络，部分城市已开通数十条政府热线，包括卫生、医疗、安全保障、便民服务等多个方面，实现居民日常生活的全方位保障，服务形式多种多样，基本满足城市居民生活服务诉求。相比之下，我国农村政务热线建设较为滞后，仅建成一条农业公益服务统一热线——12316三农服务热线（也称新型农村热线）供全国农村通用，但仍有许多村落未能接通，服务范围有限。政务热线城乡发展现状受我国长期存在的二元经济结构特征和地区技术制约因素影响，形成了城市服务体系和相关基础设施建设发达，而农村建设落后的局面。党和国家对农村发展建设高度重视，随着"农村综合改革""基本公共服务均等化""农村公共服务体系建设"等重大战略步伐的不断加快，政务热线服务也将在农村全面建成、铺开，为我国全民提供社会管理和公共服务，打通政府热线服务全民的"毛细血管"。

20.3　政务热线发展困境

20.3.1　政务热线专业服务性有待提高

专业性不够。政务热线平台是政府部门与百姓沟通交流的重要信息通道，服务效率仍有待提升，主要体现在热线接通率和服务质量不高、工单按时反馈办结率较低、内部处理流程相对繁杂、政务督办协调能力有限等方面。政务热线平台机构还存在基层部门的管理框架和机构设置规范度较低，缺少统一的标准化管理机制和服务要求，缺乏相应事务的执行权和处理权，部门间职能交叉、权责不清晰，工作人员素质有待提升等问题，在独立解决城市问题和化解城市风险方面仍存在一定的困难。

满意度不高。热线平台是监管部门与公众交流意见、处理问题的桥梁，公众满意度的高低取决于诉求事件能否由相关部门有效解决。一些城市虽设立咨询热线电话，但存在无人接听或接线员回答问题不专业、不耐心的情况。部分地方虽然服务热线畅通，但相关职能部门"隐身"或是互相"踢皮球"、"推诿扯皮"，导致公众提出的诉求难以得到有效解决和答复，失去了热线开通的本意，影响政府办公效率，降低政府公信力和公众对政府服务的体验感和满意度。久而久之，热线难免变"冷线"。

运行效能较低。从国外经验来看，政府热线建设投入主要来源于公共财政，建设过程十分谨慎。例如，德国 115 政府热线自 2006 年年底开始筹划、准备，历经 5 年的研究、设计、论证与试运行后才正式运行，运行过程中高度重视工作效能，尽可能减少不必要的公共财政支出。我国政府热线建设属于"普惠民生工程"，社会关注度较高，构建良好的热线服务平台能够直接、快速地提升公共服务水平和政府形象，是建设服务型政府的重要内容。但部分地区政府热线建设前期论证、准备工作不到位，在理论与技术尚不成熟的情况下着手建设，造成建设效率低、建设重复和支出费用过高等问题。

20.3.2　政务热线的数据治理能力不足

虽然地方政府纷纷出台了指导开展政务热线工作的相关政策文件，但是出台的政策多聚焦于政务热线传统的服务优化、热线整合、监督管理、服务流程规范、统一平台建设等方面，极少出台针对政务热线部门数据治理建设的具体实施方案和规范标准。政务热线产生和积累的海量数据没有得到充分重视和利用，政府在数据治理方面的能力和成效还较为欠缺。

从数据层面看，数据精细化管理能力较弱，数据质量和数据安全保护能力有待提升。 政务热线平台获取公众诉求数据的来源渠道多种多样，数据体量庞大、结构复杂，但政府部门缺乏数据收集、存储和使用的统一标准，政府部门间、政府部门与公众间出现信息不对称和数据不一致的情况，造成数据治理过程的数据割据与数据冗余，数据质量受到严重影响。此外，随着《中华人民共和国数据安全法》和《中华人民共和国个人信息保护法》的颁布，政府和个人对数据安全的重视程度不断提升，数据开放共享带来的数据安全隐患成为数字治理过程中亟须解决的关键课题。目前，政务热线部门缺乏相应的风险防范机制与安全保障制度，导致多数部门对推动数据治理安全性存疑，出现"数据孤岛"现象。

从技术层面看，数据治理基础设施有待完善，数据分析技术亟须提升。 一方面，随着大数据、云计算等数字技术的发展，数据呈爆炸式增长，传统的数据处理基础设施已无法满足政务部门大体量数据治理的需求。另一方面，对于大量结构化、半结构化与非结构化数据的收集、整合、存储与深度分析等处理要求，政府部门缺乏相应的专业技术人才，技术掣肘导致数据背后蕴藏的价值难以得到充分发挥。例如，政务热线部门缺乏数据深度挖掘技术和处理能力，对公众诉求的相关数据分析缺乏明确方向、应用场景不清晰、多流于表面，难以发觉数据隐藏的信息；应用数据分析结果的意识较弱，相关数据多用于解决热线内部管理问题，难以支持其他部门和地方政府针对公众诉求完善管理漏洞、优化决策能力。

从法律法规层面看，政府相关政策法规制定滞后。虽然部分地方政府针对数据治理出台了相关政策制度与具体实施、保障方法，但数据权益归属与数据共享、流动等相关法律法规的制定相对滞后，无法很好地适应数字产业的发展要求，导致数据治理缺乏有效监管，制约了数据资源的管理、深度分析与广泛应用。

20.3.3　政务热线承办部门回应仍滞后

政务热线接到的公众居民诉求涉及范围较广，既包括停水停电、噪声扰民等日常生活诉求，也面临违章改建、基础设施改造升级等社会管理难点问题。在此情况下，政府需要深入分析公众诉求，思考合理合法的解决对策，并预判其处理效果。为保持社会的长期稳定，政务热线承办部门通常采取因地制宜、合法合理的策略性治理逻辑解决公众诉求，调节政府部门与公众的关系，维持其动态平衡。但这种治理方法存在较多的非制度性因素和人为因素，隐藏着一定的治理性危机，动态平衡稳定性较弱。一方面，在执法过程中，执法人员对承办事务的主观判断与决策权的适当使用影响公众诉求的处理速度，导致公众诉求回应滞后；另一方面，部分公众诉求的解决需要多个部门共同完成（例如城市管理与城乡规划建设等），涉及职能交叉与界限不清等问题，事务处理过程被迫拉长。

20.4　结论与建议

随着互联网等信息技术在政务服务领域的应用，政务部门提供的服务范围更加广泛、服务质量不断优化，公众体验感和满意度不断提升，促进了政务热线话务量的大幅增长。例如，2022 年 7 月，热线共接到市民来电 1370210 次，应办转派工单 360014 件（含电话，微信，网页等），按时办结率 99.89%，咨询类工单平均处理时长 22 时，非咨询类工单平均办理时长 6 天 19 时，市民满意率 76.48%。随着治理环境不断完善、数字化信息技术不断发展成熟，政务热线的服务对象逐渐增多，服务内容更加丰富，这对政务热线的角色定位提出了新的要求。政务热线应尽快与其他服务渠道协同、融合，借助大数据、人工智能等技术快速发展，建成便捷、高效的服务平台，从而成为政务部门协同治理的重要枢纽和智慧治理的有力支撑。

政务热线是解决、反馈民生诉求的重要渠道。服务热线需要借助大数据、云计算等信息技术实现系统优化、资源整合和系统再造，快速收集、解决民生问题。与此同时，政务热线也需要优化政务知识库管理，避免多头管理和信息失真的现象出现，真正成为公众高效咨询和政府重大政策解读的统一渠道。

政务热线要成为协同治理的重要枢纽。政务热线是政府部门与公众互动交流的平台，提供政务服务的窗口。为提升政务服务的质量和便捷程度，服务热线需要与其他部门共同完成服务渠道与服务系统的整合。政务部门能够直接获取公众诉求与各部门服务结果的反馈，是监督行政效能、促进效能提升的有效依据。政务热线应着重推进跨部门、跨层级业务联动与系统集成平台的建设，加强部门间的协同能力。

政务热线要为智慧治理的发展提供有力支撑。为尽快完成数据驱动的智慧治理模式转型、实现数据价值最大化，政务热线需要对海量的咨询、投诉数据进行深入挖掘与充分应用，准确了解公众需求及城市运行、管理中存在的问题，有针对性地提升政府部门服务水平与治理能力。同时，政务部门应围绕服务便捷化、管理高效化、治理精准化与决策科学化等目标，提升数据管理、分析与应用能力，助推政府部门间的数据共享与流动，加快实现政府智慧化治理，完成治理模式转型。

具体可以从以下 3 个方面来提高政务热线服务水平。

1. 加大督办力度，提高服务于民效率

政务热线管理部门应尽快完善事务跟踪督办制度，通过设立督察日、现场督办等形式，及时完成问题工单的沟通和流转，并通过承办单位知识库添加、指导工单办理，最大限度地提升公众诉求服务与解决效率。

实行跟踪督办制度。政府部门理应承担主体监管责任。加强行政监管，严格落实行政问责制度，督促各级政府和工作人员坚持以人为本，正确行使权力、全面履行职责与义务，改进员工工作作风。

提高工单办理时效。为提升服务于民的质量，服务型政府应提高工作人员工单办理能力，优化政务处理流程，快速、高效解决公众诉求。不同部门的职能与服务范围不同，政务热线管理部门需要对职能交叉类型的工单执行转派处理，提高工单转派的准确性和时效性，减少工单不被受理和工单退回的情况，最大限度地降低工单退回率。各承办部门应提升与其他协作单位的协同能力，优化工单处理流程，实现工单的顺利处理、问题的有效解决。首先，政务热线管理部门应与承办部门建立良好的协同关系。政务热线管理部门工作人员面对各项职能权限不清晰的工单时，可及时与承办单位工作人员沟通交流，尽快明确承办部门，确保该部门能够处理此类问题，有效减少退单、拒单等工单处理不良情况，提高工单处理效率。承办部门也可以向政务热线管理部门主动说明具体负责事项，并将相关明细添加到知识库，以便政务热线管理部门查找、派单。其次，建立部门间协同联动机制，若承办单位在转单时遇到不在本单位授权范围的情况，还可以通过与其他承办单位协调，将工单转交给可负责处理的单位，以此避免退单情况，这样做既缩短了

工单办理的时长，也能够实现准确回应公众需求的高质量办理目标。

完善热线考核体系。努力尝试完善政务热线服务考核体系，依托现行的绩效考核评价体系，进一步合理设置指标权重，将政务热线服务于民和服务政府的两个维度作为目标，通过量化的指标评定方式，明确热线服务的标准、工单办理质量，以此作为承办单位工单办理排名的依据。监管部门根据政务处理过程将考核体系细化为受理交办、回访评价、激励考评和监督检查 4 个部分，明确各部分考核条目与评分明细，采用千分制量化评价政务热线服务水平。同时，以发现问题、解决问题为目标，根据各部门各阶段服务水平与民生满意度不断调整、完善评价指标体系。

2. 主动服务 "三更" "三办" "三可" 目标

从公众维度，实现公众诉求"接得更快、分得更准、办得更实"。一是"接得更快"。政务热线存在接听等待时间比较长、高峰时段"打不进"的现象。要重新梳理公众诉求接听流程，实施公众诉求直达人工服务，让企业与公众一有诉求，就能打通 12345，第一时间听到政府亲切的声音。二是"分得更准"。针对公众诉求有时分办不精准、部门多次退单、不能及时办理的问题，加强服务代表技能培训，推动政务知识库共建，提高公众诉求流转效率和"精准度"；修订政务热线诉求数据归口标准，建立归口数据与职能部门"标签化挂接"机制。三是"办得更实"。坚持问题导向，强化不满意诉求跟踪督办，着力提高问题实际解决率，让公众实实在在感受到政府的热忱服务。

从政府维度，实现政府服务"接诉即办、未诉先办、一起来办"。"接诉即办"就是对公众诉求马上办、"零等待"、不耽搁，接一办一，把接手的每件诉求办到底、办扎实，快速高效地解决公众实际困难和问题，解企业与公众之急。"未诉先办"就是强化预防性热线管理服务，不仅重视解决个性问题，更要重视"倾向性""趋势性"问题，一旦发现问题"苗头"，第一时间形成工单，加强协调处置，推动问题精准高效解决，防诉于未然，解企业与公众之忧。"一起来办"就是弘扬政府的优良政风，协作联动办理企业与公众诉求，对单一部门不能解决的诉求，整合各方力量和优势，激发热线办理整体效能，共同为诉求办理想办法、出力气，合力解决复杂诉求，解企业与公众之难。

从治理维度，实现美好生活"政府可找、政策可见、服务可得"。首先，确保实现"政府可找"。加快推进非紧急类政务热线的优化合并，强化12345政务服务"总客服"功能；通过制度安排和广泛宣传，让企业与公众遇到生产生活中的各种问题，能立刻拨打12345找政府。其次，着力做到"政策可见"。充分发挥12345热线用户多、服务量大、互动性强的优势，把政务公开的"触角"延伸到政务热线平台上来，开辟政策信息公开的"新频道"、"新蓝海"。全面、及时、准确地公布政策信息、法规信息和办事依据，让企业与公众通过12345与政府部门对话、与政策专员交流，满足企业与公众的知情需要，稳定生产生活预期。第三，切实推动"服务可得"。建设12345公众诉求中心，梳理企业与公众关注的高频事项，更新形成政策知识库，向公众开放，实现企业与公众自助查找查看。打造个人诉求中心，满足个性化、精细化诉求管理需求。用心用情、精准精微为企业与公众服务，让企业与公众在和政府你来我往、你递我迎的互动中，累积获得感、幸福感、安全感，增强创造美好生活的信心。

3. 提升政务热线专业化服务水平

明确热线定位，将单项信息传递转为双向互动。随着热线平台的不断发展，政务热线应从为公众提供咨询服务与接受投诉控告等单项信息收集平台转型为政府部门与公众沟通协调、协同治理的双向沟通桥梁，不断提升公众参与城市治理的水平与意识。通过公众的咨询与投诉控告，政府可以了解公众的原始诉求，跟踪城市动态，尽快更新城市信息，认识到自身管理运作的不足之处。对政府而言，应基于公众诉求不断优化事务处理内部流程，提升服务质量和政务治理水平；对公众而言，应将被动接受服务观念转变为主动参与城市治理，随时发现问题、提出问题，提升城市主人翁意识，协助政府部门提升城市治理水平。

热线建设从部门视角转向用户视角。 目前，多数城市的政务热线平台网站首页采用较长篇幅统计、描述工单话务量与办结率等情况，甚至将这类信息放在网站显著位置，吸引访问者眼球，凸显热线平台工作量与建设情况，但这显然不是访问网站的公众最想了解的信息。此外，网站管理者对网页显示的热线服务内容未进行清晰归类，网页内容杂乱，公众难以获取有效信息，用户体验感较差。热线建设应以方便用户为出发点，从部门视角转向用户视角，优化服务提供方式，有效提升服务质量。

扩大热线服务范围，拓宽多元化服务渠道。 国内现有政务热线平台大多被政府部门定位为投诉控告接待平台，政务热线的服务功能没能得到充分发挥，难以有效解决问题，制约了热线服务功能的发展。政府部门应尽快转变认知，扩大政务热线服务范围，提升其在接受咨询和解决问题等相关服务中的地位。目前，国内政务热线服务渠道多以电话沟通和网站访问、留言为主，部分地方政府开通政务通等手机 App，但实际使用情况尚不理想。多元化的社交媒体、短信等渠道尚未建立。因此，在未来实践中，政府应拓宽服务渠道，满足各类用户的需求。

后　记

　　2019 年，党的十九届四中全会审议通过了《中共中央关于坚持和完善中国特色社会主义制度 推进国家治理体系和治理能力现代化若干重大问题》，国家首次明确提出"数字政府"。2022 年 6 月 23 日，国务院印发《关于数字政府建设的指导意见》（国发〔2022〕14 号），对未来五年甚至更长一段时间数字政府建设做出战略部署。2022 年 10 月 28 日，国务院办公厅发布《全国一体化政务大数据体系建设指南》（国办函〔2022〕102 号），提出各地区各部门要加快推进全国一体化政务大数据体系建设的决策安排。随着数字中国的加速推进，各行各业数字化转型不断加快，如何发挥数字政府的引领性、全局性、支撑性作用，提升政府行政履职能力，推动数字经济、数字社会、数字生态全面协调发展，推动国家治理走向现代化，成为数字政府建设的重大使命和核心议题。

　　为加快贯彻落实党中央关于数字政府建设的指示精神，促进政府数字化转型，激发政府数据要素潜力，国办电子政务办牵头起草了《关于数字政府建设的指导意见》《全国一体化政务大数据体系建设指南》等文件，以指导各地各部门提升数字政府建设水平。在此期间，笔者有幸作为文件起草组成员，深度参与了全国第一份国家级数字政府文件编制，基于多年来对数字政府的研究积累，走访调研 20 余座城市，历时一年多时间，经过反复研讨、多次修订，最终形成《数字政府：开辟国家治理现代化新境界》。

　　在本书编撰过程中，数字政府领域领导、专家及企业一线工作的许多同志提出了大量宝贵意见和建议。国办电子政务办相关领导、广东省政务服务数据管理局副局长高尚省、河南省行政审批和政务信息管理局审批改革协调处处长王行宇、海南省卫生健康委员会信息中心主任王存库、江苏省大数据管理中心标准法规处副处长付勃、四川省政府办公厅主任科员毛鹏宇、全国海关信息中心首席专家兼海关国际贸易信息标准化实验室主任王翔、生态环境部信息中心研究员张波、民政部信息中心杨天荣等同志在数字政府文件起草过程中，给予本人大量的启发性思考，并对书稿完善提出了很多建设性建议。特别感谢徐剑波同志在出版过程中的帮助！

数字政府是一个宏大的命题，其落地实施和深入推广尚需要进一步的总结和探索。本书的内容和观点虽然经过广泛而深入的讨论，在编写过程中也经过多次修改和提炼，但由于涉及领域宽、研究难度大，有些实践还待时间考验，加之笔者本人的理论水平有限，难免存在不少缺点和不足，敬请广大读者批评指正。

参考文献

[1] 简·芳汀.构建虚拟政府：信息技术与制度创新 [M].邵国松，译.北京：中国人民大学出版社，2004.

[2] 刘民安，刘润泽，巩宜萱.数字空间政府：政务服务改革的福田模式 [J].公共管理学报，2021，18（2）：13-22+165.

[3] 于冠一，陈卫东，王倩.电子政务演化模式与智慧政务结构分析 [J].中国行政管理，2016（2）：22-26.

[4] 尚珊珊，杜娟.大数据背景下智慧政府功能建设分析及路径设计 [J].情报理论与实践，2019，42（4）：45-51.

[5] 胡漠，马捷.信息协同视角下无边界化智慧政务推进机制研究 [J].情报资料工作，2019，40（1）：44-51.

[6] 孙友晋，高乐.加强数字政府建设　推进国家治理现代化——中国行政管理学会 2020 年会会议综述 [J].中国行政管理，2020（11）：147-150.

[7] 党锋.国内外电子政务研究比较分析 [J].情报科学，2009，27（7）：1009-1015.

[8] 戴长征，鲍静.数字政府治理——基于社会形态演变进程的考察 [J].中国行政管理，2017（9）：21-27.

[9] 黄璜.数字政府的概念结构：信息能力、数据流动与知识应用——兼论 DIKW 模型与 IDK 原则 [J].学海，2018（4）：158-167.

[10] 马亮.数字政府建设：文献述评与研究展望 [J].党政研究，2021（3）：99-111.

[11] 王少泉.我国数字政府治理：现实与前景 [J].贵州省党校学报，2019（3）：87-95.

[12] 王张华，张轲鑫．重视互联网企业在数字政府建设中的作用 [N]．中国信息化周报，2021-05-24（012）．

[13] 张锐昕．电子政府概论（第二版）[M]．北京：中国人民大学出版社，2010．

[14] 吴慧娴，付光伟．数字政府概念的社会史考察 [J]．河南科技学院学报，2021，41（5）：18-22+29．

[15] 刘昱婷，吴畏．关于推进"数字政府"建设的若干建议 [J]．信息通信技术与政策，2018，289（7）：81-84．

[16] William Eggers, Joel Bellman.The journey to government's digital transformation-A global view[EB/OL].2015-10.

[17] 早稻田大学，国际首席信息官学会．第 14 届（2018）国际数字政府排名评价报告 [EB/OL]．2018-10．

[18] 吴伟，王浣尘，陈明义，等．电子政务建设对国家竞争优势的影响 [J]．系统管理学报，2004，13（1）：54-57．

[19] 查志强．加快推进政府数字化转型 [N]．浙江日报，2018-09-03（005）．

[20] 逯峰．广东"数字政府"的实践与探索 [J]．行政管理改革，2018，111（11）：56-59．

[21] 周劼．基层政府组织形态能被信息技术改变吗？ [D]．复旦大学，2010．

[22] 韩啸．信息技术、组织结构和制度安排何以让虚拟政府成为可能——评《构建虚拟政府：信息技术与制度创新》[J]．公共管理评论，2017（1）：153．

[23] 马长俊．把握数字政府建设的理念变革 [N]．学习时报．2019-08-27（006）．

[24] 刘淑春．数字政府战略意蕴、技术构架与路径设计——基于浙江改革的实践与探索 [J]．中国行政管理，2018：37-45．

[25] 叶战备，王璐，田昊．政府职责体系建设视角中的数字政府和数据治理 [J]．

中国行政管理，2018，397（7）：57-62.

[26] 张勇进，章美林.政务信息系统整合共享：历程、经验与方向 [J].中国行政管理，2018（3）：22-26.

[27] 江小涓.大数据时代的政府管理与服务：提升能力及应对挑战 [J].中国行政管理，2018（9）：6-11.

[28] 杨国栋.数字政府治理的理论逻辑与实践路径 [J].长白学刊，2018，204（6）：79-85.

[29] David R. Perri 6，D. Leat，K. Seltzer and G. Stoker，Towards Holistic Governance：The New Reform Agenda[J]. Parliamentary Affairs，2003（2）.

[30] Hoetker G，Fountain J E. Building the Virtual State：Information Technology and Institutional Change[J]. Journal of Policy Analysis & Management，2002，22（4）.

[31] Niklaus Wirth.On multiprogramming，machine coding，and computer organization[J]. Communications of the Acm，1969，12（9）.

[32] 陈德权，王欢，温祖卿.我国智慧城市建设中的顶层设计问题研究 [J].电子政务，2017（10）：70-78.

[33] 胡税根，杨竞楠.新加坡数字政府建设的实践与经验借鉴 [J].治理研究，2019，35（6）：53-59.

[34] 全球权威咨询机构 IDC.2018 年数字政府解决方案市场 MarketShare 报告 [EB/OL].2019-09-12.

[35] 蔡长昆.制度环境、制度绩效与公共服务市场化：一个分析框架 [J].管理世界，2016（4）：52-69+80+187-188.

[36] 杨旎，张国庆.对公共服务市场化改革的再考量——初评日本国立大学法人化改革得失 [J].中国行政管理，2013（2）：89-93.

[37] 王伟玲.加快实施数字政府战略：现实困境与破解路径 [J]. 电子政务，2019（12）：86-94.

[38] 尚虎平.合理配置政治监督评估与"内控评估"的持续探索——中国 40 年政府绩效评估体制改革的反思与进路 [J]. 管理世界，2018，34（10）：105-117.

[39] 吴爱明，河滨.电子政务 [M]. 北京：中国人民大学出版社，2013.

[40] Panos P, Bram K, Antonio C. Public value creation in digital government[J]. Government Information Quarterly, 2019, 36（4）：218-230.

[41] 王盼，赵伟，王子怡.电子政务绩效评估的实证分析 [J]. 商业经济，2018（3）：30-32.

[42] 汪旭，王嵘.政府上网　电子政务　政府网站建设 [J]. 中国数据通信网络，1999（5）：4-6.

[43] 古雯.电子政务绩效评估的现状分析 [J]. 电子政务，2005（24）：16-27.

[44] 张成福，唐钧.电子政务绩效评估：模式比较与实质分析 [J]. 中国行政管理，2004（5）：21-23.

[45] 张成福，唐钧.电子政务绩效评估的模式研究 [J]. 电子政务，2005（24）：38-44.

[46] 张锐昕.建立电子政务评估制度的动因 [J]. 社会科学战线，2005（4）：181-184.

[47] 刘密霞，丁艺.欧盟电子政务评估标杆研究与借鉴 [J]. 电子政务，2015（5）：67-73.

[48] 徐顽强，杜雯洁，廖少纲.非政府组织参与电子政务评估制度建设的动因分析 [J]. 电子政务，2012（9）：26-30.

[49] 肖英，陈亮.中外电子政务评估标准及比较分析 [J]. 图书情报知识，2006（1）：81-84.

[50] 詹钟炜，王勇，吴凌云，等 . 政府网站评估 DEA 模型 [J]. 运筹与管理，2006（4）：97-102.

[51] 郭亚光，寿志勤，刘波 . 基于 OLAP 技术的政府网站评估数据仓库应用研究 [J]. 情报杂志，2011，30（8）：124-127+137.

[52] 汤志伟，艾祺琪，宋丽 . 基于用户使用效能的政府网站评估实证研究 [J]. 情报杂志，2014，33（5）：198-202+152.

[53] 杨慧，田红红 . "互联网 + 政务服务" 背景下政务公开绩效评估创新路径研究 [J]. 现代管理科学，2018（9）：67-69.

[54] 杨慧，谭海波，马彦涛 . "互联网 + 政务服务" 绩效评估主体的协调机制研究——基于利益相关者的视角 [J]. 中共天津市委党校学报，2020，22（3）：68-75.

[55] 张锐昕，陈丹 . 加强评估问责制度建设推进 "互联网 + 政务服务" [J]. 中国行政管理，2016（7）：11.

[56] 夏义堃 . 国际组织开放政府数据评估方法的比较与分析 [J]. 图书情报工作，2015，59（19）：75-83.

[57] 陈美 . 政府开放数据的隐私风险评估与防控：法国的经验 [J]. 情报资料工作，2020，41（2）：99-105.

[58] 陈美 . 政府开放数据的隐私风险评估与防控：英国的经验 [J]. 中国行政管理，2020（5）：153-159.

[59] 陈美，谭纬东 . 政府开放数据的隐私风险评估与防控：新西兰的经验 [J]. 情报理论与实践，2020，43（5）：110-114+90.

[60] 郑磊，关文雯 . 开放政府数据评估框架、指标与方法研究 [J]. 图书情报工作，2016，60（18）：43-55.

[61] 王博，温继文 . 基于元数据的林业开放政府数据质量评估 [J]. 情报学报，2021，40（2）：173-183.

[62] 翁士洪，林晨晖，早克然·库地热提 . 突发事件政府数据开放质量评估

研究：新冠病毒疫情的全国样本实证分析 [J]. 电子政务，2020（5）：2-13.

[63] 张晓娟，谭婧 . 我国省级政府数据开放平台元数据质量评估研究 [J]. 电子政务，2019（3）：58-71.

[64] 姚鹏 . 政务新媒体绩效评估研究 [D]. 武汉大学，2017.

[65] 王刚 . 基于第三方评价的电子政务绩效评估模式研究 [J]. 情报杂志，2009，28（11）：101-104+100.

[66] 李树屏 . 发展与实施云南省电子政务的战略思考 [J]. 云南大学学报（自然科学版）2006，28（S2）：126-131.

[67] 李文艳 . 基于目标分解的电子政务绩效评估模式研究 [J]. 电子政务，2008，（10）：64-68.

[68] 孙露文，基于价值分析的电子政务绩效评估模式研究 [D]. 兰州大学，2012.

[69] 赵生辉 . 政府电子化公共服务需求分析模型构建研究 [D]. 电子科技大学，2007.

[70] 岳佳慧 . 我国电子政务绩效评估存在的问题及优化路径 [J]. 经济研究导刊，2020（5）：183-184.

[71] 张凯悦 . 国内外电子政务绩效评估发展及借鉴 [J]. 人才资源开发，2018（14）：32-33.

[72] 雷战波，姜晓芳 . 我国电子政务绩效评估发展综述 [J]. 情报杂志，2006（12）：13-17.

[73] 戴圣良 . 福建省电子政务绩效评估现状与对策建议 [J]. 发展研究，2020（6）：80-85.

[74] 钱佳鑫 . 公众满意度视角下的电子政务绩效评价研究 [J]. 经济研究导刊，2021（5）：135-137.

[75] 刘桂锋，钱锦琳，卢章平 . 国内外数据治理研究进展：内涵、要素、模

型与框架 [J]. 图书情报工作，2017（21）：137-144.

[76] 安小米，郭明军，魏玮 . 政务信息系统整合共享工程中的协同创新共同体能力构建研究 [J]. 情报理论与实践，2019，42（4）：80-86.

[77] 张勇进，章美林 . 政务信息系统整合共享：历程、经验与方向 [J]. 中国行政管理，2018，393（3）：24-28.

[78] 童楠楠，朝乐门 . 大数据时代下数据管理理念的变革：从结果派到过程派 [J]. 情报理论与实践，2017，40（2）：60-65.

[79] 吴应良，肖炯恩 . 电子政务治理理论框架下的政务数据共享创新研究 [J]. 电子政务，2018（10）：51-59.

[80] 马海群，江尚谦 . 我国政府数据开放的共享机制研究 [J]. 图书情报研究，2018，38（1）：5-13.

[81] 王伟玲 . 中国数字政府绩效评估 : 理论与实践 [J]. 电子政务，2022（4）：51-63.

[82] 郭明军，王建冬，安小米，等 . 政务数据与社会数据平台化对接的演进历程及政策启示 [J]. 电子政务，2020（3）：32-39.

[83] 陈朝兵 . 超越数据质量：政府数据开放质量的几个理论问题研究 [J]. 情报杂志，2019，38（9）：185-191.

[84] 陈亮 . 政府数据开放的几个待解难题 [J]. 人民论坛，2019（12）：66-67.

[85] 夏姚璜，邢文明 . 开放政府数据评估框架下的数据质量调查与启示——基于《中国地方政府数据开放报告（2018）》[J]. 情报理论与实践，2019，42（8）：44-49+66.

[86] DAMA 国际协会 . DAMA 数据管理知识体系指南 [M]. 北京：机械工业出版社，2020.

[87] Data governance framework[EB/OL]. 2017- 10- 18.

[88] HESA data governance[EB/OL]. 2017- 10- 11.

[89] 陈德权，林海波 . 论政府数据治理中政府数据文化的培育 [J]. 社会科学，2020（3）：33-42.

[90] 安小米，郭明军，洪学海，等 . 政府大数据治理体系的框架及其实现的有效路径 [J]. 大数据，2019，5（3）：3-12.

[91] David Reinsel 等 . 世界的数字化：从边缘到核心 [R]. 国际数据公司，2018，（11）：14.

[92] David Reinsel，武连峰等 .2025 年中国将拥有全球最大的数据圈 [R]. 国际数据公司，2019（1）：31.

[93] 李瑞龙，梁恺璇 . 国际政府数据开放的经验与启示 [R]. 腾讯研究院，2019，（1）：31.

[94] 杜振华 . 政府数据开放与创新驱动经济增长的关系 [J]. 首都师范大学学报（社会科学版），2020（2）：63-71.

[95] 夏义堃 . 公共信息资源市场化开发利用的内涵渠道及制约因素分析 [J]. 情报理论与实践，2008（3）：326-329.

[96] 王晓宁 . 发达国家推行大数据的战略经验 [N]. 中国经济时报，2014-3-20.

[97] 陈传夫，黄璇等 . 我国应制定公共部门信息资源增值利用法 [J]. 情报资料工作，2011（1）：6-11.

[98] 陈琳 . 政府数据开放技术优化 [D]. 吉林大学，2020.

[99] 张亚楠 . 论政府数据开放立法的路径及其选择——以《贵阳市政府数据共享开放条例》为例 [J]. 中国行政管理，2020（2）：38-44.

[100] 翟云 . 基于"互联网 + 政务服务"情境的数据共享与业务协同 [J]. 中国行政管理，2017（10）：64-68.

[101] 储节旺，郭春侠 . 突发重大传染病疫情数据管理实践及其思考——以新型冠状病毒肺炎疫情为例 [J]. 情报理论与实践，2020，43（5）：1-8.

[102] 于施洋，郭明军，王建冬，等 . 政务数据与社会数据平台化对接研究——模型构建与案例验证的视角 [J]. 情报理论与实践，2020，43（5）.74-79.

[103] 郭明军，王建冬，安小米，等. 政务数据与社会数据平台化对接的演进历程及政策启示 [J]. 电子政务，2020（3）：32-39.

[104] 郑磊. 开放不等于公开、共享和交易：政府数据开放与相近概念的界定与辨析 [J]. 南京社会科学，2018（9）：89-97.

[105] 王艳华，章晓航. 我国政务信息资源共享问题分析和立法研究 [J]. 档案学研究，2007（1）：39-44.

[106] 胡建淼，高知鸣. 我国政府信息共享的现状、困境和出路——以行政法学为视角 [J]. 浙江大学学报（人文社会科学版），2012，42（2）：121-130.

[107] 张勇进，章美林. 政务信息系统整合共享：历程、经验与方向 [J]. 中国行政管理，2018（3）：22-26.

[108] 彭宗超，黄昊，吴洪涛，等. 新冠肺炎疫情前期应急防控的"五情"大数据分析 [J]. 治理研究，2020，36（2）：6-20.

[109] 徐宗本. 大数据驱动的管理与决策前沿课题 [J]. 管理世界，2016（11）：158-163.

[110] 王伟玲，吴志刚. 新冠肺炎疫情防控对数字政府建设的影响及建议 [J]. 科技导报，2020，38（6）：97-102.

[111] 黄璜，孙学智. 中国地方政府数据治理机构的初步研究：现状与模式 [J]. 中国行政管理，2018（12）：31-36.

[112] 王建冬，于施洋，窦悦. 东数西算：我国数据跨域流通的总体框架和实施路径研究 [J]. 电子政务，2020（3）：13-21.

[113] 左美云，王配配. 数据共享视角下跨部门政府数据治理框架构建 [J]. 图书情报工作，2020，64（2）：116-123.

[114] 吴应良，肖炯恩. 电子政务治理理论框架下的政务数据共享创新研究 [J]. 电子政务，2018（10）：51-59.

[115] 欧伟强. 大数据时代推进政务数据共享协同的路径研究 [J]. 新西部，2020

（9）：84-85.

[116] 杨帆 . 金融监管中的数据共享机制研究 [J]. 金融监管研究，2019（10）：53-68.

[117] 程琳，朱晓峰，陆敬筠 . 大数据背景下政府数据开放共享平台的收益分配研究——基于协同效应视角 [J]. 情报理论与实践，2019，42（4）：75-79.

[118] 王静，刘晓晨 . 政府数据共享的法治路径和突破点 [J]. 中国司法，2019（11）：36-40.

[119] 李重照，黄璜 . 中国地方政府数据共享的影响因素研究 [J]. 中国行政管理，2019（8）：47-54.

[120] 邓念国 . 体制障碍抑或激励缺失：公共服务大数据共享的阻滞因素及其消解 [J]. 理论与改革，2017（4）：117-126.

[121] 张聪丛，郜颖颖，赵畅，杜洪涛 . 开放政府数据共享与使用中的隐私保护问题研究——基于开放政府数据生命周期理论 [J]. 电子政务，2018（9）：24-36.

[122] 张亚楠 . 政府数据共享：内在要义、法治壁垒及其破解之道 [J]. 理论探索，2019（5）：20-26.

[123] 王芳，储君，张琪敏 . 跨部门政府数据共享：一个五力模型的构建 [J]. 信息资源管理学报，2018，8（1）：19-28+8.

[124] 马海群，江尚谦 . 我国政府数据开放的共享机制研究 [J]. 图书情报研究，2018，38（1）：5-13.

[125] 徐晓林，明承瀚，陈涛 . 数字政府环境下政务服务数据共享研究 [J]. 行政论坛，2018，25（1）：50-59.

[126] 孙彦明，赵树宽，张福俊，李霞 . 中美英政府数据信息开放共享保障机制比较研究 [J]. 图书情报工作，2018，62（21）：5-14.

[127] 安小米，郭明军，魏玮 . 政务信息系统整合共享工程中的协同创新共同体能力构建研究 [J]. 情报理论与实践，2019，42（4）：80-86.

[128] 王伟玲.中国数字政府形态演进和发展瓶颈 [J].行政管理改革，2022（5）:23-30.

[129] 蒋余浩.开放共享下的政务大数据管理机制创新 [J].中国行政管理，2017（8）：42-46.

[130] 肖炯恩，吴应良，左文明，杨帆妮.基于超效率 DEA 模型的跨源多维政务数据共享绩效评价研究 [J].信息资源管理学报，2019，9（4）：112-121.

[131] 李卫东.基于公共数据中心的城市政府信息资源共享实证研究 [J].管理世界，2007（9）：152-153.

[132] 张楠，赵雪娇.理解基于区块链的政府跨部门数据共享：从协作共识到智能合约 [J].中国行政管理，2020（1）：77-82.

[133] 完颜邓邓，陶成煦.国外政府数据分类分级授权协议及对我国的建议 [J].图书情报工作，2021，65（3）：138-150.

[134] 谭海波，张楠.政府数据开放:历史、价值与路径 [J].学术论坛，2016（6）：31-34.

[135] 宋卿清，曲婉，冯梅红.国内外政府数据开发利用的进展及对我国的政策建议 [J].政策与管理研究，2020（35）：742-750.

[136] 熊涛.政务云对电子政务的支撑研究 [J].电子商务，2018（5）：31-32.

[137] 郑萧.J 市政务云建设的问题及对策 [D].山东师范大学，2019.

[138] 闫德利，殷利梅.我国政务云的探索与实践 [J].大数据时代，2019（5）：11-19.

[139] 铁流.政务云需实现国产化 [N].环球时报，2020-12-17（015）.

[140] 熊涛.政务云对电子政务的支撑研究 [J].电子商务，2018（5）：31-32.

[141] 侯非，柳成洋，曹俐莉，曾毅.国际比对视角下我国政府热线服务的现状、问题与标准化对策 [J].西安交通大学学报（社会科学版），2014，34（6）：118-122.

[142] 刘振琳，吴为．公共治理碎片化的破解之道——上海市 12345 市民服务热线的整体治理经验 [J]．浙江工商职业技术学院学报，2017，16（2）：8-12．

[143] 侯非，柳成洋，曹俐莉，曾毅．国际比对视角下我国政府热线服务的现状、问题与标准化对策 [J]．西安交通大学学报（社会科学版），2014，34（6）：118-122．

[144] 姚尚建，梅杰．城市治理的差序参与——基于"市民服务热线"的分析视角 [J]．学界，2018（2）：149-158，286

[145] 杨玉娟．政府回应视角下公众诉求满意度的提升研究 [D]．广州大学，2019．

[146] 胡慧文．南京市"12345"政务热线服务水平提升研究 [D]．大连海事大学，2019．

[147] 张旻．从三个维度把握政务热线创新发展 [N]．新华日报，2021-03-02（16）．

[148] 刘新萍．纽约 311 政务热线的经验及对我国的启示 [J]．电子政务，2018（12）：27-34．

[149] 王磊，易扬．公共卫生危机中的数字政府回应如何纾解网络负面舆情——基于人民网"领导留言板"回复情况的调查 [J]．公共管理学报，2022，19（4）：65-78+169．

[150] 张晨．全球数字政府建设现状及非均衡分析 [J]．数量经济技术经济研究，2022，39（3）：86-106．

[151] 王芳，储君，张琪敏，张亦琛，赵安．跨部门政府数据共享：问题、原因与对策 [J]．图书与情报，2017（5）：54-62．

[152] 于施洋，郭明军，王建冬，等．政务数据与社会数据平台化对接研究—模型构建与案例验证的视角 [J]．情报理论与实践，2020，43（5）：74-79．